教师素养系列

著名语文教育家 于漪 总主编

卓越教师第一课

——于漪谈教师素养

于漪/著

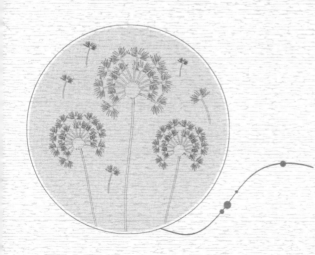

习于智长，优与心成

今天做教师最需要具备的基本素养

ZHUOYUE JIAOSHI DIYIKE

YUYI TAN JIAOSHI SUYANG

东北师范大学出版社

NORTHEAST NORMAL UNIVERSITY PRESS

·长 春·

图书在版编目（CIP）数据

卓越教师第一课：于漪谈教师素养/于漪著. —长
春：东北师范大学出版社，2020.7
ISBN 978 - 7 -5681 - 7049 - 9

Ⅰ.①卓…　Ⅱ.①于…　Ⅲ.①教师素质
Ⅳ.①G451.6

中国版本图书馆 CIP 数据核字（2020）第 136365 号

□责任编辑：吴东范　□封面设计：方　圆
□责任校对：伊　然　□责任印制：许　冰

东北师范大学出版社出版发行
长春净月经济开发区金宝街 118 号（邮政编码：130117）
电话：0431－84568105
传真：0431－85691969
网址：http://www.nenup.com
东北师范大学音像出版社制版
辽宁新华印务有限公司印装
沈阳市张士经济技术开发区
中央大街六号路 14 甲－3 号（邮政编码：110021）
2020 年 7 月第 1 版　2020 年 7 月第 1 版第 2 次印刷
幅面尺寸：169 mm×239 mm　印张：18.25　字数：257 千

定价：99.00 元
如发现印装质量问题，影响阅读，可直接与承印厂联系调换

序

　　教师从事的是塑造灵魂、塑造生命、塑造人的工作，其艰巨性与复杂性，难以用语言表述完备。

　　青少年是一个个鲜活的生命，他们的生命基因、家庭情况、情智水平、兴趣爱好、行为习惯等等，各不相同，各具个性，教师要进入他们的世界，了解、熟悉、摸清他们的内在需求，绝非一日之功。而且，他们天天在发展，天天在变化，有的平稳向前，有的起起伏伏，有的突然拐弯转向。教师不把心贴在他们身上，就不能洞悉他们的变化，当然也就谈不上因事而教，助推成长。当今，社会上的价值多元、文化多样，信息工具普及，学生生活在这样的时代大潮中，思想、行为、性格、爱好、追求等，无不打上时代的印记。教书育人工作中的新情况、新问题层出不穷，如何应对，如何破解难题，是每位教师都要面对的。因此，每位教师都须攻坚克难，用勤奋与智慧提升教育质量。为此，教师自己的成长，教师队伍的建设就成为教育的重中之重。

　　教师是培育学生成长、成人、成才的人，首先自己应该是一个堂堂正正、光明磊落、有社会担当的人，以自己高尚的人格、高雅的情操熏陶感染学生，引导他们形成完善的人格和健康的审美情趣，以扎实的科学文化学养激发他们旺盛的求知欲，引领他们打下科学文化基础，并有向科学宝库、文化宝库积极探索的强烈兴趣。故而，古今中外对教师几乎都有共同的要求，那就是：德才兼备。教师要做"谦谦君子""人之榜样"，要"腹有诗书气自华"，有厚实的学术文化功底。然而，在当今时代，还得有新的要求。《国家中长期教育改革和发展规划纲要（2010—2020 年）》中关于教师队伍建设的要求是：建设一支师德高尚、业务精湛、结构合理、充满活力的高素质专业化的队伍。显然，"结构合理"是教育行政部门须考虑的，而"充满活力"却是教师须探索并加以落实的。这是时代的要求，在从事教育教学工作中须强化创新意识，发挥创新精神，锤炼实践能力，精神饱满，气宇轩昂，满怀自信去创建优质教育。

直面教育现场，教师加强研修、自觉成长自然就成为应有之义。人的成长是一辈子的事，学历水平不等于岗位水平，因为教育不是一个结果，而是生命展开的过程，永远面向未来。在当前社会急速变化的情势下，要想挑起立德育人的刚性责任，创造教育教学的精彩，教师就须自觉地与学生一起成长。

成长有众多因素，与同行交流是其中有效途径之一。现场倾听交流是一种方法，阅读同行的文字表达也是一种方法。东北师范大学出版社组织撰写的《教师素养系列丛书》就是针对教师素养的几个方面从理论与实践结合的高度进行探讨、交流的，以期心灵感应，取得更多共识。

祝愿教师同行通过阅读交流，有所启迪与借鉴，走向优秀、走向卓越的步伐更扎实，更敏捷。

于 漪

目　　录

开篇絮语　三尺讲台系国运　一生秉烛铸民魂 ·········· 1

话题一　追求完美人格 ····················· 5

让生命与使命结伴同行 ·················· 9

奉献，教师的天职 ····················· 16

树立信念，为人师表 ·················· 22

信念·感情·功底 ···················· 28

今天如何做教师 ····················· 37

难在自我塑造 ······················ 45

昭苏万物春风里 ····················· 47

复旦精神谱就我生命的底色 ·············· 54

教育的生命力在于教师成长 ·············· 57

我们这支队伍，这些人 ················· 61

话题二　增长真才实学 ···················· 67

创造理想的教育境界 ·················· 71

爱这多情的土地 ····················· 91

不懈地追求 ························ 93

做知识的富有者 ····················· 96

把自我教育作为终生任务 ··············· 99

眼睛·语言·心 ···················· 113

追求卓越，让青春在教坛上闪闪发光 ········ 116

语文教师的文本解读 ················· 119

还是要循循善诱 ···················· 126

课堂春秋忆恩师 ···················· 130

话题三 培养真知灼见 ···················· 133

锐意改革，开拓进取 ···················· 137

更新教育观念 ···················· 142

抓好教师队伍建设 ···················· 147

弘扬人文，改革弊端 ···················· 149

强调人文精神要有民族特色 ···················· 156

开启学生思维的门扉 ···················· 159

在学科教学中对学生进行高质量的素质教育 ···················· 162

让所有的学生都做课堂学习的主人 ···················· 167

把握学科特点，促进学生主动、生动地发展 ···················· 173

每一节课都会影响学生的生命质量 ···················· 183

民族的语言是民族的生命 ···················· 185

教学中开发创造潜能举隅 ···················· 187

话题四 提高综合能力 ···················· 193

教师要对任教学科情深似海 ···················· 197

做德才兼备的中学教师 ···················· 201

愿你的语言"粘"住学生 ···················· 228

用充满魅力的语言开启学生智慧之门 ···················· 233

提高内在素质，奠定语言功底 ···················· 244

和学生的心弦对准音调 ···················· 250

声情并茂，熏陶感染 ···················· 252

兴趣是学习的推动力 ···················· 256

做学生脑力劳动的指导员 ···················· 261

语文教师的使命 ···················· 266

立德·立业·立人 ···················· 276

培养一颗中国心 ···················· 281

开篇絮语

三尺讲台系国运
一生秉烛铸民魂

2014 年教师节，习近平主席在北京师范大学讲话结束时满怀深情地说："'三寸粉笔，三尺讲台系国运；一颗丹心，一生秉烛铸民魂。'今天的学生就是未来实现中华民族伟大复兴中国梦的主力军。广大教师就是打造这支中华民族'梦之队'的筑梦人。希望广大教师把全部精力和满腔真情献给教育事业，在教书育人的工作中不断创造新业绩。"

听了这番话，我们教师无不为之动容。平凡的工作与国家前途命运紧密相连，与国民素质高低呼吸与共，培养学生成长、成人、成才的责任大如天。

筑梦人首先自己就要有梦，有美丽的教育梦，有辉煌的中国梦。我是语文老师，我还有语文梦；你是教学老师，你还有数学梦。我的梦想是做一个语文好老师，让每个学生都热爱我们形美、音美、意美的语言文字；都懂得汉字承载着中国人的文化基因，是中华文化的血肉载体，要认真学，认真写，得心应手地用它来表情达意，表现中国人的文化气质，文化风度；都喜爱读书，读精品，读佳品，用中华优秀传统文化和人类先进文化滋养心灵，完善人格，增强学识，成为有中国心的现代文明人。明知这个目标很高，但一辈子为实现它而追求。许许多多各个学科的老师也都是有各自的追求、各自的梦想。习主席似乎十分了解我们的心思，他说："好老师没有统一的模式，可以各有千秋，各显身手，但有一些共同的、必不可少的特质。第一，做好老师，要有理想信念。"这一下子就说到了教师提升素养的根本。

正确的理想信念是教书育人、播种未来的指路明灯。一个浑浑噩噩、马虎应付的人不可能教出志存高远、为国家作奉献的优秀人才。在社会急剧转型过程中，价值多元、文化多元给教育带来很大的挑战，金钱至上、功利盛行、自我膨胀等给学校，给教师、学生带来不小的冲击。此时此刻，人如果太实际了，为物质生活所累，就会没有超越职业训练的志向、旨趣和想象力，弄得不好，就容易沉沦。为此，树立理想信念尤为重要。人有了脊梁骨才能直立行走，人有了理想信念，就有了精神支柱，心灵就辉煌起来，持久不断努力，就能成为堂堂正正的人。

教师担负着塑造灵魂、塑造生命、塑造人的极其重要的工作，要取得良好的效果，加强自身修养必不可少。《道德经》中说："知人者智，自智者明。胜人者有力，自胜者强。"关键在自胜。远大的目标是内驱的动力，孜孜矻矻，执着追求，破解教育生涯中一个个难题，攻克教学实践中一个个难关，德、才、识、能全面锻炼，教师就与学生一起成长。

"一个人遇到好老师是人生的幸运，一个学校拥有好老师是学校的光荣，一个民族源源不断涌现出一批又一批好老师则是民族的希望。"让我们立志成为好老师，赋人生以系国运、铸民魂的意义，用丹心与智慧创造教育的精彩。

话题一

追求完美人格

学生受教育的过程应该是一种人格完善的过程，这在很大程度上取决于老师本身人格力量所施加的影响。教育是以人育人的工作，教师要以自己高尚的人格引领学生形成美好的人格，以自己的真才实学激发学生旺盛的求知欲，以自己高尚的道德情操熏陶感染学生，引领他们形成健康、高雅的审美情趣，而人格完美尤为重要。

俄罗斯教育家乌申斯基曾这样强调："在教育工作中，一切都应以教师的人格为依据。因为，教育力量只能从人格的活的源泉中产生出来，任何规章制度，任何人为的机关，无论设想得如何巧妙，都不能代替教育事业中教师人格的作用。"确实如此，"己不正焉能正人"?《论语·子路》里早就指明："其身正，不令而行；其身不正，虽令不从。"教师言教固然重要，而身教更为重要，更为有效。自己不正，言行不一，说的道理再正确，学生也不一定听从。众所周知，敬其师，信其道。学生心中敬佩这位老师的人品、才学，老师传的道、授的业也就入耳入心。

人格是人的性格、气质、能力等特征的总和。从心理学角度说，人格是个体的一种"格式"，个体所具有的特质。人格是以人的素质为基础，通过对自然环境和社会环境的相互作用而形成的。教师有特定的职业要求，在教学生的事业中，形成独特的鲜明的人格。教师人格是思想、道德、行为、举止、气质、风度、知识，能力，心理的、生理的众多因素的综合。汉代韩婴在《韩诗外传》中说："智如泉涌，行可以为表仪者，人师也。"作为教书育人的"人师"，须学识渊博，师德高尚，堪为学生的榜样。教师的人格魅力、人格力量来自于学术水平与道德情操的完美统一。2014年教师节习主席提出的"四有"要求，即教师要有理想信念，要有道德情操，要有扎实学识，要有仁爱之心，就是教师人格力量的丰富内涵。教师在这些方面不断修炼，人格高尚、完美，对学生"润物细无声"地浇灌、培育，有吸引力、感染力、辐射力，学生就深受其益，教育效果必定良好。

优秀教师是学生人生道路上的楷模和导师。伟大的人民教育家陶行知先生就是一个光辉的典范。他不仅对教师的要求有很多精辟的论述，而且躬行实践，发挥独特的人格力量。他的普及教育的"基石"思想，"爱满天下"的博大胸怀，"千教万教教人求真，千学万学学做真人"的真知灼见，"捧着一颗心来，不带半根草去"的献身精神，长期以来光照教育领域，给予广大教师丰富的精神哺育和前进的不竭动力。

一个时代有一个时代的特点，一个时代有一个时代的担当。在当今崇高的社会责任感与现实的功利定义矛盾冲突情况下，教师健康人格的坚守并非易事。全国许多优秀教师以对教育的赤诚之心、对学生的仁爱之心为我们作出榜样。微斯人，吾与谁归？

让生命与使命结伴同行

几十年来，由于党的关怀和各级领导与同志们的帮助，以及一届届学生的鼓励和督促，我逐渐地体会到了做老师的真谛。做老师是不可能把自己没有的东西献给别人的。要把我们祖国的下一代培养成为有良好的思想道德素质和科学文化素质的建设者，国家的有用之才、栋梁之材，作为教师就要坚持自我塑造，就要追求业务精湛、人格高尚。在我心里有些话几十年来是刻骨铭心的，比如说，什么人才可以做老师呢？汉代韩婴讲过"智如泉涌，行可以为表仪者，人师也"，也就是说做老师应该是智慧像泉水一样喷涌而出，思想言行都可以做学生的榜样。社会上并不是什么人都可以做老师的，因此我就牢记住这句话，否则就丧失了做一个老师的资格。做老师在教育过程中什么最有力量？乌申斯基讲得非常清楚："在教育工作中一切都应以教师的人格为依据，因为，教育力量只能从人格的活的源泉中产生出来，任何规章制度，任何人为的机关，无论设想得如何巧妙，都不能代替教育事业中教师人格的作用。"因此在我心目中一直有很多人格高尚的榜样鞭策着我前进。比如说，上世纪初鲁迅先生在北平师范大学讲课，来听讲的人越来越多，礼堂容纳不下，只好挪到大操场上。他站在一张方桌上讲，听课的学生人山人海，鲁迅先生讲得滔滔不绝，因为他讲到了学生的心坎里：青年应该走怎样的道路，应该怎样以国家为己任，前进的方向在哪儿。那时候没有扬声器，没有扩音喇叭，在秋风萧瑟中，听的人和讲的人心灵是如此交融。为什么鲁迅先生讲课有那样的感染力和辐射力？那是因为他人格高尚，学识渊博。又比如，在日本侵略者铁蹄蹂躏我国大好河山时，西南联大的莘莘学子以强国为己任，在一间教室里，那是怎样一间教室呢？是一间破饭厅改造成的大教室，里面济济一堂。谁在上课呢？音乐一般的声音在教室里萦绕，他说："黄昏时分从四面八方辐辏而来的鼓声，近了，更近了，十分近了。'神光'照得天边通亮，满坛香烟缭绕。"这是谁在讲课？是闻一多先生在教屈原大夫的《九歌》。

课堂里学生分不清楚在讲台上的是两千多年前的屈原大夫还是闻一多先生。也就是说两千多年前的《九歌》，通过老师的创造性劳动活跃在现代学生的心中。这是何等的魅力！每当想到这些，我的心情就非常激动。闻一多先生，他是怎样来对待自己的教育事业的呢？是三年不窥园，数载不下楼，孜孜不倦，刻苦钻研。由此我想到我们上海的老前辈苏步青先生、谢希德先生。我多次聆听过他们的教诲，在他们面前，我始终感觉到是高山仰止，我与他们的距离是天壤之别，是可望而不可即的。但是，我又想到"千里之行，始于足下"。他们学识渊博，人格高尚，是多少年来勤奋努力、自我修养的结果。我虽是一名普通教师，是一个凡人，但我要一步一步穷毕生精力努力登攀。做一名老师要春风化雨，对学生有感染力、辐射力，这样才能取得良好的教育效果。五十年来我一直追求的就是德、才、识、能全面素质的提高，而最为重要的就是人格的力量。几十年来我追求教师人格的力量，做了以下三方面工作：

一、自我认识

清醒地认识自己，是追求教师人格力量的前提。中国有句古话："人贵有自知之明。"认识自己很难，所以才可贵。我有两把尺子，一把尺子量别人的长处，一把尺子量自己的不足。我的教育教学经验，说到底，都是学大家的，或者说是"偷"大家的。我每听一节课，包括听我徒弟的，听青年教师的课，我都是张开我的感官，运用我的思维器官去学习，因为我信奉"博采众长"。一个人的智慧是有限的，大家的智慧是无穷的。我听报告，跟人家谈话，总是要拿这把尺子量别人的长处。比如，在"文革"前，我长期教高二、高三，粉碎"四人帮"之后，教了一届高中，因为要培养青年骨干教师，我又带初中。我第一次听高润华老师的课，发觉她的学生在课上背古诗词背得那么熟，我心中很震撼，心想，我怎么就没想到呢？古诗词是我们中国优秀文化的精华，应该用它来哺育学生成长。因此我常常这样问自己：我怎么没有想到呢？我怎么没有想得那么深呢？我怎么就不懂呢？又比如，我觉得教母语一定要与外国人教母语比较，但是我只停留在一些零零碎碎的、片断的比较上。比如说中国人怎么学母语，外国人怎么学汉语，外国人怎么学他自己的母语，中国人怎么学外语，我想得很多，也做了一些零星的比较，不成系统，认识肤浅。有一次我看到洪宗礼先生主编的中外母语比较研究的洋洋大作，我深感汗颜。他怎么就想得那么深，那么细？那是努力呀！还有把尺子，是量自己的不足。我自认为教课是认真的，课前认真备课，真有点像张志公先生讲的那样着了魔，先拼命钻研教材，研究学生，然后把上课的每句话都背出来，然后再口语化。我洗衣服在考虑，拣菜在考虑，乘车也考虑，所以，乘车过站是常有的事。我时时在考虑：怎么讲，学生听得才舒服，学得才愉快。可每次上完课，我总是觉得这里不行，那里不行，充满了不足和缺陷，于是我再写下"教后记"，记下学生学习的闪光点，记下自己教的不足。这样用两把尺子比，我就能清醒地认识自己。又比如，有的应该属于常识问题，我却长时间用错而不知。如讲音乐，说"下里巴人"是通俗的、低级的，说"阳春白雪"是高级的、高雅的，我一直是这样理解的。可是有一次我读宋玉的"对楚王问"，才发现我理解得多么不精确。他说"客有歌于郢中者"，唱到《下里》《巴人》的时候，"国中属而和者数千人"，唱到《阳春》《白雪》时，"属而和者"就是聚集起来跟着唱的不过数十人，而"引商刻羽，杂以流徵"的时候，"属而和者"不过数人而已，这说明"阳春白雪"是次高级，我一直就认为它是最高级，可见自己知识很浅薄。在教课时，我一直告诫自己不能错，因为你一错，孩子就跟着错，有时会错一辈子。因为基础教育是伴随人终生的，它教的是知识的核，你错了，有的时候学生改不过来就错终生，但是由于自己的认识水平有限，学识浅薄，往往只知其一，不知其二，毛病很多。在长期的教学实践中，我深深体会到教师的字典里永远没有一个"够"字，说我已经够了，不错了，这是不可能的。教育是为未来培养人才，要跟着时代前进，怎么够呢？正是由于这样，所以我横比竖比，量别人，量自己，越比越觉得自己有向前奔跑的动力。我觉得做老师，别人的教育是其次的，最重要的还是自己内在的动力。

二、自我挑战

我要追求人格的力量，就要不断自我挑战，这是形成人格力量的途径。

德国的教育家第斯多惠说"教育者和教师必须要在他自身和自己的使命中找到真正的教育的最强烈的刺激",这最强烈的刺激就是自我教育,把自我教育作为终身的任务。做了一辈子教师,一辈子学做教师。我能不能做一名合格的教师,就看我一辈子怎么努力学做教师。我一辈子学做教师有两根支柱:第一根支柱是勤于学习;第二根支柱是勇于实践。两根支柱的聚焦点就是,不断地反思。教育事业是非常丰富又是非常复杂的,现在做老师一定要有时代活水。有这样一个比喻:"给学生一杯水,教师要有一桶水。"我是不太同意这个比喻的,因为你这桶水是不是陈旧了,是否有污染,恐怕很值得研究。我们学过的东西随着时代的发展有些已经束之高阁,大量新的信息、新的知识要自己掌握,因此教师学习必须如长流水,教师一定要有丰富的智力生活,不断学习。"半亩方塘一鉴开,天光云影共徘徊。问渠哪得清如许,为有源头活水来。"自己不天天学习,月月学习,哪里来的源头活水?

1. 勤于学习

首先,重要的理论要反复学。重要的理论是精神支柱和精神食粮,要学懂。我们的教育一定要面向世界,面向世界就一定要跟人家比,跟先进的、卓越的比,比民族的志气和民族的自尊。教育现代化靠谁?靠每一个有志青年,每一个有志的老师和学生。其次,要紧扣业务深入学。有时我觉得对某些问题好像是懂了,其实不然,读了一些大学者、大专家的文章,才茅塞顿开。钱钟书先生学问博大精深,哪怕讲一个诗句也会使你感到别有洞天。他说苏东坡有一个写牡丹花的诗句"一朵妖红翠欲流",牡丹是红的,怎么是"翠欲流"呢?这个学贯中西的学问家是这样分析的,他说,诗里有颜色的字好像用兵一样,虚虚实实,实实虚虚,红是实的,翠是虚的,虚实交映,红绿错综,就造成一种幻觉,这就是文字艺术的功力,文字艺术的巧妙比造型艺术还要强得多。我读后大为感叹。学问真是如海洋,我体会到教海无涯学为舟。作为基础教育的老师,学问要求不高深,但要求基础扎实广泛。第三,要拓开视野广泛学。我们那时学物理是牛顿,后来爱因斯坦作了挑战,而现在霍金又作了新的挑战。我想,作为老师不仅要有人文知识,而且要有自然科学知识,否则就无发言权,就没办法与学生沟通。

2. 勇于实践

教师每天耕耘是实践，在实践中我不断反思自己的毛病。我记得教 66 届高一时，有位学生在作文中写了一个老头，他为刻意求工，想把这个人写得很形象，就用了一个比喻，说老人的胡子像牡丹花一样很美，比喻用得不当。讲评作文时我就把这件事张扬了，说用比喻一定要恰当。他现在已是名律师，事隔几年后，他对我说："于老师，你这句话让我掉到冰窟里。如果当时有地洞，我一定钻进去。"我怎么也没想到我不经意的一句话就这样挫伤了学生，这就成了我终生的遗憾。现在在我校教高三语文的王伟也是我的学生，那天开座谈会，他对我讲："你教我的时候，我多想让你印我的一篇作文。"这是什么意思呢？因为我让学生写作文，凡是让学生交作业都要笔笔有交代，不能放"羊"，学生写作文以后，我都有讲评。每次讲评都有一个主题，因此印习作也就有所选择。王伟说"我多想让你印我的一篇作文"，但是我一直到现在都没印到，我听了很心酸。我对王伟讲，这个遗憾只能成为我终生的遗憾了。教育过去就过去了，难以弥补，不像衣服破了可以打个补丁。领导和同志们对我讲了很多溢美之词，我真是如坐针毡。我反思，我干得究竟如何，自己最知道。非常感谢两个出版社对我的厚爱，出了两套书。用现在的眼光看，里面有许许多多不恰当或不尽如人意处。当时在那样一个水平上，我是尽力的，我只能做到那样一个程度，对那样一个程度反思，推敲，有时还真有点千疮百孔。比如说认识程度，开始我在教语文时也认为语文是交际工具，就是培养学生的语言文字能力。但随着时代发展，我的认识就不一样了，我觉得自己的认识很肤浅，语言文字和思想、情感同时发生，它就是文化的组成部分。仓颉造文字，"天雨粟鬼神哭"，从此人类社会进入文明，我怎么能只把它看做技能技巧呢？我就自我否定。语言文字里有民族的情结，我们中华民族几千年优秀文化的精华积淀在我们的语言文字中，因此它是民族文化的根，是我们民族的命根子。我不断反思，这样一个人文的学科，千万不能把它教成技能技巧，重术轻人。所以我教了一辈子，一辈子在反思。正如罗曼·罗兰所讲"这累累的创伤就标志着你生命前进的一步"，我确实是累累创伤，我随便打开自己的文章、教案，可以讲出很多不足和缺陷，但正是这些缺陷、不足，激励我向前奔跑。"思想升华，感情净化"，我追求这八个字，力求做到教师要有人格的力量。当然，自我挑战是一个很长的过程。

三、自我超越

做老师一定要与学生一起成长，这样才能成为学生的老师。因此，我要不断追求，自我超越，达到一个个新的境界。"欲穷千里目，更上一层楼"，每个阶段有每个阶段的目标。如，开始做语文老师时，为了能在课堂上站下来，我追求八个字："胸中有书，目中有人。"也就是教材要如出自己之口，如出自己之心。一定要研究学生，不研究学生怎么能教他们呢？我是育人啊，教学是为育人服务的，因此我追求这个境界，书要滚瓜烂熟，上课不看教材，都在肚子里。第二步，我领悟到我是教语文的，要带领学生学习规范的语言文字，自己要做榜样，所以下决心锻炼自己的口头表达能力，力求出口成章，下笔成文。要学生写文章，你自己就要写。为了力争做到出口成章，下笔成文，我就用以死求活的笨办法，把上课的每句话写出来，然后修改再背出来，背出来再口语化。我每天上班要走一刻钟路才乘到汽车，这一刻钟，每天脑子像过电影，都在想怎么教学生能吸收，教学内容怎么开展，怎么让学生进入兴奋状态，掀起高潮，教完后再写教后记。老师的教学语言不是大白话，要有文化含量，要有相当大的词汇量，要有文化气质。学生既学规范的书面语言，又学你教师规范的、生动的、流畅的语言，课堂教学效率就可能提高一倍。接着我又追求激发学生兴趣，使学生乐学爱学。我觉得学生学习太苦，一天坐七八节课，我坐在那里也要累得够呛，老师要设身处地为学生想。数学、物理等学科，特别到高中，逻辑思维很强，我想语文这人文学科应该让学生有点艺术享受，于是我追求教学中春风化雨、艺术享受。二十世纪七十年代末，我就考虑如何用知识含量高、能打开心扉的导语来调动学生的学习兴趣，因为热爱是最好的老师，他有兴趣，入了迷，就不以为苦，不以为累，爱学乐学。对课堂教学节奏、讲和练的角度方式以及课结束应该怎样余音缭绕等等作一番研究。教课是很有趣，很有味道的。如果学生两节课上下来说："呀，怎么这么快就结束了？"我就开心了。如果把它记下来，应是师生共同创造的一篇优美的散文。学生愿学乐学只是开始，我又考虑以学生为本，还没有真正做到，于是在八十年代，我拼命探索的是师生互动，综合效益。课堂里单打一对学生培养远远不够，一定要提高综合素质。我体会到语文教学是以语言文字能力的培养为核心，有机融合了德育和美育，三育一体，课就立体化了。立体化多功能，就是对人多方面培养，教学效率、教学质量能明显提高。在整个从教的过程中，我原来只考虑一身正气，师风考虑得较多，这还不够，要带领学生学习，特别是现在这个时代，新信息如潮涌，因此，学尤为重要，于是我又提出八个字"师风可学，学风可师"，努力攀登。作为老师，身上要有正气，师风可学，以正压邪，同时学风也应该是学生的榜样，否则，只是叫学生学，你自己不怎么学，不钻进去，就无发言权。所以要"师风可学，学风可师"。我就是这样不断自我否定，自我超越，总想达到一个合格的教师境界。我所理解的"合格"的"格"不是用量化来衡量的，而是国家的要求、人民的嘱托，国家把自己的希望交给我们，人民把自己的子女交给我们，这个"格"的要求是很高的。所以我一辈子追求教师的人格力量，一辈子用两把尺子量，靠两个支柱支撑，聚焦在反思上，不断地自我否定，自我超越，力求做一名合格的基础教育的教师。一个人生命是有限的，作为一名老师，把有限的生命融入常青的、伟大的、辉煌的教育事业中，我觉得是此生有幸。教育不仅是太阳底下最光辉的事业，而且是太阳底下永恒的事业。没有教育，社会就一片黑暗；没有教育，就出不了人才。因此，几十年来，我孜孜不倦，上下求索，力求做到自己的生命和历史的使命结伴同行。

（在"于漪教育思想暨从教 50 周年学术研讨会"上的发言）

奉献，教师的天职

红烛呀！/流罢！你怎能不流呢？/请将你的脂膏，/不息地流向人间，/开出慰藉底花儿，/结成快乐的果子。这是闻一多先生《红烛·序诗》中的诗句，我不仅十分喜爱，更经常以此激励自己的思想言行。因为这些诗句深刻地道出了人生的意义和价值，道出了红烛精神的精髓在于始终不渝地为他人的成长与欢乐作奉献。由此，我，一名从事基础教育的普通教师，深深领悟到教师应该具有通体透亮的红烛精神，教师的天职在于对学生作无私的奉献。

四十年来，我梦寐以求的就是把美好的理想通过艰辛的劳动变为现实。在漫长的教学生涯中，我不断克服无知，勇战困难，振奋精神，锤炼感情，努力使自己成为合格的人民教师，不辜负人民的嘱托和祖国的期望。

教师，须激情似火

有人说激情是文学家、艺术家头上的光环。诗人拜伦称激情是"诗的粮食，诗的薪火"。难道激情只是和文学家、艺术家有缘？不，激情也是教师必不可少的素质。不热爱我们这多情的土地，没有工作的激情，就不能完成把青少年培养成为社会主义事业接班人这一伟大的事业，教师只有倾注满腔热忱，才能完成肩负的神圣使命。

教师胸中要有一团火，在任何情况下都要朝气蓬勃，对学生有感染力，辐射力。只有燃烧自己，才能在学生心中点燃理想之火，塑造优美的心灵。这种激情来自对社会主义忠贞不贰的信念，来自对为国为民的无数先烈、无数英雄人物的由衷爱戴与崇敬。有了这种激情，就会鼓足生命的风帆，孜孜不倦地追求，顺境不自傲，受挫折更刚强，有使不完的劲。我深深体会到，一个语文教师，当自己对课文中思想内容的深刻理解和育人的崇高职责紧密相碰的时候，感情就会发生"井喷"，势不可遏，课堂上就会闪烁火花，产生能量，使学生思想感情发生共鸣。我清晰地记得带领学生学习《周总理，你在哪里》一文的情景：出于对周总理的无限爱戴和怀念，课结束时，要求学生就课文内容和平日对总理的了解，谈自己对"周总理，我们的好总理"的"好"的新感受、新体会，要求言简意赅，可引用名言。学生经过思索，有的激动地说："我们的好总理，'好'在横眉冷对千夫指，俯首甘为孺子牛。"有的引用杜甫咏怀诸葛亮的诗句说："自古丞相擎天柱，而周总理是万古云霄一羽毛。"有的学生情不自禁地赞叹说："总理文能治国，武能安邦，功高盖世，万古流芳。"从"好"这个词生发开去，学生不仅进一步理解这个十分普通的词所包含的极其丰富的内容，而且沉浸在赞颂总理伟大人格、高尚情操和不朽功绩的氛围之中，师生互受教育，思想升华，感情净化。

教师，须师爱荡漾

教育的事业是爱的事业，师爱超越亲子之爱，友人之爱，因为它包蕴了崇高的使命感和责任感。学生进中学、进师范学习虽则短短几年，在人生的长河中仅仅是一阵子，但这短短一阵子往往影响他们一辈子的生活道路。万丈高楼平地起，楼能不能盖高，关键在基础打得牢不牢。基础工作做得好，根子扎得正，扎得牢固，学生就会一辈子受用不尽。再说，一个人没有第二个青春，国家把青春年少、风华正茂的学生交给我们教师培养，这意味着对教师极大的信任，我们如果不尽心不尽力，岂不是浪费学生的青春，对国家、对人民的大不敬？为此，我经常警戒自己，鞭策自己兢兢业业，考虑任何工作都不能忘记培养学生的大目标。

我体会到，教师生涯中最大的事就是一个心眼为学生。要做到这一点，确实有一个艰苦的感情锤炼的过程。记得有一次带学生下农村劳动，半夜里一位女同学突然发高烧，腿抽筋不能动，当时医疗条件差，交通极不便。我和另一位女同学顶着寒风，背着生病的同学步行十几里到镇上医院治病。当时，我刚腹部动大手术不久，背了个人走那么多夜路，十分困难，刀疤疼痛，棉毛衫都湿透了。但是，学生得到了及时治疗，我打心底里高兴。从这件事我领悟到：人有很大的忍受力，也有很大的潜力，只要真正把学生放在心上，就会有毅力，就会超越自我。做教师要能不断地勉励自己，改掉坏习惯。我非常爱清洁，怕脏。爱清洁是好事，怕脏就不行了，不清除脏，哪来的清洁？在教育学生的过程中，自己也得到锻炼，不但劳动中不怕脏了，就是学生的呕吐物，也能及时清理。我想，学生身上的事都是我教师的心上事，我乐此不疲，感到生命十分充实。

对学生的爱不是说在嘴上，写在纸上，而是要身体力行，用行动体验。我先后患胃溃疡、肝炎等重病，又只有一个独生子，孩子小时候身体极差，多次病危，我夜里陪夜，白天照常上班。谁没有亲子之爱？看到孩子被病魔折磨得痛苦万分，我多次想请假，但我教的学生面临高三毕业，怎能耽误他们呢？我不是医生，不会治病，我的岗位在学校。于是，我咬咬牙，坚持上班。几十年来，我没有为家庭私事脱过一节课，请过一天假。这样做，我觉得心里很踏实，对得起学生。

爱学生，就是要为每个学生着想，教好每个学生。学生都是我们的后代，要千方百计把他们培育成才。

我教过不少调皮捣蛋的学生，其中有一个曾天真地对我说："我妈妈说，我这个捣蛋鬼能考取你们学校，是额头戳到天花板，说我是学不好的，要被老师赶出来的。"这名学生文化基础确实差，习惯也不好。可是，就是这样的学生身上同样有很多优点。教师不可能代替学生成长，但必须有一副敏锐的目光，善于发现学生身上闪光的东西，长善而救失。果然，后来他考取了大学。他来看我，说起成长中的一件往事，师生同乐的情境难以言表。我深深懂得，做教师的千万不能用一成不变的目光来看待学生，每个学生都是"变数"，在发展，在变化，教师对他们情深似海，加温到一定程度，他们会开窍，会飞快进步，茁壮成长。

爱不是姑息，不是迁就，爱是"严"的孪生兄妹。没有规矩，不成方圆。培养人，办学校，都要有严格的要求，严格的管理。这个规矩就是党的教育方针，办学，育人，都要以此为准绳，而不是凭主观臆造。"爱"是"严"的基础。爱是对事业的忠诚，是对莘莘学子的无限期望，有了爱满天下的胸怀，"严"才会有效果。

教师的工作是平凡的，琐细的，年年月月，千件万件，但是把它们穿在"育人"这根线上，就心里明，手脚勤，忙得愉快，忙得其所。甘为红烛燃自身，甘为泥土育春花，这是我当教师的信条。

教师，须功底厚实

　　教育往往是滞后效应，分数难以衡量学生德、智、体发展的全部情况。为此，教师不能为分数所困扰，要着力培养学生的真本领。要培养学生良好的思想道德素质和科学文化素质，教师就须具备真才实学。大学毕业文凭只说明学历水平，是否具备教师的资格，要看肯不肯下工夫在岗位上锻炼。"问渠哪得清如许，为有源头活水来。"人的学习不可能一次完成，要做到"清如许"，就须坚持不懈地学。教师只有孜孜不倦地汲取知识，以涓涓清泉滋润心田，在教学中才能像流水一般进行灌溉。如果知识贫乏，孤陋寡闻，那就难以引导学生在知识的海洋中扬帆远航。

　　我是改行教语文的，功底不厚。教学时常感知识不成串，驾驭课堂常捉襟见肘，力不从心。教师主要耕耘的园地是课堂，课上得不理想，怎可能期望获得好收成？面对这种情况，我不断审视自己的教学业务，清醒地认识自己的缺陷与不足，在两个方面作持续不断的努力：一是打业务底子。由于先天不足，我不得不用比别人双倍乃至数倍的工夫学习，从语法、修辞、逻辑到中外文学史，到阅读一定数量的中外文学名著，挤时间学，天天明灯伴我过午夜。二是认真备课，一丝不苟。教材吃不透，学生情况若明若暗，其结果只能是"以其昏昏，使人昭昭"。为此，我给自己立了个规矩，绝不做教学参考资料照搬照抄的人，要独立思考，刻苦钻研，力求自己真懂。当然，要做到"胸中有书，目中有人"确实不易，有时备一篇课文，推敲词句，查清时代背景，理清作者思路须花费很多时间。为了备好一堂课，我常常花十几、二十个小时，甚至更多，经过上百篇教材的钻研，我尝到了庖丁解牛的滋味。我总觉得别人分析教材写的资料，是别人潜心钻研所得，对我来说，总隔了一层。只有经过自己独立钻研，所得体会才是真切的。拿自己的真切体会指导学生学习，课堂上就可以得心应手，左右逢源。

　　打功底要有股韧劲，以死求活。比如我原来教学用语不规范，一是有"呃"的口头禅，二是乱用"但是"。我下决心要提高教学用语的质量。我把在课上要说的话写成详细的教案，然后自己修改，把可有可无的字、词、句删去，不合逻辑的地方改掉，用比较规范的书面语言改造不规范的口头语言，然后背出来，再口语化。教课以后，详写教后心得，对自己的课评头品足，找缺点，找不足，以激励自己不断改进。语文教师要带领学生学习规范的书面语言，如果自己的口头语言生动、活泼、优美，就能给学生以美的熏陶，大大提高学习的效果。为此，我一直以"出口成章，下笔成文"作为自己语文功底的奋斗目标，以学生上语文课"如坐春风"，知识有所积累，能力获得锻炼，智力得到发展，思想情操受到熏陶的综合效益为长期追求的境界，因为我是一名肩负育人重任的语文教师。

教师，须开拓创新

教育的事业是着眼于未来的事业，教育工作的性质与特点要求教师应具有相当程度的职业敏感，应跟随着时代奋力前进。作为一名教师，要学会认识时代的特征，关心国内外大事，善于接受来自各方面（尤其是教育、科学技术方面）的信息，使自己思考问题、从事教育实践具有时代气息。

更新教育观念，对培养目标有正确而深刻的认识最为重要。教师做久了，常犯"三多三少"的毛病：眼前学生看得多，将来建设者的形象考虑得少；知识要求看得多，能力训练考虑得少；分数看得多，实际才干考虑得少。这种育人的观念与当今培养目标的要求相距甚远。"育人"，不能一般地理解为培养学生，而是应把它放置在特定的历史条件和社会环境中认识。要教在今天，想到明天，以明日建设者的素质要求、德才要求指导今日的教育教学工作。世界是复杂的，对外开放后，先进的科学技术进来了，这是好事，但随之也带来形形色色的资产阶级思想，如何增强学生的识别能力，增强抵制精神污染的能力，提高反"和平演变"的警觉性，教师就要深入思考，寻求教育的有效途径与方法。我校以"一身正气，为人师表"为座右铭，狠抓校风建设，坚持社会主义办学方向，就是基于这种认识。

教师要加强改革的意识。传统的教学方法对工作多年的教师来说，无疑是驾轻就熟，即使对年轻教师也有相当的影响。传统教法中合理的精华不可丢，但重知识轻能力、烦琐的讲解、灌输各种各样现成的结论等做法显然不适应时代潮流，不能有效地对学生进行培养。因此，我花大气力进行变革。变革的核心是让学生真正做学习的主人，使课堂真正成为学生在教师指导下获取知识、训练能力、发展智力以及思想情操受到良好熏陶的场所，优化课堂结构，提高课堂教学效率。

改革创新要具有中国的特色，走自己的路。既要博采众长，吸取精神养料，又要有主心骨，独立思考，不人云亦云。在教育这块沃土上，千万教师在耕耘，亿万学生在成长，好思想、好经验十分丰富，为了提高教学质量，为了使学校工作上台阶，我经常以其他教师为师，以兄弟学校为师，从他们成功的经验中得到启发，受到教育。他山之石，可以攻玉。借鉴一定要"以我为主"。学习外国，开阔视野，十分有益，但要着力在洋为中用。吃牛肉、喝牛奶目的在滋养身体，健壮体魄，而不在变成牛。即使是好学说、好经验，也不可照搬照抄，要拿来为我所用，和我们的实际结合起来，创中国特色的东西，这样，才有生命力，才能有效地提高质量。这些年来，我特别在"化"上下功夫，融百家之长，借鉴国外先进的教育教学理论，试着创自己教学的特色，在改革开放条件下探索办学的新路子。

一个人的生命是有限的，而我们的事业是常青的。作为一名真正的教师，是用生命在歌唱，用生命在实践，为了我们辉煌的社会主义事业，为了我们可爱的学生，假如我有第二次生命，我仍然毫不犹豫地选择教师这崇高而又神圣的职业，因为"给"永远比"拿"愉快。

树立信念，为人师表

（一）

人无志不立，人之所以为人，成为一个对国家有用的人，就必须有精神支柱，有魂。教师也如此，必须有精神支柱，有魂，有指导自己言行的魂。信念，是教师的精神支柱，是教师整个素质结构中的灵魂，在很大程度上支配着教师从教的目的、方向与动力。教师树立科教兴国的坚强信念，就会把对党、对祖国的热爱倾注到事业之中，倾注到学生身上，为培育学生成才奉献青春，奉献聪明才智，奉献毕生精力。教师如缺乏坚强的信念，行动上就会飘忽不定，没有持久的内驱力，必然导致教育质量的下降，贻误学生的青春。

早在二十世纪七十年代，很多国家就开始研究二十一世纪教育的战略与对策，教育的全球性与全球性教育已经逐步地趋向认同。也就是说，不管是发达国家还是第三世界国家，都把教育放在十分重要的位置上。人们都认识到，未来世界的战略资源并不是具体的某个物，而是知识和人才。知识、信息、人才，是最重要的战略资源。现在没有硝烟弥漫的战争，但是，科技之争、教育之争、人才之争，丝毫也不比那种硝烟弥漫的战争来得轻松。放眼看世界，就能深刻认识到，教育事业的成败关系到国家的生死存亡。放眼看国内，提高全民族的素质要靠教育，科技、经济等各类人才的培养要靠教育，教育是立国之本。振兴民族的希望在教育，振兴教育的希望是教师。建设有中国特色的社会主义一时一刻也离不开教育，教书育人是时代赋予教师的历史责任。

树立坚定的信念，包括三个不同的层面：

1. 热爱社会主义祖国，拥护中国共产党的领导，用马列主义、毛泽东思想中国特色社会主义理论武装自己的头脑，学习和宣传党的路线、方针、政策，这是教师树立信念的前提。教师只有对党对祖国满腔热忱满腔爱，有正确的世界观、人生观、价值观，有良好的思想政治素养和理论修养，才能通过言传身教，塑造学生优美的心灵。

2. 热爱教育事业，敬业爱岗，发扬奉献精神。奉献是教师的天职，是教师热爱社会主义祖国，拥护中国共产党领导的具体表现。爱岗敬业，无私奉献，是教师信念的核心。

3. 热爱学校，热爱学生，孜孜不倦地教育、引导学生。这是教师爱党、爱国、爱教育事业，具有坚定信念最直观、最集中的体现，是教师信念的外化。

树立了崇高的信念，就有持久的内驱动力。一个人靠外因推动总是不够的，外因是变化的条件，内因是变化的根据。一名教师树立了奉献教育的信念，把教育教学工作与我们亿万人民的伟大事业紧密相连的时候，就会方向明，眼睛亮，就会有无穷的动力，使不完的劲。

教师的信念、教师的思想政治修养与理论修养对学生人生道路的选择、科学文化素质的提高起十分重要的导向作用，北京女子高等师范学校的学生回忆中国共产主义运动的先驱者、敬爱的李大钊老师讲课时的情景十分激动，说："李老师讲得深入浅出，不似哲学老师所介绍的其他外国哲学家的言论，玄之又玄，所以同学们都很爱听。谈到国内形势时，他激愤地说：'在中国，首先要消除封建军阀、卖国官僚、投机政客。我们的政府，是北洋军阀，是帝国主义的走狗，这样的政府会做有益于人民的事吗？'并且一再强调学习马克思学说，不是纸上谈兵，而要身体力行。李老师把讲堂作为宣传马克思主义的阵地，激昂地阐述革命的道理。他指出，十月革命的胜利，是庶民的胜利；并且指出，只有摧毁官僚、军阀、资本家和地主阶级的统治，我们中国才有出路。他就是这样满腔热情地把革命种子撒在我们青年同学的心里。"在民主革命时期，闻一多拍案而起，朱自清拒绝美国救济面粉，一大批爱国知识分子，知名的、不知名的教授、教师，树立了只有共产党才能救中国的信念，显示了富贵不能淫、贫贱不能移、威武不能屈的英雄气概。在他们的影响下，许多学生走上了革命的道路。

忆前辈胸怀祖国、情系教育、情系学子的业绩，展望二十一世纪国家对人才的需求，教师要继承和发扬奉献祖国、奉献教育的光荣传统，树立信念，为培养学生成为社会主义建设事业的有用人才，坚持在教育第一线奋勇战斗。

（二）

教育劳动具有示范性的特点。教师的工作岗位在青少年学生中间，一言一行对学生都在起着潜移默化的作用。教师工作的特点决定了教师时时处处都处于一种为人师表的地位，教师的精神风貌、品格气质直接影响学生的成长。特定的职业要求教师必须有良好的师德，必须在各个方面为学生作出表率。对这个问题，有关法规作了明确的规定。先以"有良好的师德"总领，然后就对法律的态度、与他人的关系、自身仪表仪容、言谈举止加以规范，帮助教师提高自我塑造的自觉性。

师德就是教师的职业道德，是教师在教育教学过程中，在处理和调节人际关系中所应遵循的特殊道德要求和行为规范。良好的师德既是促进教师自我完善的必要条件，又是培育和造就一代新人的可靠保证。教师职业道德内容十分丰富，简言之，最为重要的是：献身教育，甘为人梯；热爱学生，诲人不倦；精通业务，学而不厌；互相学习，团结协作；而以身作则，一身正气，为人师表贯穿于学习、工作、为人、处事的所有方面。

教师作为国家公民，在遵纪守法方面应作为学生的表率。数千年来，中国强调人治。因而，在许多人的脑子里，法制观念十分淡薄，法盲屡见不鲜，在十多亿人口的大国，要建设有中国特色的社会主义，非加强法制建设不可。这些年来，国家修改了宪法，对各个领域的工作制定了一系列的法律、法规，对繁荣经济、推动社会发展、保持社会稳定、保障人民生活起了极大的作用。就拿教师来说，有《中华人民共和国教育法》这部大法，有《中华人民共和国义务教育法》等等，这就使办教育有法可依，使教育逐步走上法治的轨道。作为公民，教师要学法，懂法，守法，严格遵守国家的一切法律法规；作为教师，还要信守教师职业道德规范，履行师德要求；作为学校教育集体的一员，还要模范地遵守校纪校规。行动就是无声的命令，教师自觉地遵纪守法，学生就会模仿，就会信服，从而规范自己的言行。

教师在学生心目中的地位，不完全取决于业务水平，而是取决于德、才、识、能的综合因素，取决于人格和品行。一名教师对学生具有人格的魅力，就能吸引学生积极主动地学习，追求生活的真谛，探索人生的健康之路，教育教学就能取得良好的效果。榜样的力量是无穷的，品德高尚、业务精良的教师会使学生产生极强的向师性。下面两段文字是鲁迅先生的学生回忆鲁迅先生教学的情景：

鲁迅先生在厦大担任"中国文学史"和"中国小说史"这两门课程，同时还兼国学院研究教授。本来在文科教室里，除了必修的十来个学生之外，老是冷清清的。可是从鲁迅先生来校讲课以后，钟声一响，教室里就挤满了人，后来的只好凭窗站着听了。教室里非但有各科学生来听讲，甚至助教和校外的报馆记者也来听讲了……他的讲学，并不像一般名教授那样只管干巴巴的一句一句地读讲义，枯燥无味地下定义，他的讲话也和他的作品那样的丰富多彩。他讲到某时代的代表作家及其作品的时候，他善于引证适当的丰富的资料来详尽地加以分析，雄辩地加以批判，说明什么应当吸取，什么应当摒弃。听他讲学，好像小学生听老师讲有趣的故事那样，就怕时间过得太快！

先生每次下课时，许多同学都簇拥着跟他到休息室去发问，甚至一连几个礼拜，我的一个问题还没有挤到他面前去求得解答的机会。因他虽然经常上课前半小时就坐在休息室中，但他一来，许多早已在等候他的青年，便立刻把他包围起来，于是他便打开手巾包，将许多请校阅、批评及指示的稿件拿出来，一面仔细地讲解着，散发着，一面又接收着新的。一直到上课钟响时，他才拿起手巾包（他没有皮包），夹在这些青年中间走上讲堂。

从这两个小片段中可以清晰地看到鲁迅先生对工作是多么的极端负责，对业务是多么的精益求精，对学生是多么的满腔热忱。且不说鲁迅骨头最硬，没有丝毫的奴颜媚骨，也不说鲁迅"我以我血荐轩辕"的炽热的爱国热情与献身精神，单从上述细小的事情中就可知伟大人格、高尚品德是在平常的一言一行中，靠持之以恒地严格要求才能形成。鲁迅先生人格高尚，是青年学生学习的楷模，因而不管是课堂内还是课堂外，才会出现学生爱戴、敬重先生的动人情景。

团结协作是教师道德的基本要求。教育工作的特点之一是个体劳动和群体效益的结合。教师教课、改作业、与学生谈心等等，是教师个体进行劳动，学生能不能有效地得到培养是教师群体共同努力的结果。不管就班级范围还是学校范围而言，学生成长的速度与质量不仅取决于每个教师自身的素质，而且取决于学校教师集体是否形成了教育合力以及这种合力的程度。教师之间应建立融洽无间的关系，在充分发挥个人主动性、积极性和创造性的同时，与同事团结协作，形成教育合力。团结协作的基础是教师具有共同的目标，对教育事业、教育对象的热爱；团结协作的关系在于每个教师要谦虚谨慎，宽容大度。共同的事业，共同培养社会主义事业建设者和接班人的目标，使得教师紧密地联系在一起。教师之间没有根本的利害冲突，这是教师之间团结协作的客观基础。教师各有个性，各有不同的经历、不同的教育教学水平，彼此之间要相处得十分和谐，就要正确地对待自己，正确地对待别人。以己之长，比人之短，心态就越来越不平衡，而且容易生出是非，影响同事之间的团结。团结就有力量，协作就能出效益。要做到团结协作，每个教师要多多反躬自省，谦虚谨慎，多看到自己的不足，真心诚意地学习别人的优点与长处；要心胸宽广，善于合群，尊重别人，与别人加强沟通。每个教师加强自身的素养，又充分发挥自己的特长，就会形成教育合力，在学生心中留下难以磨灭的印象。

下面是著名学者钱学森在母校北京师大附中八十岁生日纪念会上讲述的一幅幅难忘的画面：

同学们，你们还记得下来吗？——矿物的硬度有十种，不信，我给你们背：滑石、石膏、方解石、萤石、磷灰石、长石、石英、黄玉、刚玉、金刚石。你们知道这是谁编的吗？这是化学老师李士博编的。他把这个非常有用的顺口溜教给了我，使我至今都牢记着。还有教几何的傅种荪老师，他古文水平很高，用桐城派的古文编的讲义，读起来拉着腔，很带味。一直给我印象很深的是，讲几何道理时，他说：有了公理之后，定理是根据逻辑推断的必然结果，只要承认公理，定理一定如此，没有第二个。不仅在教室里如此，在中国，在全世界也是如此，就是拿到火星上也是如此。我看他这个讲法好，彻底极了，火星上都是一样的跑不了。

如果教师中互不服气，不讲友谊，不讲团结，就不可能对教学工作孜孜以求，也不可能形成良好的教风，当然也就不可能在莘莘学子心中留下极其美好的回忆。

谦虚是一种美德，教师尤其需要具备这种美德。教师要真正做到诲学生不倦，自己就必须学而不厌，有虚怀若谷的精神。众所周知，毛主席称颂徐特立"你是我二十年前的先生，你现在仍然是我的先生，你将来必定还是我的先生"。这种荣誉够光辉的了，但徐特立老先生仍然是谦虚谨慎，自强不息。全国解放后，他来到北京，已是七十二岁的人了，仍是精神焕发，还订出了二十年的学习和工作计划；每天从早到晚开会、讲课、看书、写文章，忙个不停；研究一个问题，常常苦思冥想，白天如果没有得出结论，晚上睡醒后还要思考；道理想通了，问题解决了，就是半夜也要起床详细写笔记；为了写一篇文章，或草拟一段讲稿，他常常参考几部或几十种书刊。而今，科技飞速发展，知识日新月异，教师要挑起培养一代新人的重任，就须不断增进新知识，更新知识结构，学人之长，补己之短，因而更须谦虚谨慎，更须合作共事。

教师的仪容仪表、言谈举止是教师内心修养的外在表现。教师与学生朝夕相处，言谈举止、仪容仪表无时无刻不对学生起正面的或负面的作用。它是一种无声的力量，在不知不觉中，学生的心灵、语言、行为、习惯等都受到影响。要把学生教育成为讲文明、有礼貌的新人，教师自己就要高度自觉，处处以身作则。衣着要整洁大方，显示教师职业的高尚，整齐、洁净、大方、得体，对培养学生的审美观，提高教师在学生中的威信和课堂教学的效果，十分必要。举止端庄、语言文明、礼貌待人是精神气质和文化修养的体现。教师站、坐、行有良好的姿态，有落落大方的风度，给学生以亲切、安全、可信任的感觉，有利于培养学生良好的行为习惯。

教师的职业特点，决定于教师的品质、行为、举止都会对学生起耳濡目染的熏陶感染作用。古今中外著名教育家都十分重视教师对学生的表率作用。孔子说："其身正，不令而行；其身不正，虽令不从。"孟子说："教育必须正。"现代教育家蔡元培要求教师"砥砺德行"，束身自爱。夸美纽斯说："教师的义务就是用自己的榜样来教育学生。"洛克认为："做导师的人自己便当具有良好的教养，随人、随时、随地，都有适当的举止和礼貌。"第斯多惠认为："只有当你不断地致力于自我教育的时候，你才能教育别人。"面对二十一世纪的挑战，要把学生培养成为有理想有道德有文化有纪律的新人，更要在表率上下功夫，既做到心灵美，又做到外表美，堪为学生的模范。

信念·感情·功底

　　学校教育要办出质量来，有诸多因素，而最主要的是教师。教育质量说到底就是教师的质量。素质教育呼唤一流教师。老师们都有这种体会，上一堂课，尽心不尽心，在课堂上是不大看得出来的，但长此以往，是很有区别的。作为一个普通教师，我觉得下面几点是最为重要的。

信　念

　　古人说得好，人无志不立。人之所以为人，成为一个对国家有用的人，就必须有精神支柱，有魂。我们中华民族因为有中华魂，所以才能凝聚所有成员。教师也如此，必须有精神支柱，有魂，有指导自己思想言行的魂。教师在任何情况下，信念都是不可动摇的。居里夫人发现了镭，有人劝她申请专利，她回答的是那么平常：这是人类的财富。杨振宁博士是世界上非常有名的物理学家，人们把他和牛顿、爱因斯坦并称，说他是二十世纪世界上最伟大的科学家。这样一个物理学家为什么那么爱自己的祖国？我曾经感到不十分理解。有一次我到香港开会，在香港图书馆见到一本书，书中介绍杨振宁之所以成才，是因为受到中国文化的孕育。初中时，杨振宁的数学天赋就显露出来了，但他的父亲不失时机地请家庭教师给他补《孟子》。杨振宁说，由此我就懂得了怎样做一个中国人，"富贵不能淫，贫贱不能移，威武不能屈"。东方文化给他的生命注入了中华民族的魂。后来他到西方求学，西方研究科学的精神又给他以滋养。因此，他说，他的成就是东西文化的结合，他的信念是以自己的行动帮助中国人来改变"中国人不行"的观念。我觉得这个信念对我们中国人是非常有作用的。闭关锁国的时候，视野狭窄，往往是夜郎自大；开放了，也不能走到另一个极端，认为外国人什么都比我们好，我们中国不行。其实，并不如此，作为一个中国人，民族志气、民族自尊是至关重要的，但是有一条，必须是立足中国而放眼世界。贝聿铭跟吴健雄讲，我们是中国人，但我们是有世界眼光的。我想，我们教师是不是应该有这样的眼光，这样就能树立坚定不移的信念。为什么这么说呢？我们做老师，往往只看到三尺讲台，看到课堂，看不到大千世界，也就是说在宏观上思考一些问题是不足的。我们一定要放眼看世界，在这样宏观大背景下看我们的教育，看我们肩上的责任，就更有深刻而清醒的认识。

　　布什竞选总统时就说他是"教育总统"，他认为教育的政策和经济的政策、商务的计划一样重要。在未来之竞争中，一个民族、一个国家能否在世界上有立足之地，能否掌握发展自己的主动权，很重要的一条，就是能否把教育放在战略地位，培养大批人才。日本提出要培养世界通用的日本人，对此我们不能不引起警惕，日本扩张主义思想是根深蒂固的。从小学，日本就对孩子进行吃苦耐劳精神的培养。有一年年底，我们到日本几个小学去看，尽管下着大雪，男孩子仍然全都穿着短裤，我们非常惊讶。美国人说他们要培养二十一世纪的美国人，要把二十一世纪一百年囊括在美国人的手中。任何一个国家和民族对自己后代的教育都是非常重视的。看到这一点，我们就会觉得自己身上的担子有多重啊！现在打一场没有硝烟的大战，那就是科技之争、教育之争、人才之争，丝毫也不比硝烟弥漫的战争来得轻松。它需要我们有更远的目光、更坚强的意志和高度的负责精神。小平同志在世的时候讲，教育一定要放在战略地位，哪一个领导不重视教育就是不称职的领导，就是这个道理。小平同志讲教育要面向现代化，面向世界，面向未来，如果我们办教育没有这种开阔的视野，就很难意识到自己身上有千钧重担！面向现代化，这是我们办教育的立足点，要为祖国现代化建设培养人才；面向世界，这是我们的参照系数，世界是怎样一个走向，我们不能闭目塞听；面向未来，就是要有超前意识，教育是为未来培养人才的，教育的特点是超前意识和滞后效应的结合体。市北中学培养了很多人才，在当时不怎么看得出来，可是事隔多年，由于基础打好了，能力就发挥出来了。因此，我们搞教育的，要教在今天，想在明天，以明日建设者应有的标准来指导今日教育教学工作。我开始做老师时，也曾被分数、被考试捆住了，随着不断实践和学习视野的开拓，我越来越觉得一定要解放思想。任何一张考卷是考不出学生的整体素质的，考试命题总是有一定局限性。培养人要有潜力，要有后劲，要素质良好。中学教育往往一辈子在这个人身上起作用。某市市长选用人才，不看是哪个大学毕业的，要看是哪个中学毕业的，这是很有道理的。

　　信念的树立，就是要放眼看全国，看世界，这样，我们就能找到一个恰当的坐标，就会更清楚地认识到，自己在教育事业中应该起什么样的作用。

　　我献身教育的理想是中学时蒙发的，十几岁的时候就想一辈子做一个合格的中学教师。这个理想的种子，应该说是中学老师播撒的。中学时代，我比较调皮，上课时，老师教得好，就听，教得不好，就看小说，同学们都叫我"小说迷"。有一位刚刚大学毕业的年轻老师深深影响了我，我至今还记得他上课的眼神和手势。一次，他教鲁迅的《故乡》，讲少年闰土出场时的情景，描述细致传神，富有感情，同学全被吸引住了。他说在金黄的圆月下，一个少年跳出来了，用了"动态"一词。我从来没有听到过这个词，耳朵就竖起来，听入了迷。他讲闰土身上的银项圈和手握的钢叉，用了"交相辉映"这个词，也使我的眼前为之一亮。后来他讲着讲着，声音沉重，好像要哭了，我们都吓坏了，不敢看他了……他教得那么出神入化！此时此刻，在我幼小的心中油然生起对老师的敬意。心里想：这个老师真了不起啊！我们怎么没有看到那么多东西呢？从此，我就暗下决心，要做一个老师。老师使我们从无知到有知，从知之较少到知之较多，当老师非常有意义。后来，我非常幸运，读的高中就像市北中学一样，是省立高中，碰到很多好老师。比如，数学用外语教，老师逻辑思维清晰极了，讲题目一步一步地推导，听过以后就像刻在心里一样。语文教师是一位老教师，他教完了，我就背出来了。有一首李后主的词，以后没有教过，也没有读过，但至今一直刻在我的心里。我做了几十年老师，深深体会到：一直在起作用的，就是中学的底子。后来到大学，也碰到很多名师，如周予同、刘佛年等先生，他们都开拓了我的视野。但在工作中用的，都是中学学的。中学教的知识是知识的核，是不会变的。中学教育非常重要。青少年时期是人生中最重要的阶段，虽然只有短短的几年，但能影响学生一辈子的生活道路，因此，中学教育确实是有战略意义的，就好像盖房子，桩打得深，打得正，就能盖十层二十层高楼。基础教育是给人从事基本建设的，培养良好的思想道德素质和科学文化素质是做人的根本。

　　我总觉得，没有教育，社会将一片黑暗，各行各业都无法发展。站在时代的高度、战略的高度和资本主义国家竞争的高度来看我们的教育，就能站在制高点上，登高而望远，看到我们从事教师工作的价值和意义。我做了几十年老师，始终感到自己肩负着千钧重担，从来不敢有丝毫的懈怠。我还体会到，树立了崇高的信念，就有持久的内驱动力，一个人靠外因总还是不够的，外因是变化的条件，内因是变化的根据，当你树立了信念，把教育教学工作和我们亿万人民的伟大事业紧密相连的时候，你就有无穷的动力，就有使不完的劲。新的世纪已经到来，教师的责任更加重大，谁能在二十一世纪主沉浮？谁能使我们的祖国立于不败之地？靠口号是喊不出来的，要靠教育，靠扎扎实实的教育。从这个高度看问题，历史的责任感和使命感就非常具体了。

感　情

教育事业是爱的事业，师爱是超过亲子之爱的。这个道理不是写在纸上、说在嘴上的，真懂，要用自己的言行来实践。亲子，是一种本能，动物也如此。我们从事教育不是一个本能的问题，而是现代精神文明建设问题。国家把希望交给我们，家庭的希望也在孩子身上，因此，老师对学生要满腔热情满腔爱，做到师爱荡漾。感情的转变来不得半点虚假，开始我对此理解得并不透彻，经过长期实践，我觉得我爱学生起码过了三关。

第一关是"难"。做教师是很难很难的，自己懂，好像讲清楚了，其实学生不一定清楚。自己清楚和学生清楚是两码事。我曾经教过这样一个学生，他写作文，一个标点符号也没有。我请他到办公室，个别辅导，讲了逗号、句号、分号、冒号等等，我问他："懂了吗？"他笑了一笑。我想该是懂了，会心的微笑嘛。可是下次交上作文，仍然没有标点符号，我再请他到办公室，问他上次讲了那么多，这次怎么还不用？他竟冲了我一句："你讲那么多，我怎么能记得？！"对的，我的教学是倾盆大雨，十几种标点符号一齐讲下去怎么行呢？于是我说："老师不对。今天只讲两种，一种是逗号，一种是句号。你的作文只要用了这两种，就算标点符号使用正确。"他点点头，再交上来，标点是有了，但很不规范，我继续跟他讲道理……这件事使我认识到，要教会学生是很不容易的。即使是教标点符号，涉及的问题也很多，有教师教学不得法的问题，有教师对学生了解不深的问题，有学生的认识问题和习惯问题，教过不等于教会。教过，任何一堂课都算是教过了；而教会，教到学生心里去则是相当困难的。回头想一想，不难，要我这个教师做什么呢？培养人，就是要不断克服困难，我逐渐地克服了畏难情绪。教好几个尖子不太费力，要教好班级所有学生，全面贯彻教育方针，全面提高教学质量，则要用心血来浇灌，不仅是尽力；而且要尽心啊！

第二关是"烦"。基础教育跟大学教育不一样，大学教授夹着讲义来上课，讲完就走（当然，许多好的大学教师也要管教管导的）。基础教育确实很忙，很烦，特别是教初中的教师，什么都要管，扫帚啦，畚箕啦，黑板擦啦，哪儿都得管；什么地方没有管到，什么地方就出问题。即使是扫地，也不简单，很多孩子是不会扫地的，地还没有扫干净，屋子里却已是灰尘弥漫。你必须教他怎么扫，培养他讲卫生的习惯和科学态度以及为集体服务的精神。搞基础教育的教师，事情有千件万件，如果把它穿在育人这个总枢纽上，就"烦"得其所，乐在其中，就会觉得那些平凡的小事情是那么有意义，因为这是雕塑人的灵魂啊！

第三关就是偏爱。"文革"前，我教高二、高三，学生很懂事，我不要花那么多力气；到"文革"时，我这个老教师就专门带乱班乱年级。比如我带69届一个班，我是第九任班主任（前头八位班主任不是被气走，就是被学生赶走了）。时逢整党，大字报满天飞，心里很忧虑。尽管如此，我还是想把这个班带好，终于获得了成功。事后我认识到，要对全体学生丹心一片真是不容易。一般说来，教师往往喜欢两种学生，一种是很聪明的，你一讲他就懂；一种是长得很可爱的，一看就喜欢。但是，教育是无选择性的，所有的孩子都应教好。带75届一个班，更困难，男孩子打架，女孩子也打架，男女"混合双打"，混乱不堪。有一个女生，不知道做了多少工作，仅家访就上百次。有一个男生，非常调皮，我一次次家访，他父亲说："这个孩子给你吧，我不要了！"我说你的儿子，我的学生，大家一起来教育他。经过努力，这个孩子终于教育好了。现在，每年春节都要来看我。我以为，在教育过程中，自己的感情是经常要接受检验的。75届有一个女生缺点不少，也有优点，我经常表扬她，试图扶正压邪，但她每个星期还是要闯祸。你批评她，她起码两个星期不睬你，至多用眼角瞟你一眼，以表示对你的蔑视，我对此感到很难过。我去家访，她父亲说："你把她送到派出所好了。"我到里弄去讲，里弄干部说这家人家是没有办法的，她的母亲跟人家吵架就在地上打滚。你要她交学费，她就给《文汇报》写信，说我"继续贯彻执行修正主义教育路线"。我简直黔驴技穷，一筹莫展了。一次做早操，她这里打一拳，那里踢一脚，我就叫她站好，说了五六遍她仍不理睬我，我随口说了一句"你又不是十三点"，话一出口，我就非常后悔，觉得有损教师的形象。写周记了，有五六个同学提意见，其中一个学生说："你骂××同学十三点，我们班级是没有十三点的，只有阶级姐妹。你的阶级感情哪里去了？你想想，你还像不像个教师？""文革"中，我经历了多次批斗，但心里非常实在，很坦然，而且觉得可笑；而这个学生的话一语中的，触动了我的灵魂。是呀，言为心声，我对学生可能产生了一种厌恶的感情，这个学生批评是对的。这件事使我认识到，我对学生的爱还没有做到无选择性。于是，我锤炼感情，倾注满腔热忱去爱学生。我只有一个孩子，由于我身体不好（经常咯血，又生肝炎，腹部开刀），孩子的身体也不好，一年要住七八次医院。我和爱人的工资差不多全送进了医院，生活非常清苦，家里几乎是一无所有。由于工作繁忙，既教高三语文，又当班主任，还做教务副主任和教研组长，因此，孩子生病，从未得到我精心的照料。有一次，孩子病危，接到医院电话时我的腿就软了，谁没有亲子之爱呢？但我还是坚持到下班才去医院，我不是医生，救不了孩子的命啊！又有一次，孩子得了败血病，天天高烧四十一度，送医院抢救，上半夜他爸爸陪，下半夜我陪，孩子头用冰袋冰着。医生找我们谈话，说你们要有思想准备，当时我就哭了。此时正是高考复习的时候，一百多个学生正急切地等着我，于是我咬咬牙，只好做孩子的工作："妈妈不是医生，医院里有那么多叔叔阿姨，他们会给你治病。"就这样，我每天含着眼泪去上班，后来书记知道了这件事，责备我："孩子病成这样，可以请假的啊……"我想也只能这样，找人代课是没办法代的，就要高考了，我要为一百多个学生负责。

爱学生，有时还要承担风险，我曾教过一个非常差的学生，他偷窃扒拿，什么事都做过，以至于哪个班级都不要他。我就把他带到自己的班上，当时班上同学都反对，说经过一年多的努力，班级好不容易好了起来，插进这样一个差生，说不定又把班级搞乱了。我想，你这个班级经不起一点风浪，好什么呢？这个学生确实难教育，每天把他请到学校来都很不容易，他还没起床，我就让学生到他床边等着。我派六个同学，两个好的，两个中等的，两个比较后进的，目的是想教育一个，转化一批。花了两个月的时间，才把这个学生请到课堂上来。他上课，什么也不带，没有书本，没有文具，我就给他添置。一学期下来，除了外语，其他科他都考及格了！可是，学生正在转变的时候，他的父亲为了一块三角板，打他，骂他，学生一气之下离家出走了，旧的习气死灰复燃。怎么办？我想，唯一的办法就是把他带到自己家里，当做自己的孩子来教育。这时有人劝我，他是惯偷了，你可要小心。我想不会这样。我对他真心一片，他能体会到，不会偷；不能体会，真的偷，我家除了书什么也没有。于是，我和学生连拉带拖把他带到家里。好多个日日夜夜，我和我爱人一起来教育他，反反复复，苦口婆心，终于铁树开花，他被教育过来了。一次我卧病住进医院，他知道了跑来看我，流着眼泪说："于老师，你会不会死啊？"话虽笨拙，但心是真诚的，我的热泪夺眶而出。

我深深体会到，对你最好的学生，也就是你下工夫最多的学生。他转变了之后，念念不忘老师的恩情。几十年来，我从未因为私事请一天假，缺一节课。我总觉得，学生身上事就是教师心上事。无数革命先烈，为了我们今天的生活，抛头颅，洒热血，就是因为他们对我们的事业情深似海。我们爱国，爱党，爱民族，不是抽象的，它可以具体到我们本岗位的工作；爱学生，爱教学工作，爱学校，就是爱教育事业，就是爱伟大的祖国和伟大的民族！

功 底

教师跟医生不一样，庸医杀人不用刀，但医疗事故，马上能看到；教育是滞后效应，当场看不出来，影响一辈子。惟其如此，当教师丝毫也不能松懈、马虎。敬业精神，爱学生的精神体现在一堂又一堂的课当中，体现在一个又一个的课外活动当中。我对那些所谓的素质教育搞许许多多活动是有看法的，搞活动是可以的，但学生在校的大部分时间都是在课堂上度过的，每堂课的质量都关系到学生的素质。课堂教学不抓，另外抓许多活动，这是本末倒置。课堂是全面落实教育方针的主阵地，除了智育外，德育、审美教育等都能通过知识传授，能力培养，点点滴滴入心头。我们的教育要少一点形而上学，少一点形式主义，要多一点扎扎实实的功夫。

教过不等于教会。在课堂这个特定的空间里，在四十五分钟这个特定的时间，课的质量是完全不一样的。如果课只教在课堂上，就会随着教师讲话声波的消逝而消逝；如果课教到学生心中，那就成为学生素质的一部分。青春是无价的财富啊！少年时学的东西永远不会忘记，我们应该把课教到学生的心坎上。

要教好课，教师的功底很重要。功底要锤炼，我的功底是非常浅的，先教心理学，然后到师范教历史，后来改教语文，隔行如隔山，太难了。一上课就碰到两大困难：一是师范要教普通话，而我是 bpmf 不认识；二是教语法，我只懂英语语法，不懂汉语语法。另外，文章自己看，是懂的，怎么教，不会。不像现在的青年同志，现在，校长、书记恨不得青年教师快快成长，我那时想听一堂课也听不到。早上六点到校，从拖地板、倒痰盂做起。一上课，老组长来听课，肯定了几条，最后一句评价："你还不知道语文教学的大门在哪里！"这句话，成了我一辈子钻研的动力！我要发愤啊，否则，我就没有发言权；业务上站不住，是没有资格讲话的。我用了两年时间，把高中语文所涉及的知识，尤其是名家名篇深入地钻研了一遍，每天开夜车到一点。那时，每周有三个晚上是要开学习会的，加上每周要批改一次作文，我只有挤着时间钻研。当我把若干语法方面的权威著作搞通了之后，恍然大悟，原来都是舶来品。《马氏文通》以来，我们的汉语语法都是引进的，对于语法，我终于清楚了。关于备课，当时是没有什么参考书的。没有，很好，逼着我自力更生。一个国家没有实力，就要被人欺，一个教师，业务上也一定要有实力。我备课，决不放过一个细节。记得一次备鲁迅的《药》，有这样一句："秋天的后半夜，月亮下去了，太阳还没有出，只剩下一片乌蓝的天；除了夜游的东西，什么都睡着。"一个"着"字把我难住了，有四个读音，我不知道读哪一种音，读"着（zháo）"，吃不准，因为现代汉语有词尾，如"睡着了"；读轻声，又刹不住；也不是"zhuó"。查了好多资料，查不到，最后查到英译本，才确定是"zháo"，因为二十年代白话跟现代是有区别的。由此可见，备课是很苦的，一篇课文备三五个小时乃至十个小时是常有的事，有的甚至要备三十多个小时。备课中，我还注意开拓知识的视野。我觉得，教师应该是一个知识渊博的人。一次教《木兰辞》，我对学生说，范文澜先生讲，乐府有双璧，一是《孔雀东南飞》，一就是《木兰辞》，大家要熟读成诵。有一位女生很不以为然，说："好是好，不过全是吹牛！"我问为什么，她说，同行十二年，不知木兰是女郎，难道军士们都是傻瓜？别的不说，木兰总得洗脚，一洗脚，洋相就要出来了，因为女子在古代是裹小脚的。她一说，许多孩子都叫了起来，问我中国女子是从什么时候开始裹小脚的。我从未研究过，回答不上来，"挂"了黑板。二十五史中是没有记载的，查风俗史才找到答案：南唐起女人开始裹小脚。由此可见，教师字典里是没有一个"够"的，特别是现代，科技迅猛发展，新的知识层出不穷，教师更要学习，要有源头活水。德国教育家第斯多惠说得好，教育的活泼泼的动力，最最重要的就是教师的自我教育。我们年轻的同志，风华正茂，更要好好学习，用对教育事业的一片赤诚来抵御诱惑。长江后浪推前浪，青出于蓝胜于蓝，希望青年教师大有作为。

教育事业是系统工程，是魅力极强的交响乐。我们搞基础教育的责任重大。我们有几千万学生，这几千万教好了，直接有益于提高我们民族的整体素质。几十年来，我把青春、心血都献给了教育事业。三尺讲台，是我一辈子钟情的地方。有多少次要调离，但我舍不得学生，因为我的崇高理想就是做一名合格的中学教师。生命是有限的，事业是常青的，教师的生命是在学生身上延续的。教师把人类创造的精神财富通过自己创造性劳动在学生心中播撒知识的种子，使学生成长，成才，做一个铺路石，让学生一届又一届地从自己身上踏过去，这就是生命的意义和价值所在。罗曼·曼兰说："累累创伤就是生命给你最好的东西。"每教一届学生，总是感到不足，便鼓起生命的风帆，奋勇而向前。尽管我年事已高，但我仍然遵循："路漫漫其修远兮，吾将上下而求索。"爱心、责任心、敬业精神，千言万语，汇成一句话：为了我们亲爱的祖国，为了灿烂的未来，上下而求索。

今天如何做教师

在我的心目中，教育是一块圣土，教师在这块圣土上耕耘，应该以生命投入，奉献青春，奉献心血，奉献智慧，培养学生成长，成人，成才。

教育质量说到底是教师的质量，要全面贯彻党的教育方针，全面提高教育质量，每名教师必须着力提高自身的思想道德素质和科学文化素质，促进自身德、才、识、能的发展。"今天如何做老师"是每名教师必须认真思考而又要以实际行动来回答的重要课题。

一、历史使命肩上挑

做教师，不能只看到有限的课堂，只看到可计算的分数，只看到眼前的学生，要开阔视野，看到正在飞速发展的社会，看到世界，看到未来。从事教育工作，一定要有制高点。登高才能望远，居高才能临下，只有站在时代的高度和战略的高度，才能深刻认识教育的意义和价值，才能深刻意识到自己肩负的千钧重担。

当今世界，知识更新和转化为现实生产力的速度日益加快。在科学技术向现实生产力迅速转化的过程中，教育是重要的中介环节。当今，知识经济已初见端倪。知识经济是以知识的生产、知识的交换、知识的分配、知识的使用和知识的消费力为特征的经济类型，知识是最重要的生产力，而教育是知识的生产力。可以说，国家、企业乃至个人的发展优势，愈来愈依赖于知识和科技。为此，许多国家，无论是发达国家还是发展中国家，都把教育改革作为头等大事来抓，着力培养新时代所需要的各种人才。对于我国这样一个发展中的大国来说，新时代的到来既给我们提供了以先进知识超越传统发展模式的有利机遇，又提出了前所未有的严峻挑战。我们要战胜各种挑战，使中华民族自立于世界之林，必须大力提高全民族的思想道德和科学文化素质，必须全面推进素质教育。教师肩负的重任就是对学生进行素质教育，培养他们健康成长，迎接时代的挑战，为实现第三步战略目标，并把我国建成中等发达国家而贡献力量。教师肩上挑的是庄严的神圣的历史使命，教师的人生价值在完成历史使命中体现。生命与使命同在，同行。

教师的职业非同寻常，它与祖国宏伟事业紧密相连，和提高民族素质紧密相连，和家家户户紧密相连，和孩子的现在与将来紧密相连，容不得有丝毫松懈。从事基础教育的教师要深刻理解基础教育的长效性。万丈高楼平地起，教师从事的是人的素质的基本建设工作，学生根子扎得正，扎得深，扎得牢固，将来的发展就有广阔的前途，所掌握的知识技能就能陪伴终生。教师的活儿是良心的活儿。任何人只有一个青春。国家把青春年少、风华正茂的学生交给我们培养，这是对我们的极大信任。中小学阶段虽然只是人生长河中的一小段，而这一小段正是长觉悟、长知识、长能力、长身体的关键时期，会影响人一辈子的生活道路。教师要把心贴在教育事业上，培育学生健康成长，不辜负人民的嘱托、祖国的期望。教师职业是太阳底下永恒的职业，只要学校存在，或者说，只要人类社会存在，教师的职业就永远存在下去。因为人不可能自然成才，总要靠培养，即使在未来的"学习社会"中，学校教育仍然是每个人学习的基础，传递人类文明，开发学生智力，塑造美好心灵，促进社会进步，仍然是教师光荣而神圣的职责。

教师的人生价值、社会价值应该是不言而喻的，然而，在当今，也有人有不同的思考。我们的社会从传统的计划经济体制向社会主义市场经济新体制过渡，各种观念的冲撞不可避免，对教师诱惑的因素也很多，其中突出的矛盾就是崇高的历史使命感与现实的功利主义之间的矛盾。有一种错误的看法，认为市场经济就是追求物质待遇，就是金钱至上，理想、信念、使命、责任都可以搁在一边，不去考虑了。殊不知我们搞的是社会主义市场经济，我们的目标是实现全社会的共同富裕和民族的兴旺发达。要实现这个宏伟目标，在各个岗位从事建设的人都要艰苦奋斗，以国家、民族利益为重，以事业蓬勃发展为重。学校是培养青少年健康成长的园地，传播社会主义精神文明的场所，理应弘扬社会主旋律，提倡积极的、向上的、高尚的思想道德情操，创造良好的育人环境。教师是向学生传播人类优秀的精神文明的使者，理应以教育事业为重，以培养学生成才的崇高使命为重，一身正气，为人师表，有抗拒种种诱惑的能力。这不是唱高调，教师应该有的物质待遇，拿了无可非议，付出劳动，应取得报酬，而且随着经济的发展，生活应逐步提高。但是，不能把金钱作为追求的目标。见利忘义，忘了精心地无私地培养学生，就失去了做人的准则，背离了教师的光荣职责。即使在实行自由市场经济的国家里，许多教师也是把教育学生作为庄严的大事来抓，更何况我们社会主义国家？我国许多地区还没有彻底摆脱贫困，能挑历史重担的老师们宁可苦自己，也要千方百计把学生教好。这种对教育事业的忠诚，对国家对民族的深厚的爱，许多生动的感人事迹，常常使我激动不已，使我更深刻地认识到：教师的价值取向是人生观的表现，教师把自己的满腔热情、聪明才智融入教书育人的崇高的历史使命之中，生命就能闪耀光芒，生命就最有价值。

二、充分发挥教师人格的魅力

教育的作用是潜移默化的。教师的思想、道德、语言、举止，有意无意对学生都在起作用，不是正面作用，就是负面作用，不可能作用是"零"。因而，教师要十分重视自身人格的塑造，努力提升思想，净化感情，增长学识，提高能力，不断完善人格。只有这样，对学生才能施以良好的影响。

教师人格力量在教育教学中的重要作用中外古今均有论述。韩婴《韩诗外传》中说："智如泉涌，行可以为表仪者，人师也。"教师学识渊博，智慧如泉水涌出，行为举止可做模范，人格高尚，完美，对学生就有感染力、辐射力，教育效果就良好。俄罗斯教育家乌申斯基说："在教育工作中，一切都应以教师的人格为依据。因为，教育力量只能从人格的活的源泉中产生出来，任何规章制度，任何人为的机关，无论没想得如何巧妙，都不能代替教育事业中教师人格的作用。"确实如此，教育工作中言教是重要的，对学生要循循善诱，传授知识，讲述做人的道理，动之以情，晓之以理，但身教更为重要，身教具有无穷的魅力。《论语·子路》中指出："其身正，不令而行；其身不正，虽令不从。"教师只有"正己"，才能以行动影响学生，教育学生。

回溯往事，许多榜样如在眼前。……鲁迅、闻一多这样的老师给我们以高山仰止的感觉，是我们学习的典范。尽管我们与他们在为人、为学等方面有天壤之别，但我们生活在改革开放的伟大时代，为了肩负起培养一代新人的神圣历史使命，一定要发愤图强，执著追求，在完善自己人格上下苦功。

教师人格是思想、道德、行为、举止、气质、风度、知识、能力，心理的、生理的众多因素的综合，举其要而言，在德、才、识、能方面尤应自觉锻造。

教师要有德行。高尚的道德情操在人格中起灵魂作用，也是教师永不懈怠的内驱动力的源泉。教育事业本身就是一项具有理想性的事业，没有理想的教育是不存在的。理想是一种追求，教师就是要树立远大理想，并不懈地追求。我们追求的目标是国家富强，民族复兴，人民幸福，追求的是到二十一世纪中叶达到中等发达国家水平。热爱自己的国家是做人的根本，教师热爱祖国，忠诚教育事业是高尚道德的基础，有了这种德行，就会深刻意识到国家兴衰，匹夫有责，就会视野开阔，胸襟宽广，就会洞悉人生的意义和价值。教师自己有正确的世界观、人生观、价值观，就会在教育教学中向学生心田撒播做人的良种，就会以自己高度的社会责任感，对社会主义祖国的满腔热情满腔爱，熏陶感染学生，启迪学生努力学习，立志报效祖国。教师要有高尚的情操，没有高尚的情操，再伟大、再崇高的理想也不能达到。情操高尚，既包含传统的中华民族美德，又包含新时代所应具有的意志品质，既崇尚奉献，又能始终振奋精神，迎接挑战，排除困难，在教育改革中积极探索，有所发现，有所创造。对庸俗的、低劣的事物要识别，要憎恶，追求真、善、美，讲究文化品位，追求高尚的审美情趣。教师有德行，有人品，心灵美，学生在与教师的交往过程中，就会油然而生敬意，以教师为学习的榜样。

教师要有才学，要有育人的真本领。教师作为一种职业，需要具有广博的文化基础知识、精深的专业知识和扎实的教育科学知识，作为受社会委托，承担增进下一代知识、技能和身心发展的教育任务的教师，必须首先具有当代科学和人文两个方面的基础知识，这是现代教师知识结构最基础的方面。教师拥有广博的文科、理科知识是社会发展和教育改革的需要。人类的知识一方面在不断地细化，另一方面也在不断地交叉和综合。综合课的教学形式要求教师必须具有跨类别的多门知识，并且要了解各学科之间的联系。教师具有广泛的知识储备，不但可以增进学生的知识，而且可以满足和激发学生强烈的求知欲、好奇心，并在此基础上指导和促进他们的自主学习和探索创新的精神。大部分学生都崇拜"什么都懂，什么都会"的教师，教师知识广博对学生具有感染和教育的功能。具备一到两门任教学科的专门性知识的技能，是教师知识结构的第二个方面。这一两门学科知识是教师课堂教学的主要内容。课要教得精彩纷呈，美不胜收，不仅让学生有所得，而且要有"如坐春风"的感受，教师就必须对所教学科的基础知识和技能有广泛深刻的理解，熟悉与该学科相关的知识和背景材料，了解本学科产生和发展的历史脉络及将来的发展趋势。只有在这方面真正做行家里手，教学生时才能要语不烦，一语中的，才能居高临下，左右逢源，激发学生强烈的求知欲望。教师解决教什么的问题还不够，还要解决如何教的问题，因而，教育科学知识，是教师知识结构的第三个方面。教育学和心理学以及与之相关的分支学科，是教师进行具体的教育和教学活动的理论基础，学习掌握了，就能遵循教育规律，提高数学效率，提高教育效果。总之，要双肩挑起现时代培育学生的重任，教师要好学不倦，努力做到业务精湛，知识面广，文化积淀丰厚，不断吸收新知识新信息。教师只有自己知识长流水，像树根一样伸展在泥土里拼命吸取养料，才可能引导学生在知识的海洋中扬帆远航。因而，教师要教一辈子，学一辈子。

教师要有识见，要善于见人之所未见。教师千万不能做简单的操作工，人云亦云，照老模式老框框搬。教师的劳动是创造性的劳动，因为教育不仅是一门科学，也是一门艺术，一门非常具有创造性的艺术。比如上课，同样的教学内容，不同的教师教，不仅方法各异，而且效果也会大相径庭。关键是按图索骥，还是独立思考，善于发现。创新是一个民族进步的灵魂，也是教育蓬勃发展的灵魂。要教育出思维活跃、有创新精神的学生，教师太需要有识见，有强烈的创造动机和创新意识。教育的本质，是用未来社会的发展来要求我们的教师，要求我们的学生。作为教师，当然应适应时代的要求，善于思考，勇于创新，对客观事物、对所从事的教育教学工作有独立的见解。教师认识能深入底里，见解深刻，学生思维能力、思维方法、思维品质也就间接地受到影响，乃至获得锻炼。

教师要有能力，要有处理学生世界中各种情况的综合能力。学历水平不等于岗位水平，学历水平只说明职前接受教育的程度。能不能成为合格、优秀的教师，要靠在岗位上自觉锻炼。带班级也好，授课也好，课内也好，课外也好，都要善于观察，善于综合，判断推理，应付自如，实践出真知，要在教育实践中多思考，多总结，不断提高认识，提高水平。当今尤为重要的是要培养学生"学会学习"的能力。学习社会要求人终身学习，学校所学知识、技能远远不敷日后社会发展需要，学生日后要在社会上生存、发展，在竞争中立于不败之地，学生在学校学期间就要学习"学会学习"的真本领。教师不能做现成知识的灌输匠、注入匠，要引导学生自主学习，进入知识宝库，要着力于点拨、开窍。要研究学生的学习方法、思维方法，精心指点，真诚帮助，让学生学会学习，学会用人类创造的精神财富滋润自己成长，主动积极地迎接信息时代的挑战。

总之，教师要充分发挥人格的魅力，发挥人格对学生健康成长的引导作用。为此，教师必须找到自身不断进步的最强烈的刺激，那就是自我教育，在德、才、识、能诸多方面日有长进，月有长进，年有长进，真正做到师风可学，学风可师。在品德、人格、学识、言行等方面是学生的榜样，学生的楷模；在学习方面，追求真知方面孜孜不倦，开拓创新，也应是学生的榜样，学生的楷模。

三、要把阳光播撒到每个学生的心中

教育事业是爱的事业，师爱超越亲子之爱、友人之爱，因为它寄寓了祖国的期望和人民的嘱托。作为一名教师，对学生要满腔热情满腔爱，对学生只有丹心一片，才能和学生心心相印。如果说教师的人格力量是一种无穷的榜样力量，那么教师对学生的爱心就是教育成功的原动力。陶行知先生的"捧着一颗心来，不带半根草去"，正是教师无私奉献爱心的典范。

学生有向师性，年龄越小，对教师的依赖越多，期望从教师那里获得浓浓的爱。爱是学生成长发展的基本需要。孩子需要父母的爱，学生需要教师的爱。爱是教师纯洁高尚的感情，是一种动力，能激励学生为了崇高的理想奋斗不止。爱是教育的基础，教师对学生的教育只能是"用爱去交换爱，用信任去交换信任"。教师生涯中最大的事就是一个心眼为学生，把爱播撒到每个学生的心中，要做到这一点教师就要锤炼感情，努力增进使命感和责任心。

首先，要关心每个学生，热爱每个学生。教育无选择性，只要是我们的学生，不论天资如何，性格如何，文化基础如何，长相如何都要平等相待。教师心中要有一杆秤，那就是"公正"。教师要有一副敏锐的目光，善于发现每个学生身上的优点、长处，长善而救失。成绩优秀的学生不等于在非智力因素方面，如情感、意志、品性等都已十全十美，响鼓还要重锤敲，教师要满腔热情肯定优点，指出不足，指引他们向更高层次攀登。对学习困难的或有这样那样缺点的学生更要师爱荡漾，关心体贴，具体帮助，鼓足他们克服困难的勇气，指点他们克服困难的方法，激励他们奋勇前进。

其次，要尊重每个学生，尊重他们的人格。爱不是怜悯，不是施舍，爱是对生命的热爱，教师用对生命的热爱唤起学生对生命的热爱：激发他们生命的活力。在这里，爱是尊重，施爱者和受爱者在人格上是完全平等的。教师对学生尊重就和对学生公正一样，是教师最重要的品质。每一个独立的人都是有价值的，都应有其尊严，学生今日是学习的主人，明日是大自然和社会的主人，当然应享有人的尊严。因而，教师要从心底里尊重他们，关心他们，促进他们发展。特别值得注意的是对缺点明显的、有缺陷的同学更要有赤诚之心，不仅从思想上而且从感情上尊重他们独立的人格，千万不能劈头盖脸地批评，乃至辱骂，也不能冷嘲热讽，损伤学生的自尊。如果这样做，不仅丧失了教师的身份，有损教师的人格，还摧残了孩子的自尊自信。一个失去自尊的人不可能受到别人的尊敬，后患无穷。

再次，要发挥每个学生的潜能。美国心理学家马斯洛认为，人的潜能是人所具有的极其宝贵的内在价值。每个学生生而具有一定的潜能，教育就是把每个人天赋的潜能发挥出来。因为人的潜能只是为人的发展提供了可能性，它还不具有现实性，只有教育，才能使天赋的潜能得以发挥。正因为如此，教师不能以固定的一成不变的眼光看待学生。学生在成长过程中是变化发展的，要细心观察他们，相信他们内在的资质，创造种种合适的条件，让他们充分发挥。要发挥学生的潜能，就要了解他们的个性特点，了解他们的兴趣爱好，了解他们的精神世界。教育学生不能满足于一般要求，共同标准，要熟悉每一个学生，因材施教，才能使他们获得长足的发展。教育的真正意义，就是要发展人的个性，使人成为"和谐的人""完整的人""全面发展的人"。素质教育是以创新精神和创新能力培养为重点，其前提必然要发展学生的个性。只有有个性的人，才能发展成有创造性的人。

当然，爱不是姑息，不是迁就，爱是"严"的孪生兄妹。没有规矩，不能成方圆，这个规矩就是党的教育方针，要以此为准绳培育学生。爱是对事业的忠诚，对莘莘学子的无限期望。教师锤炼感情，净化感情，就能师爱荡漾，爱满天下。

今天我们怎样做老师？原上海市的徐匡迪市长有一句言简意赅、言简意深的话可以帮助我们深入思考，启迪我们怎样实践，这就是：

教育是事业，事业的意义在于献身；

教育是科学，科学的价值在于求真；

教育是艺术，艺术的生命在于创新。

让我们以此共勉，在各自的岗位上为教育事业作出新贡献。

（2002年12月27日上海白玉兰交互式远程教育开通，作者与云南教师对话。本文是对话的第一讲。）

难在自我塑造

把青少年学生培养成国家有用之才，是一门艰难的学问。它是科学，也是艺术。从教四十年，我深深体会到，更艰难的还是教师的自我塑造。把自己塑造成一个合格的人民教师，需要的是：相当的勇气、坚强的毅力和经久不衰的内驱力。

难，首先难在有勇气认识到自己的不足，勇于"胜己"。

教师不是完人，不可能事事处处足为学生的榜样。因此，清醒地认识自己，洞悉不足，不断弥补、提高，就显得十分必要。原先我喜欢基础好、智力发达的学生，他们一点就懂，一拨就会，教起来省力又省心。后来，随着教育实践的深入，以党的教育方针来衡量，以社会主义建设需要来对照，我惶恐了；面对学生一张张稚嫩的脸庞，家长一双双期望的目光，我内疚了。我深感自己狭隘，只图方便，心中没有装下所有学生，教育思想上有问题。教师不是企业家，无任意挑选"原料"的权利；教师应该是教育家，应倾注爱心教好每个学生。一个班级教好几个尖子不难，难的是要使每个学生都有明显提高，兴趣爱好、聪明才智都得到良好发展。我认识到不着眼于我们事业的未来，不着眼于全民族素质的提高，就很难跳出"自我"的狭隘圈子。自此，我特别注意对学习困难、调皮捣蛋、缺点较多的学生的教育。诚然，学生与学生有差异，但不是一成不变。学生在成长过程中不断发展变化，后来居上者屡见不鲜。每个学生身上都有积极向上的因素，教师要有一双慧眼去发现，然后予以因势利导，千万不可把学生看死。

思想观点有缺陷应努力克服，教学业务上又何尝不是如此？记得刚改行教语文时，我在作文评语中写了个"着"。一位老师看到后严肃地对我说："你怎么把字断开来写？'着'应该是'羊'和'目'组合，怎能把'羊'拆成'兰'和'丿'？你错一个字，一大片学生跟着错，有的还可能错一辈子。"一字教诲，终生受益，从此，我丝毫不敢掉以轻心。审视自己的教学业务，无论在功底、视野、驾驭教材、驾驭课堂等等方面，都存在这样那样的不足，必须时时刻苦学习，以求得长进。

难，还难在要有韧劲，有毅力，百折不回。

培养学生不像百米冲刺，一冲而过，而如万米赛跑，要有长时间坚持不懈的劲儿。每个教育、教学活动，说说似乎容易，做起来往往难。有时遇到某次活动，虽事先花了一番准备工夫，好像设计得很周详，可是一经实践，效果不理想，甚或很不理想，于是气馁焦躁，感到育人工作实在太难。我也曾犯过这样的急躁病。其实，学生思想品德的塑造、良好习惯的养成、学业的长进、体质的增强，都非一蹴而就，需要滴水穿石的艰苦努力。我深切体会到做教师必须朝朝暮暮，暮暮朝朝，百折不回地几十年如一日辛勤耕耘。

上好每一堂课也要有毅力，要坚持百折不回地努力。众所周知，花点力气上好一两堂课不难，难的是上好每堂课，堂堂课使学生学有兴趣，学有收获。这须艰苦实践才能做到。台上一分钟，台下十年功。演戏如此，教课也同样。再如教师的进修，没有坚强的毅力和百折不回的精神也难奏效。当今时代，新知识、新信息大量涌现，教师只有学而不厌，拼命吸取，知识才能不断增进与更新，才能适应教育教学的需要。教师工作繁忙，不可能有整段学习时间，这就更需要锲而不舍地把握每一时机进行学习。一日不多，十日许多，天长日久也就可观。我这样工作与学习，感到意志得到了锻炼，精神生活很充实。

难，更难在要一往深情奋勇向前，有经久不衰的内驱力。

教师有经久不衰的内驱力，才能始终精神振奋，诲人不倦，乐育英才。这种内在的动力来自对社会主义坚定的信念。有了坚定的信念，就有了主心骨，风风雨雨不迷航，办学，就会坚持社会主义方向，教学生，就会自觉地把德育放在首位；有了坚定的信念，就会对教育事业执著追求，就会对学生满腔热情满腔爱，把整个身心扑上去，用心血浇灌学生成长。党和人民把青春年少的学生交给我们培养，这意味着对教师委以重任，对教师寄予无限的期望。教师肩挑着社会的未来，肩挑着千家万户的未来，自己只有始终不渝地振奋精神做好工作，才无愧于肩负的神圣使命。

回顾四十年的教育实践，我深深体会到教育的路是一条艰辛的路，上面布满了自己的不足乃至创伤。罗曼·罗兰曾这样说："累累的创伤，就是生命给你的最好的东西，因为每个创伤上面都标志着前进的一步。"确实如此，我感受到了一步一步前进，感受到了在前进中克服艰难、自我塑造的快乐，感受到了生命的价值。

昭苏万物春风里

教学的质量说到底是教师的质量。中学教育是基础教育，重在培养学生良好的思想道德素质和科学文化素质。各学科教师是塑造学生素质的工程师。要塑造好学生的素质，教师就须加强自身的修养，努力提高自身的素质。作为一名合格教师，素质修养离不开三个字，那就是：爱，钻，学。

爱

教师的事业是爱的事业，只有真心实意地爱学生，才能收到春风化雨、昭苏万物的实效。

"爱生"，尽管在口头上可毫不费力地说百遍、千遍，但真正做到，绝非易事。回顾自己的教学历程，对学生的感情就经历了三个阶段的变化。开始教语文时，我心中装的就是语文课本，只想把课上好，学生的观念淡薄得很。也就是说，胸中有书，目中不大有人。后来，在教学实践中，师生接触越来越多，感情日益增添，目中学生多起来，但装的往往是爱好语文、成绩拔尖的少数学生。教师的职责不是教几个拔尖的，应该是教好每一个学生。当我领悟到这一点时，脑子似乎豁然亮堂，胸怀似乎宽广起来。也就是说，心中不仅装书，还装下所有的教学对象，他们中每个人的语文基础、学习难处、心理特点、兴趣爱好都牵动着自己的心。也就在这个时候，我才真正体会到什么叫教师，体会到肩上的担子千钧重。

对学生有没有爱心，是满腔热情满腔爱，还是半心半意、敷衍了事，教育效果迥然不同。把心贴在学生身上，就会慧眼独具，发现学生哪怕是语文能力低下的学生身上潜在的积极因素，点燃他们智慧的火花，促使他们积极进取；把心贴在学生身上，就能理解和体会他们学习语文的难处，发现各种类型、不同层次学生的特点，千方百计寻找培养他们的有效方法；把心贴在学生身上，总觉得自己这个当老师的学识不够，水平不高，要执著追求，毫不懈怠。

爱学生，就要精心上好每一堂课。语文教学是高难度的教学，综合性强，实践性强，不花费心血难以收到实效。每个教师都在特定的空间（教室）和一定的时间（每节课四十五分钟）内授课，但由于种种原因，教学效果有时却大相径庭。因为"教过"不等于"教会"。"教过"，对每个教师来说，都能轻而易举地做到。上课，下课，时间流逝，不会停滞不前。学生要求教师的是启发、引导，"教会"他们。显然，课不能上得太"飘"，追求热闹，要把传授知识、培养语文能力、发展学生智力落到实处。课要教到学生身上，教到学生心中。一个班级有几十名学生，"教会"几个、十几个，不是很难，难的是教会每一个学生。学生有个性，知识基础、心理素质、智力能力各不相同。教师要了解他们，研究他们，洞悉他们的内心世界，把握他们在成长过程中的发展与变化，把自己的教学工作建立在科学的基础之上，使每个学生在原有的基础上获得充分的发展，语文能力有明显的提高。如果不倾注心血倾注爱，不魂系教坛，怎么能收到如此的效果？

举件小趣事来说，我教过的一位男生成绩时好时差，有时答题准确无误，且颇有见地，有时又几乎是茫然无所知，回答问题驴唇不对马嘴。于是我下去深入了解，才知这位同学上课时十分注意"自我调节"，有时竖起耳朵听，开动脑筋，有时眼睛虽然看着书，脑子却处于半睡半眠状态，虽不闭目，却"塞听"。课堂上学习呈动脑、动感觉器官，休止，动脑、动感觉器官，休止，休止，又动脑、动感觉器官……的态势，断断续续，形成了知识和能力上的明显缺陷。这种学习上的障碍，教师既要引导学生加以克服，更要严以责己，改进教学，使课堂上的"调节"机制有利于促进学生学习的积极性。教师有了爱心，学生的一些细微变化都能尽收眼底，从而因材辨势，因材施教。

钻

俗话说：台上一分钟，台下十年功。这话一点不错。在台上有一分钟扣人心弦的精湛表演，台下须有十年苦练的基本功。教学不是表演，教师不是演员，但道理是相通的。果真要把课上好，功夫在课外。

首先要有钻研教材不明底里不罢休的那股劲儿。语文教学属母语教学的范畴，中学生已有相当多的机会进行听、说、读、写的实践。尤其是听、说、读的实践，有一定的理解和使用祖国语言文字的经历与能力。与数、理、化学习情况明显不同。某一定理、某一定律未接触、未学习前可能全然无知，经教师讲授，"顿开茅塞"，由不懂到懂，"教"起了关键的作用。语文教师在教学中要起到如此的作用，非在钻研教材方面下苦功不可。学生学语文经常处于似懂非懂的状态，课文似乎看得懂，若追问，又说不准、说不清其中的奥妙。教师要把学生的"似懂"教成"真懂"，把"非懂"教成"懂"，就要在钻研时求准，求深，求有自己独特的发现。

求准。语言文字表达情意贵在准确，钻研教材时须仔细琢磨作者遣词造句、谋篇布局的匠心。文质兼美的课文总是以最精当的字句表达丰富的思想感情，钻研时须反复推敲"精当"在哪儿，须反复体会"思想感情"的个性特点，站在语言形式和思想内容结合的高度缘文释道，因道解文，准确掌握作者的写作意图。例如法国大文豪雨果谴责英法联军焚毁圆明园的信中有这样的句子："我们欧洲人是文明人，中国人在我们眼中是野蛮人。这就是文明对野蛮所干的事情。"粗看，这句话的意思是谴责"文明人"干洗劫、放火的强盗行径，"文明人"实为野蛮人，而"野蛮人"却是创造世界奇迹、创造东方艺术典范的文明人。所谓"野蛮人"，不过是"在我们眼中"的歪曲。三个判断句语意很重，倾注了对侵略者罪行的愤怒。然而，仅这样理解，准确性还不够，不能笼统地认为欧洲人都是干野蛮行径的。因为"治人者的罪行不是治于人者的过错"，笼统地肯定"文明"，或肯定"野蛮"，都与作者的本意有距离。钻研教材要通体把握，上下贯通，才能求得准确。

求深。教师的教与学生的学不能在一个平面上移动，要提高学生阅读分析能力，教师钻研教材须认真深究。不仅要理解字面，而且要懂得字的背后，探索可能有的潜在语。深究，不是穿凿附会、不分巨细乱推敲，而是要真正读懂，尤其是重点、难点之处更是不容疏忽。例如《白杨礼赞》描绘白杨树形象、赞美白杨树精神时曾用了这样的句子："但是它伟岸，正直，朴质，严肃，也不缺乏温和。"乍看，无难以理解的地方，作者以点睛之笔刻画出白杨树不是树中好女子而是树中伟丈夫的特色。但稍加深究，就可发现句子虽无生字难词，但有的词连在一起用，就须斟酌一番。既然"严肃"，怎么又"温和"？二者显然有矛盾，又怎样统一在一个形象身上？有无什么根据？经查考有关资料，懂得了：一般说来，在某个形象身上"严肃""温和"并存是不易的，但在有些形象身上可得到统一。如《论语·述而》中说到"子何人也？""子温而厉，威而不猛，恭而字。"孔子温和而严厉，二者统一在一个形象身上，使所描绘的形象更为丰满。再说，作者描绘白杨树，笔墨轻重极有分寸，"伟岸，正直，朴质，严肃"，字字铿锵，一气呵成，然后捎带一笔——"也不缺乏温和"，既突现了树的阳刚之气，又从另一角度刻画出树的内在气质丰满。从总体上说，作者对白杨树的赞美不仅仅限于此文，一九四三年他在白杨图上题诗，同样表达了自己的心志。诗云："北方有佳树，挺立如长矛。叶叶皆团结，枝枝争上游。羞与楠枋伍，甘居榆枣俦。丹青标风骨，愿与子同仇。"深究教材的目的不是难倒学生，而是多懂得一点，教时可收居高临下之效。

求有自己独特的发现。钻研教材要深入教材之中，有感受，有发现，不能人云亦云，跟着教学参考书转。教参是别人脑力劳动的产物，不独立钻研教材，不对别人写的东西咀嚼消化，照搬照抄，很难锻炼出阅读分析的真本领。钻研教材须以我为主，借鉴他人。开始会碰到困难，但三篇、五篇、八篇、十篇、几十篇、上百篇，一个劲儿地钻研，分析，不厌其烦地查资料，寻根由，就能洞悉文章的来龙去脉，尝到"庖丁解牛"的滋味。就以《一件小事》中这样一个段落来说："我这时突然感到一种异样的感觉，觉得他满身灰尘的后影，霎时高大了，而且愈走愈大，须仰视才见。而且他对于我，渐渐的又几乎变成一种威压，甚而至于要榨出皮袍下面藏着的'小'来。"粗读，可领悟到这是表达文章主题的重要段落。再读，领悟到作品中我的"异样的感觉"非同一般，而是灵魂的震动，内心的觉醒和对自我的否定。作者是怎样把这种思想感情入木三分地刻画出来的呢？进一步钻研，就可发现，作者勾勒形象有独特之处。按照观察事物的常规，近大远小，而此处却一反常规，愈远愈大，大得"须仰视才见"。这就好像是运用连续转动的特写镜头，使心中的形象越来越强化，分量越来越沉重，心灵的震动也就随着"威压"的形成与增添而显现。一个"榨"字极言外力之大。车夫高尚灵魂是极大的外力，促使"我"自惭形秽，自我觉醒。钻研教材时不断积累点滴体会，有助于阅读分析能力的提高。

其次是要花一定的工夫研究教法。备课不仅要备教材，还要备学生，备怎样教学生才能掌握的方法。"备学生"就是研究自己的教学对象。要做有心人，通过各种渠道，运用各种方法，了解、熟悉自己的教学对象。知之准，识之深，才能教到点子上。了解，不能只站在学生世界的外面观察，要走进学生世界之中眼看耳听，摸准他们的脉搏。学生学语文处在变化之中，有的是顺着原来的方向发展，进步，有的会变化很大，或成拐弯之势，或呈飞跃之姿。教学不研究学生，就如盲人瞎马，往往事倍而功半。

方法要研究。教语文有法而无定法。方法可以因教材而异，因教学对象而异，因教师特长而异。每个教师都可创造许多行之有效的方法。但是，不管采用和创造怎样的方法，有几点是必须遵循的：一、必须从教材实际和学生实际出发；二、必须在加强语文基础、培养语文能力、发展智力等方面收到实效；三、必须着力调动学生学习语文的主动性和积极性，充分发挥他们的聪明才智。课既要"实"，又要"活"，在"活"与"实"有机结合的情况下，教学方法可百花齐放。

学

教师要有拼命吸取知识营养的素质与本领，犹如树木，把根须伸展到泥土中，吸取氮、磷、钾和各种微量元素。只有自己知识富有，言传身教，才能不断激发学生求知的欲望。

学习能使人心明眼亮。《颜氏家训·劝学篇》说："夫所以读书学问，本欲开心明目，利于行耳。"学得扎实，学得深入，学得宽广，就为不断改进教学、提高教学质量准备了重要的条件。

在实践中学习，从书本里学习，都很重要。对教师来说，读书更不易，更难坚持。教师工作繁重，要想有大块时间学习难以做到。为此，锲而不舍的精神尤为重要。出于对知识的渴求，要坚持把零星的宝贵时间有计划地用上，每天坚持半小时、一小时，一日不多，十日许多，天长日久，也是可观的。根据我的体会，这条学习路是光荣的荆棘路，能不能坚持走，是意志和毅力的考验，是事业心、责任感强不强的检验。

读书要会读，要学思结合；如果读而不思，只是"对书"而已，就很难从中吸取到养料。记得冯至给茅盾的杂诗第十二首中有这么两句："愧我半生劳倦眼，为人为己两蹉跎。""劳倦眼"意思是劳累眼睛，结果如何呢？"两蹉跎"，对别人对自己都无所收获。冯至先生是自谦之词，他在学问上很有成就，但从这两句诗中我们仍可得到启发。学必须思，阅读精思，学一点懂一点，既立足于积累，又注意运用，长此以往，就可收到效果。

理论学习应放在相当的位置。理论上的模糊必然导致实践中的盲目。教学中的无效劳动往往是由于理论上认识不清、理解上偏颇所致。语文教学方面多，内容繁杂，比如语文教学目中知识、能力、智力、思想情操之间的关系，语文能力中听、读、说、写之间的关系，教学过程中教师、学生、教材之间的关系．语文训练中单项训练与综合训练之间的关系，等等，都需要有正确的理论指导，才能妥善处理。其中最为重要的是学习辩证唯物主义观点，要学会全面地辩证地分析问题。孤立地、割裂地看问题，往往会违背教学的基本规律、语文的基本规律。又如语文学科中德育教育的问题，要见诸实践，教师须具备德育的基本功。要对学生进行马列主义基本观点教育，自己就得具备观察社会、认识世界的辩证唯物主义和历史唯物主义观点；要以理服学生，首先得以理服自己。不知德育为何物，当然就看不见也找不准结合点，也就无从谈德育教育。

理论学习最忌语录式。任何一个教学观点的提出，都有一定的文化背景和教育背景。为了阐述某一观点，有针对性地强调一些问题，是允许的，也是可以理解的。如果寻章摘句，强调到不恰当的程度，就走向事物的反面。因为真理跨越一步就会是谬误。在我们这块土地上，由于文盲、半文盲的绝对数相当可观，长期以来，语录式、口号式的教学容易流行。其实，语文教学既是科学，又是艺术，其中的规律难以用几句话囊括。学理论就是要下功夫掌握一些基本观点，力求融会贯通，指导语文教学实践。

借鉴外国的经验也很重要，他山之石，可以攻玉，但自己须有主心骨。我们从事的是有中国特色的伟大的教育工程，从事的是母语教学，与国外的教学目的不同，条件有异，因而不能照搬照抄。学习外国科学的教育理论，借鉴语言、文学教学的方法，目的在丰富自己。忘了自己语文教学的个性与特色，也就容易失掉自己。更何况由于语言的隔阂与障碍，翻译的文章有的已失去时效，有的已在实践中修改或扬弃。因此，阅读时要注意鉴别，从我国语文教学实际出发，取其精华。

业务学习要毫不懈怠。"吾生也有涯，而知也无涯"，对语文教师来说，"知"的"无涯"更为贴切，更为现实。语文教材的内容可说是古今中外，无所不包，要能把握教材，对学生进行有效的教育与训练，确实要博览群书，懂得越多越好。我觉得，紧扣教材深入学不失为一种好办法。

例如教《木兰诗》中"愿为市鞍马，从此替爷征。东市买骏马，西市买鞍鞯，南市买辔头，北市买长鞭"诗句时，作者用多方铺排的方法渲染从军准备工作的忙碌气氛，但为什么"市"要分"东西南北"，难道买东西还限制"东西南北"吗？带着这个问题读一读有关的史书，就可发现，我国宋代以前，城市中一般是商业区和居民区分开，市区开市、闭市有一定的时间。唐代首都长安，就有专门商业区东市、西市。古时市制，课上不必讲，但教师自己可得懂一点。

学知识如汲深泉之水，越学越能品尝到其中的甘甜。深入学有益，广泛学也不可少。自然科学、社会科学的读物要经常翻阅，以开阔视野，增长见识。

做一名教师，在学生心中应该是既"师风可学"，又"学风可师"，言传身教，不断进取。教师爱得深，钻得精，学得勤、德、识、能、绩必能全面长进。

复旦精神谱就我生命的底色[1]

我这名已年过八十的校友今日能获得"第八届复旦大学校长奖"的殊荣，感到无上的光荣与幸福。

大学毕业离开母校走上工作岗位已整整一个甲子。岁月流逝，六十年一晃而过，但当年复旦的许多老师上课的精彩情景仍历历如在眼前。子彬院、A教学楼、B教学楼，我们奔着上课，抢座位，对知识的渴求难以言表。至今，许多老师的谆谆教导仍常在耳畔回响、萦绕。母校的培育之恩刻骨铭心，永志难忘。特别是母校博学笃志、切问近思的复旦精神谱就了我生命的底色，激励我一辈子锐意进取，奋勇直前，将自己的生命和教书育人的使命结伴同行。

人无志不立。人有了脊梁骨才能直立行走。人没有志向，没有理想信念，没有精神支柱，就不可能成为名副其实的人，脱离卑琐的动物状态。复旦的精神，"笃志"，教育了我四年。志，要一心一意地立，专心致志地立。在复旦精神感召下，在许多优秀老师的教育下，我立下了这样的志向：一辈子从事基础教育，做人师，做一名合格的人师。这个"格"，不是打分，不是量化；这个"格"，是国家的期望，人民的嘱托。我做老师，把孩子交给我，要让党和国家放心，要让千家万户老百姓放心。我怎样才能不做知识的二传手，而是人师呢？汉代韩婴在《韩诗外传》里说得好："智如泉涌，行可以为表仪者，人师也。"智慧要如泉水一样喷涌而出，思想言行能为别人做榜样的德才兼备的人，方能为老师。为此，我刻苦修炼，要求学生做到的自己一定率先做到。教师对学生的影响不可能是零，不是正面影响就是负面影响，为了孩子的健康成长，我必须努力做到德才兼备，带领学生打好做人的基础，有一定的文化积淀。基础教育基础打得好，高校教育就能有万丈高楼。

---

[1] 本文发表于《复旦学报》(2011年9月29日)。原文是于漪老师在第八届校长会上的发言稿。

　　我教过中学各个年级，各个层面的学生都教过，特别是"文化大革命"期间，说我是"修正主义教育路线吹鼓手"，挨斗挨批，罚我带乱班乱年级，我都把它们带好，包括被家长赶出去的孩子都培养得健康成长了。这是我复旦精神"笃志"要我做的事情，是党和国家交给我的任务，因为教师一个肩膀挑着学生的现在，一个肩膀挑着国家的未来。今天的教育质量，就是明天的国民素质。

　　教育教学工作中碰到许多困难，有的时候真是问题成堆，怎么从困境中走出来，克服那些困难？又是复旦精神"博学"指引我，使我开了窍。做老师，要提高教育教学的有效性，身上必须有时代的年轮，跟随着时代前进。为此，我不断学习，努力学习，摆脱无知，增长才干。有人问我：你做了一辈子老师，有什么经验？我告诉他：与其说我一辈子做教师，不如说我一辈子学做教师。为了可爱的学生，为了他们的成长、成人，我一辈子在学。怎么立德，怎么修身，怎么求知，怎样才会有比较丰厚的文化积淀，怎样才能有娴熟的教学艺术。

　　孩子只有一个青春，青春是无价宝。每个学生都是国家的宝贝，家庭的宝贝，工作中我不敢有丝毫的懈怠。复旦精神中"切问而近思"常给我鞭策。我经常拷问自己的灵魂："你尽责了没有？尽心了没有？你耽误了他的青春没有？"中学生进学校求知，一天要上七八节课、九节课，生命的大量时间是在课堂里度过的，因此，课的质量会影响学生生命的质量。课如果只教在课堂上，教在黑板上，就会随着你声波的消逝而销声匿迹。课要教到学生身上，教到学生心中，成为他优良素质的因子，才尽到了责任。因此，每堂课下来，我都要反思，寻找和记下自己教学的不足、缺陷乃至错误，探求学科教学的规律，探求育人的规律。我的几百万字的文章、书籍，如《于漪文集》《于漪新世纪教育论丛》都是教学反思、探索学科性质功能、探求教育教学规律的表述。正如罗曼·罗兰所说："累累的创伤，就是生命给你的最好的东西，因为它标志着你前进的步伐。"我做了一辈子的教师，上了近两千节的公开课，反思下来，没有一节十全十美的课，有的还创伤累累，为此，我必须不断学习，刻苦学习，这种永不衰败的内驱动力来之于复旦精神的支持与哺育。

　　基础教育不像高等教育尖端，但是基础教育是每个孩子都必须接受的，关系到国民素质的提升。我们中华民族的伟大复兴，不仅要靠物质文明，还要靠精神文明，国民素质的提高至关重要。

我一辈子承受母校的教育之恩，难以言说。现在尽管我已年过八旬，还在做些工作，为审查上海中小学十二个年级的语文教材，基础型的、拓展型的、教学参考，初审、复审、复核，来来回回多达几百本次。又为基础教育培养中青年骨干教师，教育的希望在中青年教师身上，一名优秀教师，就能恩泽莘莘学子。为此，我尽心尽力带教，带出了三代特级教师、特级教师团队。我有限的知识，有限的精力，能为基础教育作一点奉献，是我此生荣幸。

即使到现在，我仍然承受着母校的教育之恩。报纸上、校刊上、校友杂志上，只要有老师的发言，校长的讲话，我都会认真学习，特别是一些育人的真知灼见，阅读时总抑制不住心中的激动。高等教育确实应该是时代的良知，智能的火把，自强不息、追求卓越的教育精神的代表。衷心祝愿学校在新时代弘扬复旦优秀传统，大力开拓创新，为国家培养各个领域的优秀人才、杰出人才作出巨大贡献。

教育的生命力在于教师成长[1]

在我几十年的教学生涯中，由于党组织的培养，特别是同行们的教育启迪，我确实悟得一点道理，我深深体会到教育的生命力在于教师的成长，而教师的真正成长在于教师个人的内心觉醒。只有内心的深度觉醒，他才会真正成长。

内心深度觉醒需要教师的主人翁精神

教师的内心深度觉醒是什么意思呢？我为什么说一辈子在学做教师呢？我就是一直处在这样的觉醒过程当中。我体会到，当教师把个人的前途命运与祖国的前途命运紧密地联系在一起时，人就会变得聪明，就会站在比较高的地方思考问题，而且心中总是有一团火，能有旺盛的经久不衰的内驱力。我这个老教师梦寐以求的就是国家民族的伟大振兴，而要伟大振兴，最重要的就是人才辈出。人是不能自然成才的，要靠培养。在培养的过程中，它的质量如何，成果如何，决定性因素就是教师的成长动力。我提出一点体会和中青年教师共勉：一个老教师的后面应该有浩浩荡荡的中青年教师队伍，长江后浪推前浪，从来是后人超过前人。

教师从事大量平凡、普通的工作，但有些事情应该刻骨铭心，使得你心灵震撼，突然心中会有明灯点起。我想到多年前，1977年深秋，在文化广场开了批判"两个估计"的千人大会，我作为中学的教师代表发言，批判"两个估计"。解放思想、拨乱反正的路线是教育的突破口，当时我非常激动，因为在"十年动乱"中，我们所有的知识分子都是黑的，都是"臭老九"，我们教育的成绩都是"修正主义"教育路线。我在这所学校也被打成了"黑旗手"

---

[1] 本文发表于《现代教学》2009年3期。

"黑标兵"，因为我是"三八红旗手"。我无法言说自己的心声，可在那个会上，是邓小平同志，是我们的党给我们砸开了颈上的锁链，因此我们得到了人的尊严。知识分子作为劳动人民的一个非常重要的部分，我感到获得解放。因此，我有主人翁的感觉，也希望中青年同志都能体验到。回顾历史是为了告诉我们现在的同志，历史告诉未来，我们真正有人的尊严是在一九七七年以后，我们获得了解放，因此才有了几十年来伟大的成就。所以，我说我就是国家的主人，我就是教育的主人。教师有了强烈的主人翁意识，就会去认真思考，对所有的困难都会去努力解决。

解除束缚，通过实践将内心深度觉醒转化为学生的真本领

　　主人翁意识，它不是口号，口号概念是容易的，我觉得最重要的是要实实在在地做，教育的事业是实践的事业。有些孩子的话我一辈子记得，刻骨铭心。我教了一些学生，自认为很努力，可有学生说："于老师，你的课我很喜欢听，但是我自己没有学会。"这句话我琢磨了多少年。作为教师，我不是在表演。我所上的课不能随着声波消失就销声匿迹了，课要教到学生的身上、心中，成为他素质的一个部分。教师的责任是要教每个孩子会学，这不仅是科学而且是艺术。就是这样一句话促使我一直在研究课堂教学如何突破原来的框框。其实我们在工作中有很多惯性和束缚，解决难题没有别的办法，只有创新，打破脑子里的旧框框。

　　在二十世纪八十年代，我尝试了很多改革，如课的多功能、立体化。我没有固定的模式，课文可以从开头教到最后，也可以倒过来教，一切都要倾听孩子的心声，因为教育是育人，让人学到真正本领才是最大的事情。

　　考试是一个手段，我一直认为"应考"是永远培养不出教师，也培养不出优秀学生的。只有教出学生的真本领，才能人才辈出；只有教出学生真本领，才能让他们可以应对多种命题。以不变应万变是我教初三、高三的经验。事实证明，学生有了真本领什么题都不会怕。每堂课影响着孩子的生命质量。孩子的生命在课堂里成长发展，你的课是否有效，你是单线的还是立体化的，是否既有知识能力又有情感、态度、价值观，这些都影响着人的培养。我们的中青年教师要有系统的思考，从大框架到局部到细部，要研究我们的对象，

否则就是闭着眼睛捉麻雀；要好好研究学生，知心才能教心，你的教学要能够在学生心中引起共鸣。

名师基地中的中青年教师带给我的启迪

我一辈子处于正在觉醒中，还有中青年教师给我的教育和启迪。我带教了上海名师基地的一些学员，最近有三件事让我很感动。

南汇区第一中学一位教师的论文参加了我们组织的"当代教师的成长与发展的征文"，得了一等奖。原来这位教师认为教师的成长主要是目光向外，大气候怎样，学校小气候怎样，还有奖励制度怎样。有一次上海市教师学研究会组织了全国十六个省市有关"民族精神教育在学科里的实施"活动，这位教师说，自己很敬业，五点多从南汇出来，天都没亮，听了一天的课还认真地记录了，非常累，于是偷闲打了一刻钟的瞌睡。可是当最后于漪老师七十几岁的人评了一个多小时的课，现场鸦雀无声。她对课那么熟，指出每节课好在哪里，有什么问题，他听后震撼了。他明白教师的成长要有内驱的动力。他说这天的活动让他刻骨铭心。我读了这篇论文很感动，感动于他进步了，他懂得自己的成长是内心的驱动力。

名师基地的一位初中教师，从开始我就听了他的课，他对我说备课备到了痴迷的程度，他说现在什么都不想，只想把课上好。他教的毕业班学生在他过生日时每位学生都写了封信给他，这种幸福感是钱买不来的。我为他的成长而高兴。一个教师必须要苦中有乐，学生的成长就是你的成就，别人的需要就是你的价值。他说教师在学生面前要透明，能明白自己有哪些优点，哪些不足。教师教育学生是以人格的魅力，不是两面人，是表里俱澄澈。他悟到这点我真是非常高兴。

上海理工大学附属中学的一位教师去云南支教了，他投给我们的征文虽未获奖，但他在写给我们的信中写道：我是一名工作才几年的英语教师，去云南之后才知道文化上的区别，要成为真正的男子汉还需要走很多路。那里的教学任务很重，课很多也很累，但我们一定会尽心尽力的。等到任务完成了，我们不可能拿到像奥运会比赛那样的金牌，但是我们精神的丰富是和金牌的价值等同的。

我一辈子学做教师，不是一个虚假的口号，我从周边许许多多教师身上获得很多的能量。我们的教师是可爱的，今天的教育比我那时难得多，因为社会转型，社会上各种矛盾、问题都折射到教育上来，教育有不能承受之重。现在的年轻教师比我那时强多了，社会和家长对教育的需求、期望那么高，多元文化和多元价值观对我们学校的教育功能冲击那么大。

今日的教师更加要有仰望天空的理想和信念，要坚守自己的精神家园，要练就过硬的本领，对学生的教学魅力是没有虚假的，是实打实的业务能力、专业能力。我想再难也难不倒党领导下的教育事业，也难不倒我们的中青年教师。我们要同舟共济，共渡难关，依靠我们坚定的信念、非凡的勇气和无限的智慧。我祝愿我们的中青年教师在这样的盛世能够飞速成长。长江后浪推前浪，于漪作为一块垫脚石，能够给大家垫了一步，这是我终生有幸。

我们这支队伍，这些人[1]

黑龙江省佳木斯市第十九中学张丽莉老师舍命救学生的英雄行为传遍全中国，感动了老老少少亿万人。她是普通的人，普通的教师，为何能有如此震撼人心的力量？且不说她对学生的爱、对事业的敬、对同事的真，也不说她对伤病的超强意志和对前景的乐观坦然，就其实质而言，仅一句话概括：灵魂崇高。

她是中国基础教育的骄傲！

由此，我联想到我们这支队伍。最近中央媒体走基层，寻找最美的乡村教师，报道了许多真实而生动的故事。每次看报道，心中总会涌起冲动，让人洗涤私欲，净化感情。那么平凡、那么普通的教师，在乡村坚守十年、二十年，乃至三十年，面对贫困不言苦，面对艰难勇向前，对社会敢于担当，对学生心怀大爱。他们犹如灿烂星空中的闪烁小星，虽不知名，但给我们以无限的希望。

教师的思想道德水平可以说是处在社会道德建设的前列。全国有一千多万中小学教师，他们默默耕耘在培养学生成长成人的第一线，播撒青春，艰苦备尝，无怨无悔，他们经常背负着不能承受之重。时代发展快，教育要求高，误解、指责、怪罪，脱离国情与地情的任务加码屡见不鲜，但绝大多数教师并未把责任推向客观，而是认真学习、努力改进，力争与学生共同成长，志在教育实践中不断修炼，成为高素质、专业化的教师。毋庸讳言，这样庞大的队伍中出现一些违背师德的人和事，的确令人不齿，但可贵在同行不仅不认同，而且认为其有损于队伍的形象与声誉，影响恶劣，应加强教育，并以此发挥警示作用。

这支队伍是可爱的，深入他们当中，你会发现，无论社会环境怎样变换，

[1]　本文发表于《中国德育》2012年16期。

总有一些宝贵的东西在他们身上默默传递。

坚定不移的价值取向

人一辈子都活在价值观中，一辈子都在进行价值取向的选择。价值观是人生的标尺，它决定了人生的境界。

在社会转型、价值取向多元的现实生活中，许多职业扎堆成才，炙手可热，而教师职业还有几分清凉，几分执著。选择教师，选择向青少年学生传承人类精神文明作为自身的追求，就是一种志气，一种境界。

选择教师，就是选择了高尚，选择了与国家前途和命运紧密相连的教育事业。教师是以人育人的工作，许多教师深知，要用自己高尚的人格去引领学生形成健全的人格，以自己的真才实学启发学生旺盛的求知欲。只有自己不断修炼，成为师德高尚、业务精湛的人，才能成为指导学生选择正确人生道路的引路人。

在深刻的社会变革转型之中，多种经济发展模式并存，生活方式越来越多元，利益分配方法与价值观念交织在一起，原有的价值标准、道德理念失衡、失范、失律，许多教师选择了奉献教育、为国育才的价值取向，是蔡元培、陶行知等教育大家忧国忧民、为国为民奉献崇高精神的薪火相传。

不说全国范围的感人事迹，看看周围的平凡教师，就可从中吸收到不少精神养料。如坚守在上海郊区的优秀教师，包括特级教师，他们经受住中心城区以及其他行业高薪的种种诱惑，全身心地哺育农村学子成长。又如不少参加教育培训的年轻教师，把学习实践、接受培训看成精神上的福利，有的写下了这样的心声："教学工作再忙，应试压力再大，事务性工作再繁琐，也依然挤出时间去学习。一年半中，从不上网聊天，未看一集热播电视剧，更是与网游绝缘。培训让我真正懂得了终身学习的意义，品尝到学习的无穷乐趣。育人先育己！"

教师不是生活在真空地带，不可能不食人间烟火，关键在于信奉怎样的价值观，选择怎样的价值取向。我自己就面临过高位、高薪、汽车、房子的诱惑，我都婉言谢绝了，因为教师是社会的良心，千万不能为金钱、物欲所俘虏，成为它的奴隶。《礼记·乐记》早就深刻指出："夫物之感人无穷，而人之好恶无节，则是物至而人化物也。"我铭刻在心，在金钱至上、物欲横流的大潮中更须以此为警戒。

教师爱教育、爱学校、爱孩子，他们在教育实践中不断进取，升腾起来的理念是：思路决定出路，行为决定作为，定位决定地位。学校给我一块土壤，我还学校一片绿洲。这就是我们的普通教师，对教育事业有一颗金子般的心。

倾注心血的大爱之情

教育事业是爱的事业，没有爱就没有教育。师爱超越亲子之爱。亲子之爱源于血缘关系，父母爱子女是人的本性和本能。教师和学生之间无血缘关系，但只要是诞生于我们这块多情土地上的孩子，教师都要倾注心血，千方百计把他们教好，因为其中寄寓了国家的期望与人民的嘱托。这是沉甸甸的历史使命，须有高度的责任感，须有仁爱之心，大爱之情。

对学生能不能满腔热情满腔爱，实际是教师对教育价值能否深刻领悟与不断净化感情的问题。教师只要内心真正觉醒，把日常千件万件的教育教学小事与国家的千秋大业、人民的幸福追求紧密联系在一起时，就会觉得身上挑着千斤重担，一头挑着学生的现在，另一头挑着国家的未来，今日的教育质量，就是明天的国民素质。觉醒意味着，不仅领悟教育工作非凡的意义，而且真切体验到每个孩子都是国家的宝贝、家庭的宝贝，此时此刻，师爱就会在你胸中激荡。

学生进入学校学习，虽只有短短几年，在人生长河中仅仅是一阵子，但这短短一阵子往往影响一辈子的生活道路。万丈高楼平地起，关键在基础打得牢不牢。做人的根基扎得正，扎得牢固，学生就会一辈子受益不尽。更重要的是，一个人只有一次青春，青春是无价宝，国家把学生青春年少、风华正茂的时期交给教师培养，这是对教师的极大信任。如果不充满爱心培育，岂不浪费学生青春？这是对国家、对人民、对学生的大不敬。基于这样的认识，许许多多教师锤炼自己的感情，用"有教无类"的博大胸怀，对每一个学生施以爱的教育。资优的、学困的，开朗的、内向的，家庭和谐的、破碎的，生活富裕的、贫穷的……都想方设法根据不同情况言传身教，学业上、生活上、性格上、习惯上关怀备至，不是亲子女，胜似亲子女，以大爱的细流滋润他们心灵，促进他们健康成长。

什么叫大爱？就是没有任何条件，没有任何私利的爱，它源于仁爱之心。亚里士多德说过，善有外在的善、身体的善和灵魂的善，灵魂的善是真正的最具卓越意义的善。几十年来，我一直在教育第一线，耳濡目染，亲身实践，深刻领悟到教师生涯中最大的事就是一心为学生，不只是说说，而是身体力行，倾注心血去做，持之以恒地做，做出效果，这就是真善，就是仁爱，就是大爱。哪所学校、哪个地区、哪个省市没有生动、鲜活的爱生故事？教师中不胜枚举的爱生故事汇聚成道德中爱的洪流，与社会上那些自私自利、刻薄寡情形成鲜明的对照。尚善、尚美、尚爱终将驱散丑恶。

对专业发展的执著追求

德性与智性是生命之魂，思想道德素质是人的理想信念、价值观念、道德观念、法制观念等方面的综合体现，它决定并影响着智力的发展与发挥；科学文化素质是通过知识传授、能力培养，开发学生的潜能，使他们的智力获得发展，形成良好的认知结构。在发展智能的过程中，须注意学生情感的激发、意志的培养和正确价值观的形成，三者是不可分割的整体，互相融合、渗透、贯通。要培养学生的德性和智性，教师须强化自身的综合素质。为此，师德高尚、业务精湛永远是每一位教师执著追求的目标。

上好课，是教育改革的原点，也是教师的真本事，然而，要上好课确实不易。信息如潮涌，学生的信息渠道畅通，视野开阔，想法很多，要让学生学有兴趣，学有所得，学能开启智慧，实非一同之功。有思想、有抱负的教师，钟情自己的学科教学，不受教学参考书的羁绊，不信教学时尚的忽悠，不受分数评价标准的束缚，更不信题海题库、"一课一练"；而是独立思考，刻苦钻研课程教材，把握知识的来龙去脉，突显教学的核心价值；而是研究学情，深入了解学生对所学学科的内在需求，选择合适的途径与方法，引领学生在求知过程中品尝快乐与成功。他们的非凡勇气在于跳出"育分"的怪圈，回归"育人"的教育本质。

举例来说，一位坚持学科教学必须"育人"的语文教师，叙写他多年实践的体会中有这样几句："教师所需做的就是带着学生，沿着文字，走进作者的生命世界，去倾听、去感悟，给学生自由思考的空间与表达的机会。在课堂上，我们为学生打开了一扇门或是推开了一扇窗，让学生怀着莫大的好奇穿过门，透过窗，进入更为广泛的语文天空，体验、收获、感受生命的美好，聆听生命的絮语，丰富生命的内蕴，语文教学的生命由此盛大空灵。它们形成了我的教学思路，成为我作为一名语文教师的生命底座。"没有唯分，没有拼分，而是遵循教学规律、遵循学生认知规律，阅读、表达、观察、实践，学生德性、智性获得有效培养，毕业选拔考试成绩极佳。

每一节课都会影响学生生命的质量，许多教师已经清醒地意识到这一点，为此，在工作十分繁忙的情况下仍然坚持学习、进修，坚持科研，双休日参加学习培训已屡见不鲜。教研组、备课组是教师专业发展的实体，各个层面教师形成带教的成长链，以真问题驱动真教研，帮助教师解决真问题，促进教师专业发展。

对学生丹心一片，对业务执著追求，坚守教育的神圣，创造育人的业绩，这是我们这支队伍、这些人的永恒追求。

话题二

增长真才实学

国家繁荣、民族振兴、教育发展，需要大力培养造就一支师德高尚、业务精湛、结构合理、充满活力的高素质专业化教师队伍，需要涌现一大批好老师。"业务精湛"是高素质专业化教师队伍，是好老师必备的职业内涵、人生内涵，也是须终生为之奋斗的目标。由此可见，在教学生涯中，教师努力学习，不断增长真才实学十分必要。

真正的教师他有真本领、真东西，而且能把真本领、真东西交给学生。著名画家韩美林（奥运会福娃设计者）的班主任是中央美术学院的周令钊（人民大会堂顶灯"满天星"的设计者），韩美林向周老师磕三个响头，谢老师教育之恩，因为老师教会了他本事。就本事而言，韩美林制作了三千多件艺术作品，两个半小时就能设计出二百九十把椅子。真功夫是业务功底的展现，才学是刻苦钻研、努力积累的必然。

教师追求业务的精湛，须注意自身知识结构的合理。一般而言，须具备三方面知识。一是专业学科知识，力求扎实、系统、精深；二是教育学和心理学方面的知识，力求全面、准确；三是实践性知识，具有经验成分，是教师教学经验的积累。除此之外，还要在"广博"上下功夫，打科学文化底子，有比较厚实的文化积淀。

当前，课堂教学有两种明显弊病：一是有些课碎片化，只敲打知识点、得分点，学生受益少。碎片化破坏了学科专业整体性思考，抑制乃至扼杀教学中师生自由思考生发的灵性；二是怎么教的方法林林总总，目不暇给，本体知识少得可怜，犹如啤酒一杯，泡沫很多。二者究其原因，还在于专业的本体知识欠缺，教育学知识一知半解，缺少判断，缺少筛选，生搬硬套。这都是依赖教学参考书、依赖电脑下载、依赖一课一练、听信教育时尚惹的祸。探究问题的本质，在于丢失了自我，被他信力左右。

　　增长真才实学要从树立自信力开始。教师要教得好，首先要确立自己是"教"的主体地位。犹如学生要学得好，首先要确立自己是"学"的主体地位一样。角色定位准确，自主性、积极性方能充分发挥。教海无涯学为舟，教得好首先是学得好。外国有教育家说："为了使学生获得一点知识的亮光，教师应吸进整个光的海洋。"厚积而薄发，教师有丰厚的知识储备，既精专，又广博，教课就能一语中的，左右逢源，学生学有兴趣，学有所得，学有追求；反之，干枯刻板，语言贫瘠，捉襟见肘，学生困倦疲乏，如坐针毡，对学习害怕、厌倦，后果不堪设想。

　　信息时代，学生获取知识的渠道既多又通畅，对教师的教是严峻的挑战。教师必须勤于学习，广泛学习，力争成为知识的富有者，教育教学中方能有充分的发言权，方能有育人的智慧。习主席说："过去讲，要给学生一碗水，教师要有一桶水，现在看，这个要求已经不够了，应该是要有一潭水。"深刻，精辟！

创造理想的教育境界

做一个语文教师，要有明确的目的

第一点，对语文课的目的任务要明确。

目的明确，方向才清楚，决心才大。我从二十世纪五十年代末改行教语文以后，很长一个时期，对语文课的目的任务是不十分明确的。语文教学风浪大，一会儿风这么刮，一会儿风又那么刮，我这个半路改行的人就感到困难了。关于语文教学的目的任务，摇来晃去，争论不休。"十年动乱"期间，在我们上海，语文课专门强调搞大批判，什么语文知识、语文能力都不要了。事实上这是对我们语文课非常野蛮的摧残。

粉碎"四人帮"之后，我觉得又有一股风挺大，就是把中学语文课变成了纯"工具课"。中学语文课的目的任务成了为学好数理化服务。这股风刮得挺厉害。在这股风面前，自己想，中学语文是作为一门独立的学科开设的，难道教学的目的任务只是为了让学生学好数理化？作为一种思潮它是滚滚而来的，势头猛，风浪大。在这样的风浪面前，该怎么办？我觉得语文教学应该教会学生正确地理解和运用祖国的语言文字，为学好数理化提供必要的条件。但是，作为中学的一门独立的学科，它应该有自己的特定任务，不能够把中学语文课降低到只是为学好数理化服务这一点上，否则就会出现以局部代整体，以片面代全面的问题。为什么这样讲呢？在中学语文教学大纲上讲得非常清楚：语文课在进行读写训练的过程中，还必须进行思想政治教育；要通过语言文字的教学，培养学生正确的思想观点和高尚的道德情操。这就是我们中学语文课的目的任务。与此同时，我们还要注意发展学生的智力，培养学生的思维能力、观察能力、想象能力。因此中学语文教学应该担负起它特定的任务，而绝对不能够把一个总的目的任务变为它的一部分的任务。

我们中学语文教师担负着双重任务，既要教文，又要教人，给学生打好语言文字的基础和思想基础。教文是天经地义的，我们是语文教师嘛，当然要教会学生正确地理解和掌握祖国的语言文字。但在传授语文知识、培养语文能力的同时，还得对学生进行思想教育。语文是人们从事学习和工作的基础工具，但它不同于锄头、铁锨、榔头，因为语言文字是交流思想的工具。语言是思想的物质外壳，如果离开了思想，我们语言文字的生命力何在呢？如果说，我们离开了文章的思想内容，只是去讲字、词、句、篇，那怎么能够正确地、生动地、形象地把作者的写作意图阐述出来呢？一篇好的文章，总是思想内容与语言文字的辩证的统一。我们说这篇文章好，总不外乎是思想内容好，见解精辟，文字优美，如果只是某一个方面好，那怎么能够成为一篇好的文章呢？作为一个语文教师，对语文教学的目的任务一定要非常明确，只有把文道两者辩证地统一起来进行教学，缘文释道，因道解文，才能够使学生在弄懂语言文字的基础上，深刻地理解文章的思想内容，受到形象的感染。教师教学要注意发现和把握课文中能爆发火花的关键词句，讲深刻，讲生动，把字、词、句、篇中固有的，作者倾注的写作意图以及思想感情发掘出来。这样，无声的文字就可以变成有声的语言，就可以变成优美的画卷，就可以把课文教得有立体感，使得学生如见其人，如闻其声，如临其境。六十年代初，我们在落实"双基"的同时注意进行思想教育，学生的语文能力有明显的提高。有些毕业生来看我的时候，他们都讲到这个问题，讲到课文中饱含的民族气节、爱国主义感情、崇高的理想、献身的精神给他们的教育与感染。他们讲得那么激动，不仅把自己上课时所学的讲给我听，而且很多课的板书都背得出来，《记念刘和珍君》那课的板书是怎么写的，《论"费厄泼赖"应该缓行》那课的板书是怎么写的，郭老的《长江大桥》又是怎么教的。我听了非常激动，几乎是彻夜不眠。那时候我还年轻，三十岁出头，没有想到，我这样一个中学教师上的课，在学生的心里印象是如此深刻。我想到，我们做语文教师的，对塑造人的心灵起多么大的作用啊！看起来学生在初中、高中学习，不过是短短的几年，在人的一生中不过是一阵子，可是我们教他们这一阵子往往会影响学生一辈子的生活道路。这一阵子与一辈子的关系得认真地看清楚。青少年时期正在长知识、长觉悟、长身体的黄金时期，求知的欲望是非常强的。尽管自己讲的道理很简单，可是这些简单的道理在学生心里很起作用。因此，作为一个中学语文教师，确实是既要教文，又要教人。……

今天的学生跟过去不大一样。过去的学生，我们的领导或先进人物给他们作一个报告，他们的青春之火一下子就点燃了，现在的学生不那么容易激动。"四人帮"一条很大的罪恶就是扼杀我们青少年心中的青春之火，把是非曲直都弄混了。我们的语文课百分之五十以上是文学作品，读一本好书，就是和许多高尚的人谈话。我们语文教师有责任也有义务引导学生与高尚的人谈话，让他们受到作品中人物的高尚情操的感染，所以一定要在渗透上下工夫。事实上也只有把文章的思想内容讲清楚，讲准确，学生对语言文字的奥妙才体会得到。因为语言文字是表情达意的工具，离开了情和意就谈不上词和句的佳妙、精辟。只有把思想内容阐发得非常精当，非常深刻，字、词、句、篇才充分发挥它的作用。这是第一点。

第二点，语文教学的阶段性要明确。

语文学科是一门科学，科学就应该有科学性、系统性，应该有阶段性。可是长期以来，语文教学的阶段性是很不明确的。语文作为一门学科，它应该有个序，应该是由浅入深，由易到难，由简到繁。这个序是很难定的，仔细分析一下，原因很多：一是学生程度参差不齐。再就是几十年来，对语文教学在理论上缺乏系统的科学的研究。我请教了很多老教师，我说一个中学生究竟应该掌握多少常用词、多少常用句，哪些是常用句式，几乎没有一个能准确地回答出来，而我自己也经常处在一种若明若暗的情况当中，这就给教学带来了很大困难。还有就是"四人帮"干扰破坏十年之久，整个社会的文化水平下降了，语言环境很差；学生的语文水平下降，语言不规范，不纯洁，粗言秽语很多，说话很不干净。

"十年动乱"期间，废除了留级制度，学生从小学到高中不管够不够毕业水平，一律开绿灯升上去。因此高中学生语文程度低下到惊人的程度。……这样，我们中学老师就有一个很难的任务，这就是在传授新知识的同时逐步地还旧债，而且要把还旧债和完成新任务艺术地有机地统一起来，让学生觉得老师都是在传授新知识，而其实也是在补他们的知识缺漏。

在教学中，我们心中要有个序，而且这个序一定要清楚。每个年级有年级要求，每个年级有两个学期的要求，每个学期还有分阶段要求。阶段的目的任务要明确。如果目的任务不明确的话，教的东西就是一锅大杂烩，就容易事倍功半。我觉得，每个学期、每个阶段、每个单元要达到怎样的目的任务，教师的心中要有数，成竹在胸，让一篇篇课文的教学都围绕一定的目的任务来完成。

我曾接了初一下学期一个班。这是个数学班，一进校就按数学成绩编班的。当时重理轻文厉害，这个班学生的语文程度很差。期终考试作了一篇作文，题目是"爱护小树"，看图作文，学生写的文章只有二百来字，而且都是三段论，没有中心，像流水账一样。我在了解情况的基础上，用了半个学期来解决作文的中心和材料的问题。学生写文章没有中心，读课文也抓不住要领，于是，我在教学中，读围绕中心，写也围绕中心，每一次作文和教每一篇文章都从不同的角度围绕中心和材料来教学。半个学期下来，学生对一篇篇课文基本上都能抓住中心了，写作也有了中心。在下半学期就进一步讲立意。文章有了中心还不行，还要讲究"意"。"意"是文章的灵魂。"意"者帅也，无帅之兵是乌合之众。下半个学期专门讲文章的"意"，读和写都是围绕这个内容进行。然后，再把中心和材料之间的辩证关系通过一篇篇课文的教学、一篇篇文章的写作来逐步解决。教了一个学期，学生对中心和材料就比较清楚了。传授知识是如此，听、说、读、写能力的培养也是这样。学生"说"的能力差，下课的时候男孩子声音很响，一上课回答问题，声音就微弱了，甚至没有了。有的学生讲话，破句，不通，口头禅很多，有的还金口难开。要培养学生"说"的能力，也是要一个一个阶段培养：第一步，让学生开口；第二步，要求声音响亮；第三步，要求说话完整，通顺；第四步，要求讲小故事。训练到这一步，我再要求学生推荐书报，讲画评画，逐步提高要求。听、说、读、写能力的培养跟知识的传授都应该分阶段、有步骤地循序渐进，饭要一口一口吃，总不能一顿吃十碗二十碗。每一个阶段要有明确的目的，就好像打仗一样，每个战役都有自己的主攻目标。在某个阶段教学要达到的什么目的，那么听、读、说、写能力的培养，都围绕着这个目的来进行，那样就会成竹在胸，容易取得效果，这是第二点。

第三点，每篇课文的教学目的任务要明确。

语文教学，很大程度是通过一篇一篇课文的教学来实现它的目的任务的。我在很长时间里，却不知道怎样去使用教材，驾驭教材，而是被教材牵着鼻子走。事实上，教材是向学生传授知识、培养能力的依据和范例，是驶向目的地的舟楫。我们教学的目的是要达到语文教学大纲上规定的，培养学生听、说、读、写能力的要求，在传授知识培养能力的同时进行思维教育。语文课的目的任务绝对不只是让学生读那么几十篇文章，或者是背几十篇文章。如果那样，学生就不可能具备较强的听、读、说、写能力。我走过一段弯路以后，才逐步地领悟到，作为一个教师必须会使用教材，驾驭教材。怎么使用，怎么驾驭呢？那就是要在语文教学大纲分年级的目的、任务、要求的指导下，明确地掌握一篇篇课文的目的任务。因为一篇好的课文从内容到语言的表达形式可教授的是很多的，特别是一些好的文章，如恩格斯《在马克思墓前的讲话》，语言如高山流水一样流畅，思想博大精深，把马克思对革命事业的贡献从理论到实践都极其概括地写出来了，而且里面包含着对战友的无限深情。像这样一篇文章，可以教的东西太多了，如果我们在教学中巨细不分，一股脑儿都教给学生，那么用八课时、十课时也不一定教得很清楚，所以要根据各年级、各学期的要求订出每篇课文的教学目的要求。否则，学生就会认为，你这个老师讲的天天都是一个味，天天讲时代背景、作者介绍、景物描写、人物描写、论点论据，好像炒冷饭，讲来讲去都是这一些。我们把语文教学目的任务里要求学生掌握的知识，分到不同的课文里教，抓住中心，重点突出，效果就会好些。在初二上学期的课文里，景物描写是记叙文的一个重要部分，如果每篇记叙文都讲大段的景物描写知识，学生就不愿学了。如果把一学期应该教给学生的景物描写知识，根据课文本身的写作特点，分散到不同的课文里进行教学，那么，每篇课文的景物描写教起来就有特色了。比如，《记金华的两个岩洞》，就着重抓两个岩洞的特征，《罗盛教》就着重抓静物描写，《在烈日和暴雨下》就可以抓多种角度的描写，《故乡》就教白描手法。诸如此类，学生就不会感觉到老师讲的景物描写老是那一套。在初二时这些景物描写都涉及了，到了初三，就应在这个基础上再深入一些。比如丁玲的《果树园》，一开始就有一大段景物描写，如果只是给同学们讲写得怎么细，学生在学《春》的时候，已经学过，会感到乏味。而这篇文章的景物描写除了细致外，在光感上下了工夫。请看：在薄明的晨曦中，金色的彩霞透过茂密的绿叶的缝隙，在林子中回映出一缕一缕的透明的淡紫色的、淡黄色的薄光。因此这个果园的景象不同于淡淡的中国水墨画，而是一幅色彩绚丽的油画，这课景物描写的重点就要抓光感。总而言之，课文的教学目的任务要根据教材的特点和学生的实际来确定，要教学生还不熟悉、没有掌握的知识，避免每篇课文教学雷同的毛病。

总之，作为一个中学语文教师，有三个目的一定要明确，即：语文教学目的任务要明确，阶段目的要明确，课文目的要明确。教学要有一盘棋的思想，就是在中学阶段一定要达到语文教学大纲所规定的目的要求，而这个目的要求又是通过一篇篇课文、一个个练习、一篇篇作文来实现的。这一篇篇课文、一个个练习、一篇篇作文都像是一个点，这些点要把它放在相关的线上。比如教记叙文，就要把和记叙文有关的课文、一个个知识点都纳入在记叙文这条线上；教论说文，也是通过一篇篇课文的教学和作文来进行的，就要把这些都纳入论说文这条线上。然后无数线又汇成一个面，最终实现教学大纲所提出的目的要求。因此既要有面，又要有点，既要有全局，又要有很细致的分析，把这些点、线、面穿起来，目的任务就明确了，就不会打无准备的仗，就可以逐步改变事倍功半的状况。

做一个语文教师，要有炽热的感情

一名教师，对所教的学科和所教的学生要满腔热情，十分热爱。由于党多年的教育和培养，自己逐步明确了人生的真谛，认识到作为一名教师，要一心扑在党的教育事业上，把对党对社会主义的热爱倾注在所教的学科和学生的身上。我开始教语文时很困难，但是未因困难而退却。有的青年教师说，教语文实在太难了，想改行，而许多年老的语文教师却不想改行。原因何在呢？关键在于有没有一个"爱"字。作为一名语文教师，必须对祖国语言文字有深切的爱，如果不爱，就钻不进去。有些人爱一样东西爱到入迷的程度，如球迷、棋迷，入了迷就会废寝忘食。我觉得作为一个中学语文教师，对语文也要有入迷的精神，要一往情深，才钻得进去。如果钻不进去，就不能体会其中的奥妙，就不可能获得真知。我怎么会热爱这项工作的呢？除了党的教育外，还受了很多名人言行的启发。大科学家爱因斯坦曾经讲过："热爱是最好的教师。"当初领导要我改行时，我说很困难。领导说："你学雷锋嘛！干一行爱一行，干一行钻一行。"我想，是呀，干一行就要热爱一行，热爱就是最好的老师。要做好工作没有什么捷径，就是要满腔热情满腔爱，要付出艰苦的劳动。

自古以来，我们祖国的文学作品浩如烟海，语言文学宝库中有无数瑰丽璀璨的名著。我国语言的优美，词汇的丰富，同义词、近义词的细微的差别，在世界上是罕见的。随便举一个例子来说，"美丽"的同义词就很多，如漂亮、俊俏、妩媚、婀娜等。在不同的地方还有不同的说法，比如，在我们上海就讲"嗲呢"（diǎn ne）。我有机会到日本去访问，日本的语言受中国影响很大，但他们的词汇没法和我们比。陪同我们参观的日本朋友说："我们的语言哪有你们的丰富啊！你们的文化多深厚呀！我们的语言简单得多，词汇也贫乏得多。"听了这些话，我心里的民族自豪感不禁油然而生，简直是充盈胸际！我觉得我们中华民族真是了不起，文化底子真深厚啊！马克思很推崇德国大诗人、大文学家歌德。歌德对统一德意志民族语言，使得德国的文学能够进入世界文学之林，作了很大的贡献，可那时已是十八世纪末十九世纪初了。而我们在公元前文学作品就很多，一直到现在，我们中学语文教材里还有《左传》《楚辞》《史记》等作品；到了唐代，李白、杜甫、白居易等的诗歌多如天上璀璨的星星，在世界上是很有声誉的；到了清代，曹雪芹的《红楼梦》，是一部世界名著。作为一个中学语文教师，能够有机会学习祖国丰富、优美的语言，那是非常幸福的。有时候，我备课备到李白的诗、屈原的辞赋，备着备着，人就进入了作品的境界，作品的思想、言辞拨动着自己的心弦。这不仅能很好地学习理解祖国的语言文字，而且简直是美的享受，乐在其中！

对祖国的语言文字要满腔热情满腔爱，对学生也要满腔热情满腔爱。对学生只有丹心一片，才能心心相印。要把幼苗培育成材，不花费心血，不花费劳动，是不可能的。在长期的教学实践中，自己深深体会到，"教过"不等于"教会"，"教过"还是比较容易做到，每天总要上课下课，四十五分钟时间是不会停留的；一天一月，五年十年，就这样"教过"了。然而，要"教会"就非常难。一两个班级，要教会几个人、一二十个人是容易的，要大面积提高，大面积丰收，不花一番心血是不可能的。因为学生的基础不一样，智力、性格、思想、兴趣爱好，以至家庭情况、语言环境都不一样，每一个学生都是一个生动活泼的"艺术品"，要把他们都教会，得精心雕塑，不能怕烦怕难。哪怕是一个标点符号也不容易教会。标点符号在中学语文教学中应该说不是很重要的任务，这在小学已基本上教过，可是现在的学生使用标点符号还是很乱的。使用标点符号跟学生对问题的理解、分析，对事物理解的深度有密切的关系。我曾经教过这样一个不会用标点符号的学生，他使我懂得教过不等于教会，我很感谢他。

有的时候简直是手把手地教，恨不得把心掏出来，可有的同学还是不会，这就是说自己还没有对准钥匙口，还没有把锁开对。我觉得作为一个老师，不能怕烦，不能怕难。因为语文是很细致的，一而再、再而三地教。但我想，要是不难的话，要我们教师干什么？学生从无知到有知，从知之较少到知之较多，从不具备听、读、说、写能力到具备一定的听、读、说、写能力，确实是要精心塑造，当然难啊。语文教师就应该在克服困难中来提高教学质量。

对待学生不能有偏心，更不能讨厌他们。刚开始教书的时候，我对两种学生特别喜欢：一种是长相逗人爱的，我一看就喜欢，一看就高兴，就想跟他们多讲几句话；还有一种就是很聪明的，我一讲，他马上就心领神会了，或者是我讲上半句，下半句他就知道了。可是我们的孩子不是工厂的机器里造的呀，他们不是一个模子里出来的。他们的智力、他们的基础、他们的长相，都有差异。而学生对老师是摸得很清楚的，学生对家长讲得最多的就是老师最喜欢哪些学生，最喜欢哪个学生。如果你对某些学生偏爱，另外的学生就离你远三分。感情上就有距离，师生就缺少共同的语言，教学效果就大为降低。自己在实践当中碰了很多次壁以后，意识到千万不要对学生有讨厌情绪，所有的学生都是我们的下一代，都是祖国的未来，都要尽心尽力地教。有时候孩子很调皮，不遵守纪律，或者习惯很坏，那就要更加耐心地教。有时我上课还会碰到学生将我的军，或者课后碰到他们的家长来告状，也不能因此就对他们讨厌。……对那些调皮的学习差的学生，要重在引导，学生的可塑性是很大的。初中的孩子是很有趣的，高中的学生思想已逐渐趋于成熟，初中的孩子往往装成很有学问、满腹经纶的样子，认为自己很了不起，常常爱挑别人的毛病。如果扬其长弃其短，善于引导，他们进步就会很快。所以，我觉得作为一个中学语文教师，对所教的学科、对祖国的语言文字、对所教的对象，确实是要一往情深，丹心一片。

做一个语文教师，要有水磨的工夫

　　艺术品之所以珍贵，所以吸引人，是由于艺人们精雕细刻的缘故。要把学生培养成为对社会有用的人才，要使学生具有一定的语文知识和语文能力，做教师的要拿出铁杵磨成针的工夫，细琢细磨。教育是靠细水长流的，知识是靠日积月累的，突击不起来。我们平时说学生语文水平不高，一定是小学的基础打得不过硬，现在各年级的语文教师教课都很吃力。这是社会语言环境和家庭语言环境问题。小学基础没打好，初中就困难，到高中就更累死人，因为前面欠的债统统要在这时集中还。语文要靠积累，要靠锲而不舍的精神；如果不认识这一点，就容易犯急躁的毛病。我自己就犯过这种急躁的毛病，恨不得教一篇课文，马上就见效，这是不可能的。教学效果有的时候在课堂里体现出来，有的时候到考试中才体现出来，有的甚至到一二十年之后才体现出来。所以语文教学的效果单是凭考试评价恐怕是很不全面的。

　　语文教师要特别耐心细致，锲而不舍，有水磨的工夫。这要舍得花时间、花精力教学生，要在启发引导上下工夫。要启发他们学语文的自觉性和积极性，要细致地千方百计地引导他们进入语文知识的宝库。在这里有三点很重要：

　　第一，指导要细。指导学生读书、作文、说话、听话都要细。自己做了好多年的语文教师，说了许多废话、无用的话、笼统的话、空洞的话。比如，讲一些语法的术语，讲什么中心思想等。又如写作文要审题，讲来讲去要审题，怎样审呢，自己不周密地具体地考虑，因此，学生还是不会审。我没有教他们怎样审题，他们审题能力就受影响。培养学生的阅读能力，当然应该抓住文章的中心，体会文章的中心思想。可是，要培养学生能够准确地掌握中心思想，绝对不是简单地评判一下，对的还是不对的，大概对的还是有点错。我们看学生作业，很容易打叉，或者是钩上打一点，可是钩上打一点，它错在哪里呢？不明确。至于中心思想更不能只写在黑板上让学生照抄。实际上，学生的积极性调动起来，他们开动脑筋，有时概括的中心思想比教师还高明。当然教师要作具体的指导。比如说指导学生概括一篇记叙文的中心思想，就该有几步工作要做：第一步首先要让学生读懂课文，知道记叙的是何人何事。记叙文不外乎是叙事记人写景状物，因此一是要让学生先弄清楚记叙的是什么事情，弄清楚何时、何地、何人、何事，要学生用准确的语言把它表达出来。避免空洞、笼统，避免大概，避免帽子太大或者是以偏概全。这是首先要让学生准确地掌握的。第二步，要扣紧主要的人和事，关键的词句段落，反复体会咀嚼，去理解作者的写作意图，体会文章从具体的人和事当中所表现出来的普遍意义。这就有一个启发引导学生思维的过程，第一步一定要具体，要扣准文章的个性，此文非彼文，此事非彼事。也就是说，一定要具体，要有个性，不空泛。概括文章表现的普遍意义要确切，不能帽子太大。从第一步到第二步要经过积极思维，由具体到抽象，进行概括。有的文章写作意图并不只表现一个方面，思想内容很丰富，特别像鲁迅的文章，不是单一的写作意图，那就要学生弄清楚，是哪几个方面，要吃准，不能丢这忘那，顾此失彼。概括中心思想也要给钥匙，教方法，培养学生的思维能力和运用语言文字来表达自己的思想感情的能力。因而指导学生思考问题一定要细，要进行具体指导。比如说作文讲评，不能空泛地讲好与不好，一定要细，现在讲究培养观察能力，要学生学会观察生活。第一次作文教学生注意观察，可能学生感到新鲜，如果老是讲要注意观察，讲十遍观察的概念，不等于学生就会观察了，因此就要指导他们怎样观察，出的作文题要让学生在作文选上抄不到。如出"我们学校的树"，他只好写我们学校的树，不观察就没法写。我们学校附近有个虹口公园在展览菊花，下雨了，我就出个"雨中观菊"的作文题，学生就得去看，看了之后才能写，并告诉他们从什么角度去看，正面看，反面看，看静态，看动态，看整体，看局部，还要带着感情去看，因为不同的感情有不同的看法。同样，看图写文怎样指导，也很有讲究。如，要学生看"乌鸦喝水"画片作文时，就要指导他们观察，问他们看到什么，这个图的主人公是谁，除了乌鸦之外还有哪些东西；再指导观察瓶子里的水是怎样的，三幅图有什么变化，在三幅图之间应该想象些什么来补充等。这样——加以具体指导，最后用七个动词把它概括起来，乌鸦喝水的故事就完整了。作了细致的指导后，学生对什么叫观察细致，什么叫开展想象就有了初步的印象。这就比笼统地抽象地用术语来讲效果好得多。

第二，要求要严。严师出高徒。不严是不能出高徒的。习惯的培养，关系到一个人做人的态度。在语文方面要培养学生书写端正、卷面整洁等良好的习惯。有时候要学生书写端正，真是难得不得了，里头有大量的思想工作要做，还要精心指导。我刚接的这个班，不少学生书写一塌糊涂，自己创造了很多字。在写完作业、作文后，连他们自己都认不得了。我和他们开玩笑说："仓颉造字，你们也造了很多字，造得大家不认识。"要培养好的习惯必须严格要求。比如考试，卷面算五分，每次考试要看卷面，从而培养他们书写整齐的好习惯。作业做得不合规格的，要推倒重做。有时期中考试，考完了讲评，将卷子发给大家看，好的向大家推荐，字写得很潦草的要求推倒重做。通过这些活动，逐步培养学生一丝不苟的精神。

开始我对学生的学习态度、良好的学习习惯的培养也不大重视。粉碎"四人帮"后，听一位领导同志讲，作为一个科学家，治学的态度是非常严谨的。童第周是我国生物学方面的大权威，在受"四人帮"迫害时，被打成牛鬼蛇神。他扫地都扫得特别干净。如果发现科学院这一天的地扫得特别干净，肯定是童第周扫的。我听了这件事很受启发，不管是科学家、文学家或其他方面的人才，对事业都必须有严谨的态度。"十年动乱"期间，很多老教师、老教育家仍然在兢兢业业地工作，他们就有那么一种认真的态度，学生的作业有一个错别字未改，心里就难过得睡不着觉，非爬起来改了才睡得着。要培养学生具有这种严肃认真的态度和良好的习惯，就要用水磨的工夫，一点一滴，寸步不让。有个学生是个小男孩子，他写作文常写到一半就写不下去了。我问他为什么，他说："我实在想不出来了。"我说："这不行呀，文章总要有始有终！做事情怎么能虎头蛇尾呢！"在这个时候就要帮他一把，给他讲，从哪些方面来考虑，怎样把结尾写得好一点，一点一滴地教他，帮他改四五次，使他逐步养成了好习惯，到后来他写的文章就不再虎头蛇尾了。

第三，帮助学生要热情。要让学生敢于提问题，敢于讲不同的意见。学生怕老师，这个课就上不好。学生尊敬老师，又能够向老师提出不同意见，感到老师关心他们，学起来才有劲。"文化大革命"前的高三学生，课外看的书刊报纸很多，有时在课堂上就和我辩论起来了。一次上课教《过秦论》，对这课的一个练习题我谈了自己的一些看法，要大家探讨秦亡的原因是不是仁义不施，有个学生站起来说"我就不同意你的观点"，并说某月某日《人民日报》发表的郭老的文章是怎么说的，就跟我辩论起来。当然，谁的理由正确就听谁的，现在也是这样。前不久我教吴伯箫的《记一辆纺车》，广西有些老师来随堂听课，我提问："同学们预习了吧，这篇文章你们喜欢不喜欢？"当时五十几个同学异口同声地说："我们不喜欢。"因为我没有思想准备，吓了一跳，我还以为学生很喜欢这篇散文哩！听课的老师也愣了一下。后来广西的老师说你们的学生胆子真大。我毕竟是上了几十年的课，就赶紧把它扭过来。我说："你们不喜欢，那么请你们说说不喜欢的原因。"有的同学说，这篇文章的文体不清楚，到底是说明文还是记叙文；有的同学说如果是散文的话，应该有文采，这篇文章没有文采，所以我们不喜欢。有的同学讲："老师，你说说看。"我讲："你们过去学的是抒情散文，这一篇是叙事散文，你们还没有和它们见过面，对它的佳妙之处还没有体会。这种散文是托物叙事见精神的，学了以后你们就会喜欢。"这样，课堂气氛才扭过来。我们不能因为学生将了自己的军，就不耐心了。总的来讲，教师的知识是超过学生的，但是一个人的脑袋毕竟是比不上几十个或上百个人的脑袋。教师即使是被学生将了军，对学生还是要热情帮助，热情指导。

在我们上海，有的学生习惯不好，站无站相，坐无坐相，站起来九扭十八弯，一只脚还抖呀抖的，连站都得教呀！所以，我说教语文还要教做人。这里头很有讲究，不能总是说这个不行，那个不行，尽说不好，怎么会好呢？要教他怎么好，教他怎么做。比如说，我就不说九扭十八弯不好。我说古时候有两个比喻很好，叫"坐如钟""立如松"，大家想想看，"坐如钟"是什么意思，坐得很直很稳，有益于身体健康；"立如松"呢？像青松挺立，多么有气概，这两个比喻打得好呀。这样，既教知识又教人，学生就逐步改过来了。要帮助学生，一定要找学生的优点和长处，然后指出他不足的地方。不会的地方就一句一句地教。对学生只要耐心地精心地教育，他们是会提高的。每一个学生都是有希望的。

以上是对学生。对自己呢？水磨的工夫表现在要分秒必争地钻研业务，充实自己。宋儒朱熹讲得好："半亩方塘一鉴开，天光云影共徘徊。问渠哪得清如许，为有源头活水来。"对我来说，学习特别重要。开始教语文的时候，拿到一篇文章不会分析（因我没有读过中文系，没有受过严格的训练），感到很困难，只好学，不学就没有办法。我拜所有的人为师，不怕难为情。语文组的老师都是我的老师，哪怕某一个字、某一个句子不懂都去请教。有时站在窗子外头去看人家是怎么上课的。这样，我才晓得，教语文课要讲中心思想、段落大意、时代背景、作者生平，要教生字难词。后来我发现自己教学中有一个问题一定要解决，就是如何才能提高教课的分析能力，是借拐棍走路呢，还是自力更生？那时上海也有教学参考书，可是参考书是其他同志钻研教材的心得体会，别人的经验对自己来说又隔了一层，要把别人的经验变成自己的经验，还是要通过自己去实践。于是我给自己定了个规矩，"吃别人嚼过的馍，没有滋味"，一定要自己下苦功。我发愤，绝不依葫芦画瓢，不抄参考资料。如果上课老是把教学参考资料搬到自己的教案上来，然后去贩卖，那是懒惰的办法，依赖别人的办法，越走路越窄，越不会自己走。只有下苦功夫阅读，钻研，查作者，查词句，查时代背景，到图书馆去查，一字一句地推敲，扎扎实实提高自己的阅读能力、分析能力。经过对三篇、五篇、十篇、上百篇教材的学习揣摩，终于尝到了甜头。拿到一篇文章，就能看出来龙去脉，哪些是关键、难点，作者的意图何在，等等。功夫是不负有心人的，比如冰心的《我们把春天吵醒了》是篇很优美的散文，里面讲春天像一个孩子一样，举着"春幡"在空中遨游。"幡"，我了解是一根竹竿挑起一面长方形的旗子，古时代酒店里往往有酒幡，死了人有"白幡"。什么是"春幡"呢？为什么她在这里不用"春旗"而用"春幡"呢？老作家写东西是很讲究的，知识渊博底子厚呀！查《辞海》《辞源》查不到，后来查了许多书，在《帝京景物略》里才找到了。原来古时候祭春神——青帝时是着青衣举青幡的，因此"春幡"本身就表示"春"的意思。

开始我教语文时，语法的术语一个都不知道，改作文，对思想混乱、语句不通能看出，但是很难下批语，特别是思路紊乱的，有时改着改着就好像进了迷魂阵一样，走不出来了。改一篇作文有时要花一两个小时。怎么办？只有学，在实践中学，提高自己分析评判的能力。总之，我从两方面下工夫：第一，是一篇一篇课文自己下工夫学，每教一篇课文先做学生后做老师，从思想内容到语言的表达形式，很好地去理解；第二，是有系统地学习一门一门学科。晚上九点钟以前工作，九点以后学习，天天搞到十二点钟。一个学期、两个学期、两三年，把中学语文教师该具备的语法、修辞、逻辑、文学这些知识摸了一遍。勤能补拙，没有别的办法，我是笨鸟先飞，把休息的时间也用上，才勉强在课堂上把课教下来。二十世纪八十年代学生知识很丰富，思维很活跃，我要很好地向学生传授知识，培养能力，还得继续用水磨的功夫学下去，做到终身学而不厌，诲人不倦。

做一个语文教师，要讲科学的态度

语文教学当中问题很多，各家意见分歧，众说纷纭。语文本身有很强的工具性、社会性、综合性，要培养学生掌握字、词、句、篇、语、修、逻、文知识，提高听、说、读、写能力，许多问题值得探讨研究。有些问题究竟该怎么看？我觉得要讲点辩证法，少一点形而上学。不会思考的人，只能人云亦云，跟着人家亦步亦趋，难以做出成绩。作为一个语文老师，要学会思考，要善于思考。要在纷繁的现象当中抓住本质和主流，区别正确与错误，尽量对问题认识得全面一点，正确一点，克服片面性，力求在探索中有所前进。以科学的态度从事教育、教学工作，分析好，大有益，经常分析，经常思考，对提高教学质量，改进课堂教学是有帮助的。我经常碰到的是以下一些问题：

（一）教材与教法的问题。有的同志认为教材编好了就万事大吉，因此只须从事教法这个方面的改革就行了；有的同志认为随便什么教材都没有关系，主要是教法。我觉得这些看法都比较片面。语文教学要改革，必须进行总体改革，因为教育经过十年的摧残，伤痕累累，语文教学受到的创伤更为严重。"四人帮"宣传了十年"文盲加流氓"，要改变这种状况，要使得我们整个民族有文化、有道德、有教养，谈何容易。所以要进行总体的改革，教材要改革，教法要改革，师资水平要提高，不进行总体改革，很难使语文教学质量迅速提高。现在的改革是在总体改革前的一个前奏，一步一步地在摸索。目前有的学校有条件，自己编教材，像我们学校就没有条件，除了补充一点阅读教材，主要用统编教材，怎样把这个教材用好，是我们要解决的问题。

教材是教学的依据，教学要达到目的要求，就离不开教材，我觉得吃透教材是教学的根本，离开教材去妄谈教法是不行的。我钻研一篇教材，从思想内容到语言表达形式，从语言表达形式到思想内容，都要反反复复地推敲，在推敲当中有三个问题一定要把握住。

第一，一篇课文写的是什么，一定要准确地把握，做到心中有数。无论它是两千字、三千字、四千字，自己总要提纲挈领地用一两句话准确地把它表达出来。这个抓准确了，下面的文章才做得出来。其次，作者是怎样写的，如何遣词造句、布局谋篇，怎么开头、怎么结尾等等。第三，为什么要这样写。为什么这样写，不那样写呢？这里头就很有讲究，要把作者思路的来龙去脉搞得清清楚楚。也就是说，拿到一篇课文，要吃透它的个性。比如说同样是鲁迅先生的作品，每篇的写法却是不一样的。意图看起来一样，可是里头又有区别，有奥妙，这都要吃准。我觉得难就难在运用语言文字的分寸，而语言文字的妙也妙在这里。离开了思想内容，离开了具体文章，说这个词是优美的，那个词、那个句是好的，都是空的；语言文字的好就好在用得恰当，这就必须联系内容来看。我开始教语文的时候，认为字词教学只是生字难词，实际上这样理解太肤浅，太片面了。生字难词只是字词教学的一个方面，而不是所有的方面。字词教学还包括字词用得非常精当的地方、非常深刻的地方。离开了教材的钻研，只从教法上兜圈子，那是舍本逐末。对教材一知半解，浮光掠影，而单纯去追求教法，也是舍本逐末。方法是要研究的，要改进的，但是方法为目的服务，不能离开目的去追求方法。只要吃透教材，吃透学生的实际，方法就出来了。所以，我在教学过程中，总是把工夫下在钻研教材上面，努力掌握教材的特点，再根据学生的实际，考虑恰当的方法，使得学生学有所得，学有兴趣，获得听、读、说、写的能力。

举例来说吧：教《聪明人和傻子和奴才》，这是选自《野草》的一篇散文诗。根据学生在写作当中忽略对话对人物性格塑造的作用和教材本身的特点，我就选定它来教对话。我作了这样一个开头，我说："京戏是很讲究脸谱的，脸谱的颜色、线条都很讲究。比如红脸表示赤胆忠心，如关公；黑脸表示戆直无私，如包公；白脸表示内心奸诈。由此可见，肖像描写对揭示人物的思想性格是很有作用。"紧接着，我就巩固学生的旧知识，谈了《孔乙己》的肖像描写对刻画人物性格的作用。然后说："艺术的高手不用肖像描写，只用人物对话，也同样可以起到揭示人物思想性格的作用。鲁迅先生的《聪明人和傻子和奴才》就是如此。它没有一笔肖像描写，那些人是高的、矮的、胖的、瘦的、男的、女的都不知道，可是就是通过对话描写，我们对奴才毕竟是奴才，傻子的可爱和他的不足，聪明人的可憎，完全都知道了。"接着就要学生看一看这篇课文的三场对话，看看什么是个性化的语言，咀嚼体会，从中受到启发。

有些课文高中学生很容易理解，教师一定要高出一着，如果提不高，他们就没有兴趣。如《深山雪夜》是写陈老总的。怎样教好这篇课文，让陈老总的高大形象印在学生心中呢？这篇课文，高一的学生能看懂，但看得不仔细，不深入。我考虑：再去教什么分段、段落大意、景物描写，学生听起来会味同嚼蜡。我就采取这样一个办法：我说这是一篇非常好的回忆录，回忆陈老总在深山雪夜如何为革命操劳的情况，如果把《深山雪夜》这篇文章搬上舞台，你们看看是个什么场景？这个舞台上有哪些道具？位置应该摆在哪里？主人翁在什么地方？情和景是怎样表达的？这样，学生看起来就很仔细了。

教是有"法"的，但无定法，无论如何要破程式化，老是什么段落大意、作者介绍、中心思想、写作特点呀是不行的。要根据不同的对象、不同的教材、不同的年级、教师的不同特点，采取不同的教法。有几个法则一定要遵循：一是从实际出发，不管考虑用什么教法，一定要从学生的实际和教材的实际出发，这是不能够违背的。二是提高教学质量，达到教学目的。不管用什么方法，都是为了实现教学目的，提高教学效率。三是在整个教学过程中，自始至终都要启发引导，不能越俎代庖。我们不是演员，演员不是学生，我们是要教会学生，教在学生心上，自始至终要启发引导。每个老师有自己的长处，自己的经验，在别人那里有效的，到我这儿不一定有效，所以绝不能生搬硬套。学要学实质，不要学形式，开始我是看到别人好的经验就搬，越搬越不像。西施捧心本来是很美的，我去学一学呢，就变成了东施效颦，不美了。吃了许多苦头后，才逐步体会到，自己应该狠下苦功夫。哪怕是教具的应用也很有讲究，不是随随便便的。如《卖油翁》，陈尧咨善射，十中八九，很骄傲，可卖油的老头子说："无他，唯手熟尔。"陈尧咨不以为然，于是卖油翁就表演给他看，把葫芦放在地上，"以钱覆其口"，油自钱孔沥入而钱孔不湿。在揭示文章中心时，关键的一个词是"沥"，讲这个词的时候，我使用的教具就是一个铜钱，一经出示，小男孩们就说："呀，这么小呀！"钱小，其中的方孔就更小了，还要盖在葫芦孔上面，油还要沥进去！于是我就讲这个"沥"字用得怎样精当。由无数的点正好形成一条线的时候就叫"沥"，如果换成"倒"和"灌"都不行。又如教杨朔的《茶花赋》，这篇文章思想感情的高潮在文章末尾。作者说最好看的是含露乍开的童子面茶花，他用这鲜艳的花为象征，歌颂新生的生命力很旺盛的社会主义祖国。教这一课时，我请同学中的丹青能手画了一幅很鲜艳的童子面茶花，揭示主题时，我出示这个教具，想达到这样一个效果：就是让含露乍开的茶花在学生心上留下鲜明的印象，做到"课已尽而意无穷"。一想到《茶花赋》，就从这朵鲜艳的茶花，想到它所象征的我们年轻的人民共和国，爱护她，浇灌她，使她日益繁荣壮大。所以，教具的应用是很有讲究的。

（二）读与写的关系。有的同志说"读"很重要，要以"读"为中心；有人讲以"写"重要，要以"写"为中心。我总觉得中学语文教学不能随便提以什么为中心，我认为读跟写都很重要，应该是读写并重，读写结合。实际上不仅是读写，随着四个现代化进程的发展，科学的发达，"听"跟"说"也是很重要的，所以听、读、说、写都很重要。有人讲写作为中心能够提高教学效率，我觉得并不一定，为什么这样说呢？如果说中学语文教学是以写作为中心的话，我们现在用的这套教材就应该废除。中学语文教学是打基础的，它不是大学中文系的写作课，大学中文系的写作课，才是专门搞写作的。如果中学也以写作为中心，那么教材就不能采用这样的体例，就不能这样编，就要变。听、读、说、写的能力要全面培养，而且读十分重要。古人讲，读万卷书，行万里路，获取间接知识与直接知识。小孩子的生活经验很少，离开了读他写什么？读有读的任务，写有写的任务，读与写结合得好，就能互相促进，全面提高。读有精读，有博览，有朗读，有欣赏，这不是写作能代替的。读是吸收，写是表达，吸收得好，储存得多，写就有把握。就写作抓写作，往往捉襟见肘。以读促写，天地开阔。我这样讲是不是说写作就不重要了呢？不是的。写作训练在语文教学中的地位很重要。我是这样理解的，一个人的语文水平高不高，恐怕不能靠背成语字典。背成语字典要把学生教死的，我们是要把学生教活，要培养学生的能力。填空改错，不是说不可以做，但它绝对不是语文课的全部。我认为一个学生的语文能力高不高，最终是看他能否出口成章，下笔成文。读的能力很强，拿到文章能够抓住要点，能体会到作者的写作意图，能够对文章的精神实质吃得透，口头表达能出口成章，书面表达能下笔成文，这才是真正的语文水平。

写作训练很重要，因为它的综合性很强，学生的思想认识、观察能力、分析能力、运用语言文字的能力，都能在写作上体现出来，所以写作训练非认真抓不可。过去"四人帮"破坏时，一个学期写两篇作文，当然写不好。现在我们一学期一般要写十几篇作文，当然不是篇篇精批细改。每次有重点地批改一部分，加强讲评。讲评的过程就是教学生怎么写。其余的看一看，还可以采取一些其他办法。总而言之要练，功夫是练出来的，我看了打乒乓球很受启发，教练指导了以后是叫运动员自己去练的。我教语文多少年了，过去在课堂上老是自己讲，口若悬河，就怕丢掉一些什么。学生老是坐在那里听，当观众，不练，效果不好。写也是这样，不让学生写一定数量的文章，是不行的。拳不离手，曲不离口，哪怕是一个作家，他经常不写的话，笔也是千斤重的。语文教学就是要让学生这支笔从千斤重逐步逐步变轻，这就要练，练了他就不怕了。为了证明这个观点，以读促写，我举一篇作文为例：我们的学生读了一些诗词，早读课十分钟教读，十分钟背诵。一个多学期下来，学生的脑子里大概有七十首古诗了，这时我就出了一个题目，叫"读诗有感"，叫他们自己去练，反正读了这么多古诗，背了以后总会有些体会吧，果然许多同学写得有血有肉。这里我读一篇，是个程度较差的男孩子写的："我爱诗歌，它的音乐般的旋律和精练的语言，表达了诗人敏锐的观察力和丰富的想象力，给我们展示了一幅幅动人的画面。它有时气势磅礴，雄伟壮观；有时则鸟语花香，风光明丽；有时欢快豪放，有时悲哀缠绵。经常吟咏优秀的诗篇，读诗的人也会感到身临其境，意味无穷。就拿杜甫的绝句来说吧，'两个黄鹂鸣翠柳，一行白鹭上青天，窗含西岭千秋雪，门泊东吴万里船'。它一开头就给我们展示了大地回春的景象，雨后初晴，春风送暖，天空飘浮着朵朵白云，在刚刚冒出翠绿色嫩芽的柳枝上有两个黄鹂在婉转地歌唱。一行排列整齐的白鹭，箭似的向空中飞去。透过窗子可以看见西岭峰巅上终年不化的积雪。门外大河里停泊着来自万里外东吴的船只。诗人看到了春意盎然的景色，不禁诗情大作，以对仗工整的二十八个字传神地画下了这幅生气勃勃的图景。雪光山影，鸟语花香，诗人给我们留下了不朽画卷。不管是谁吟咏起来，眼前都会出现动人的景象，都会禁不住地连声称赞这是一首多么美妙的诗呀！古往今来，我国无数伟大的诗人经过反复推敲，写下了许许多多动人的诗篇。这是人类文化宝贵的遗产，然而这宝贵的遗产，还有待我们去继承。我们应该很好地学习它，用它来讴歌我们这一伟大的时代，使诗歌在人类文化宝库中放射出更加瑰丽夺目的光彩。"这个学生如果不读诗，怎么写得出来？是生造不出来的，他没有材料呀。读了，吸收以后，写作就有材料了，词汇就丰富了。所以读跟写要并重，不能偏废，以读促写可以使学生写作内容比较丰富，语言材料也积累得比较多。我们一学期，课内要读四五十篇课文，写十八篇作文，课外也是读得比较多的，尽管有的家长来告状，学生还是在课外很有兴趣地进行读写练习，因为有吸引力呀！吸引他们来学，学入了迷，那就好了。前面谈到的那个文章结尾写不好的小男孩，他就有点入迷了，什么书都要看，《中国青年》杂志来了，饭后一点点时间，他可以跑到很远的地方去买。他说我要看呀！一天到晚拽着我要书。有的学生看托尔斯泰的书、雨果的书、屠格涅夫的书，上课就爱和我辩。学生读得广泛，笔下就活，水涨了，船才高。因此，我体会到读写要并重，不能偏废，要全面培养，不能单纯在某一方面去追求。

（三）知识与能力的关系。社会在发展，时代在前进。现在处的时代是"知识爆炸"的时代，据国外统计，知识的总量大概七年就要翻一番。这对教育提出了很高的要求，我们对青少年的教育不可能无限期地延长，学生要在一定的时间、一定的年龄完成一定的学习任务，不能像古时的十年寒窗，只学语文只读经，这是不行的。这就要求做教师的不能信奉死记硬背，而要着力于能力的培养，既要传授知识，又要培养能力。能力的培养是多方面的，包括思维能力、想象能力、观察能力以及自学能力等等，而自学能力又是非常重要的。我想我之所以能做一个语文教师，那是我中学的语文老师以及大学的教师培养了我的自学能力。否则，根本没办法来教课。我曾这样想，作为一个老师，就是把自己所学的知识全部教给学生，也只能培养出一个庸才；如果我能在能力方面很好地培养他，他就可以远远超过我，就可以在四化建设中贡献力量。我觉得在培养能力当中，思维能力是十分重要的，因为思维是智力的核心，学生是否善于思维，所表现出的能力是不一样的。思维的本身实际上是运用概念和形成概念的过程。运用已经掌握的概念和形成新概念，是对客观现实作出概括的反映，这个能力是很重要的。当然这个能力是建筑在感情材料的基础上的。所以上课一定要启发学生思考，让他们积极思维，一上课就让学生处于积极思维状态中。我经常这样想，我们不是培养机器人，机器人、电脑再高明也抵不过人的脑袋，因为它是人制造的。我们培养的是造机器人的人，那就要有广博的知识，要有很强的能力。开始我不大认识这个问题，实际上若重视培养学生的能力，学生智力的发展会远远超过自己的想象。比如教杜甫《石壕吏》，过去我就是叫学生背背讲讲，体会怎么怎么好。这次我改变了做法，一节课教完，学生就能背出来了，就请他们把这首诗改写成散文，只有一个要求，把《石壕吏》中虚写部分全部改成实写，这就要他们认真思考了。需要对词句理解，对全文理解，哪些是虚写，那些是实写要吃准，然后组织材料，处理详略。同学写出来的情况不一样，我就拿了两篇文章到全班评改。有的学生考虑得很好，我自己都没有想到。有个学生写了这样的句子："石壕吏很残酷，抓兵是甚嚣尘上。"有的学生不同意。说："这句话写错了，不符合客观实际，是缺乏生活知识的表现。"为什么呢？他说："应该说是'抓丁'，抓人当兵，而不是抓'兵'。"这就是学生思维能力的表现，不是讲讲就能达到的。要改写，虚写改成实写，就要看写得符不符合生活的逻辑，合不合情理。有的合情理，有的不符合情理。如有的学生写老妇被拐走了，老头子回家放声号啕大哭，其他的学生不同意，说妇女悲伤的时候才会号啕大哭，男子是不会轻易掉泪的，特别是一个老头子怎么会号啕大哭呢？这是不可能的。你看，这就培养了学生对生活的理解和观察的能力。有的还说，老太婆被拐走了，老头子马上就回到家里来了，这是缺乏必要的交代，他怎样进来的？破墙而入吗？本来是老翁逾墙走，回来不交代就不合情理。所以，用钥匙打开学生思维的门扉，发展了思维，教学的效果就不仅是一分耕耘一分收获了。有时候是一分耕耘，会意外地有三分收获，超过了老师的预料。当然，我这样讲能力，不是说知识不重要。能力强的人知识往往也比较丰富，能力是以知识为基础的，知识与能力不能对立起来，好像讲了知识就不重视能力，培养了能力就不讲知识，这是不对的。知识与能力要很好地统一在一起，要以知识为基础，着眼于能力的培养。

　　总而言之，语文教学中问题很多，众说纷纭，莫衷一是。我们在教学第一线实践的人，总得有个主心骨，平时多多学习，多多思考，择善而从，努力改革，积极创造，才能提高语文教学质量。

爱这多情的土地

教育事业是生生不息、万古长青的事业；作为中国人，从孩童时期到青少年时代，都必须接受学习祖国语言文字的教育，因而，语文教育事业同样是万古长青的事业。这个事业内涵十分丰富，常谈常新。

人是有感情的，热爱能释放无穷的力量，创造令人惊叹的辉煌业绩。工人阶级的杰出代表包起帆，这个国家级专家先后革新了七十多项装卸工具和机械工艺，获得国际发明和新技术展览会奖九个，银奖两个，国家发明奖三个，交通部和上海市科技进步奖七个。这些科研成果广泛使用，转化为生产力，使港口取得了可观的经济效益。这个原是码头装卸工的初中生是超乎寻常的人吗？我曾有幸和他多次在一起开过会，几年前我还请他到我们学校给师生作过报告。他是那么普通，那么平凡，那么实在，又那么辉煌。他深深地热爱着海港，热爱着他的伙伴。装卸圆木，他亲眼看到"木老虎"血口下丧生的有十多人，造成人员重伤、轻伤的事故五百多起，他立下誓言：我的事业在工人之中。一定要制服"木老虎"，让工人摆脱这种繁重又危险的体力劳动。热爱平凡的工作，热爱自己的事业和同志，这就是包起帆年复一年把自己的想法变成图纸，把图纸变成样品，又经过实践检验、技术鉴定，把样品变成产品，并推广使用的秘诀，这就是他前进的原动力、内驱动。

教育园地和港口相比，毫不逊色，太值得热爱，太值得为此倾注青春和热血了。人不能自然成才，总要靠培养。培养青少年学生的历史重任落到教师的肩上。语文教师教学生语文，和其他学科教师一样，肩挑育人的重任，挑着祖国的希望，挑着社会主义建设事业的未来。人没有第二个青春，青春，就是财富，这种财富难以用数据来衡量，不可能用金钱来交换。国家把青春年少的学生交给我们培养，寄予信任，寄予厚望，这份深情只有以赤诚的心，对事业对学生的奉献，才能报答一二。

学生是十分重情义的，教师在他们身上付出的心血，他们不会淡忘。每到教师节，每到辞旧迎新的时候，一封封信，一张张贺卡从四面八方寄来，"师恩浩荡"四个字言简意浓，会使你感到沐浴在春风之中，享受着人间最大的幸福。这绝不是虚言，凡认真做教师的都尝过这番甜滋味，我也如此。举个小小的例子吧，有一年元旦前夕，一个刚读完物理硕士学位的学生从美国回来看望我，他的第一句话是："老师，感谢你对我的教育，你教我懂得了做人。学坏容易学好难，我是中国人，在国外要挺起胸来堂堂正正做人。我语文基础打得好，外文学起来就容易，我一边读研究生学位，一边为华文报写稿。"三十多岁的人，在老师面前还像个孩子，那么真诚，那么稚嫩，师生之间的情意是如此纯真！这番话沉甸甸的，对我这个做教师的来说，就是最高的奖赏，教师的价值、人生的意义寓含其中。

社会是各行各业的组合体，结构合理，发展就快。我们的社会是社会主义物质文明和社会主义精神文明并举，生产、流通、科技、教育等要协调发展，如果大家都去搞流通，或者都去搞生产。社会怎么前进呢？社会发展呼唤人才，人才需要教育。有事业心的教师把爱撒播到教育这多情的土地上，青少年学生就能茁壮成长。

教师在教育这片土地上耕耘，更是情上加情。祖国的语言文字是中华民族数千年深厚文化的载体，教学生读名篇佳作，感受作者热爱山川的深情，报效国家的壮志，艰苦创业的气概，是精神上的幸福，是文明的享受。读先秦的散文，你会陡然醒悟到时代造就了人才，各种各样充满智慧、充满才能的精英如天空中的日月星辰，灿烂，壮观；读现代人的杰作，思想的敏锐，洞悉事物的钻探能力，语言的深刻、幽默，乃至尖酸泼辣，会使你茅塞顿开，认识人生，认识世界。"大江东去，浪淘尽，千古风流人物"，苏东坡《念奴娇·赤壁怀古》中的词句就可幻化成无穷的遐想，有悲，有喜，有离愁，有别恨，有壮志，有豪情……寥寥十三字，展示了辽阔的历史画卷，人生的悲欢离合，语言文字具有如此的魔力，如此的威力，怎不令人惊叹、折服？

不懈地追求

　　我时常接到青年人的信。他们在信中问我：于老师，一个人要在事业上取得成功，他最需要做的是什么？我的回答是：当你的理想和事业确定以后，你最需要做的就是追求，不懈追求！

　　我的事业是教育，我的理想是做一名合格的、名副其实的人民教师。多年来，我始终如一地追求着我的理想。

　　我在大学里学习的是教育专业，毕业后开始从事的是成人教育，后来进行历史课的教学。1959 年，正是我过了"而立之年"时，因工作需要改行去教语文。我二话未说，走出了历史课的课堂，去叩语文教学的大门。但是，语文教学之门对我来说敲开是不易的，光是过一个教学用语关，就使我付出了很多心力。

　　学生对语文教师的课堂语言十分注意。我自己也认为：一个语文教师的语言应该是最纯洁、最规范的语言。我既然已经成为语文教师，就应当下苦功掌握规范的语言，只有这样，才能使学生时时看到一个规范语言的榜样，经常受到正确语言的濡染，也只有这样，才能使语文课堂教学有良好的效果。

　　尽快提高口语水平，成了我当语文教师后的第一个追求目标。在上每一堂课以前，我都要认真想好我该在课堂上讲些什么，然后用书面语言写下来，一字一句地推敲、修改，删去不规范的言词，再把它从头至尾背熟，并口语化。从我家到学校，大约要走一刻来钟。每天上班时，我就利用这一刻钟时间，将背好的教案在头脑中放一遍"电影"，再走进教室。每节课完了，我再细细对照教案，寻找自己在课堂"即兴发挥"中出过什么问题，教案中什么地方的语言效果有待改进，等等。渐渐的，我的教学语言得到了根本的改造，形成了比较合格的语文教学用语。

　　接着就是"知识关"。作为一门基础课，语文课往往是和各种社会学科、自然学科的知识密切联系的。我发现，由于对这些知识还缺乏足够的了解，我的语文教学内容总还不够生动、扎实，常常有一种空虚感。为了克服这种空虚感，我开始有计划地涉猎其他学科的知识。起先是与课文有关的学科，如文艺理论、小说创作、党史、哲学等，范围逐渐扩大。后来，连那些自然科学方面的最新知识也成了我感兴趣的对象。久而久之，我的知识面拓宽了，头脑里的知识量也丰富了。这时，当我走上讲台，面对着学生们渴望求知的眼光，就不再感到空虚，而是有了足够的自信力。我的课堂教学不再那么刻板，授课效果也比过去好多了。

"口语关""知识关"算是过来了，但不能就此满足。我一次又一次地给自己出新的题目，提新的要求，譬如，怎样提高讲课技巧，才能使学生更易于理解教材并接受其中有用的东西；怎样启发学生的"求异思维"，促使他们举一反三，在有限的课堂中学习无限的知识；怎样把语文教学引出课堂，提高学生的语文应用能力。由于不断发掘新的问题，不断树立新的目标，不断进行艰苦的探索，我终于在语文教学中获得了一定的自由。而学生们的迅速成长，也表明了我的不断追求所取得的成果。

几十多年的路，就是这么走过来的。回忆过去，看看现在，有时我也会感到某种快慰，偶尔也会为自己这些年来作出的努力发出一两声"甘苦寸心知"的感叹。然而，我清醒地知道，决不能陶醉在以往的那些成绩上，因为我已经感受到了新时期现代语文教学的压力。今天，是"知识爆炸"的时代，进入我的课堂的学生，是一些全新的学生。他们具有与二十世纪五十年代、六十年代学生完全不同的气质和个性特点，他们不仅能找出课文中的一些名词注释与词典中的不同，会发现课文中的某些知识与客观实际存在的距离，或者已经过时，而且敢于对传统的课文提出自己的不同意见，甚至公开在课堂内外和教师争辩。处在这样的时代，面对这样的学生，语文教学应该怎么办？当然不能全盘搬用过去那种程式，把生龙活虎般的学生硬拉回过去的时代！只有努力跟上时代，张开双臂去接受伴随着新时代潮水般涌来的现代知识，求得自己的知识更新和思维方式及观念的改变，才能和学生们有共同语言，赢得学生的信任，然后再运用尽可能新的方式方法，向学生讲授新知识、新观念，使得他们乐于接受，易于接受。概言之，如果说，过去我一直把"入"传统的语文教学之门作为自己努力方向的话，那么，在新形势下，我应该把"出""传统"之门、探索什么是现代化的有社会主义中国特色的语文教学体系作为自己新的追求方向。只有靠不断扬弃陈旧的教育思想、教学方法，不断地向他人（包括我的学生）学习，才能有所创造。这势必要付出更艰苦的劳动。

鲁迅先生说："幸福永远存在于人类不断的追求中，而不存在于和谐与稳定之中。"过去，我追求了，我得到了幸福；现在，我仍在追求，我希望得到更大的幸福。凡不懈追求崇高目标的人，总能得到应得的幸福。

做知识的富有者

在当今社会，"富有"这个词对众多的人来说，是具有很大的吸引力的。然而，人们想到的往往是物质财富；精神上怎样富有起来，想得就比较少了。人要生存，就要吃饭，就要穿衣，物质生活当然要考虑，但精神上贫乏，是个一无所有的精神乞丐，人的味道也就荡然无存了。

教师，作为人类精神文明的传播者，特别要讲究知识上的富有。生活上要逐步改善，这是无可非议的，但如果把这作为追求的唯一目标，那就会走线离谱。明确肩负育人的重任，锲而不舍地学习业务，学习文化，学习政治，学习科学技术，做一名精神富有的教师，就会在平凡的岗位上出成绩，出智慧，闪发人生的光彩。

首先，把"学"放在十分重要的位置上。要做到诲人不倦，先必须学而不厌。在现时代的信息社会，尤其如此。有一种误解，认为教师教学生，当然"教"是第一位的，教有余力，才挤时间学一点，似乎"学"在教师生涯中无足轻重。其实不然，教得好，关键在于学得好。课的内容丰实、生动，开启学生智慧，单讲究教学方法是远远做不到的；有源头活水流淌，不断以新知识充实自己，不断增长新的见识，课就有质量，就有风采，对学生有吸引力。课外与学生结交也是如此。教师，尤其是青年教师，与学生的关系是亦师亦友。在学生面前，应该做到师风可学，学风可师，学习方面也是学生的榜样。通过不断学习，知识日益富有，人就显得有才华。与学生交，学生耳濡目染，不仅增长对教师的信赖与尊敬，而且受到良好的熏陶。因此，教师要有拼命吸取的素质与本领，犹如树木，把根须伸展到泥土中，吸取氮、磷、钾，直到微量元素。

学什么，这是第二个要研究的问题。尽管每个教师具体情况不同，学习要从实际出发，但有些基本的东西，都应认真把握。例如，学政治，对邓小平关于建设有中国特色的社会主义理论，就要领悟精神实质，如，要坚持两个文明一起抓，两个文明建设同步发展，物质文明起着基础的作用，精神文明建设的根本任务是培养有理想、有道德、有文化、有纪律的新人，两个文明的建设互相渗透，双向推进。思想上对这个理论真正有认识，分析问题、处理问题的本领就大大增添。

又例如学文化，大学毕业生还要学文化吗？这里所说的文化，当然不是指识字的 ABC，是指文化素养的"文化"。有学历不等于有文化，是不是刻苦读书，是不是成为文化人，得靠自身的努力。语文教师要学中华民族优秀的传统文化。传统文化，作为中华民族的伟大创造，虽历经时代变迁，人间沧桑，却始终活在一代又一代人们的心中，并以它博大精深、辉煌灿烂的魅力，影响着人们的思想和行为。许多史书寓含着历史的智慧，朱熹认为"读史当观大伦理、大机会、大治乱得失"，从史书中获得历史知识，认识过去的中国，了解历史进程中的种种得与失，增强历史选择的意识，可以出见解，长智慧。读一些先哲、学者、名家的著作，如，《论语》《孟子》《史记》及诸子百家代表作，可长民族的志气，民族的自尊，民族的自信。鲁迅说过："我们从古以来，就有埋头苦干的人，有拼命硬干的人，有为民请命的人，有舍身求法的人，……虽是等于为帝王将相作家谱的所谓'正史'，也往往掩不住他们的光耀，这就是中国的脊梁。"读史书，读先哲著作，接触到为中华民族作贡献的众多人和事，你会为艰苦奋斗、自强不息的民族精神所震撼，你会为他们洞悉社会、探讨人生的深邃思想所折服，从中吸取丰富的营养。结合中国文学史的学习，广泛地读一些散文、诗歌、小说、戏剧，能扩大视野，加深对知识的深入理解。知识丰富了，知其二，知其三，心里就踏实得多。

学习优秀传统文化的同时也要学习外国的优秀文化。优秀的文化是人类的共同财富，它往往跨越时空，跨越国界，在人们心中留下永不磨灭的思考与遐想。读一点世界文学名著，了解他国他人他事，借鉴写作技巧，欣赏异国风情，乐在其中。

最新的科学技术动态也要多加注意，如现在全球正在掀起建设"信息高速公路"的热潮，美国政府提出在今后十年至十五年内建成全国信息网络——"信息高速公路",日本也制定有关计划。这实际上是一场继电话时代和航天时代之后又一场更加深刻的科技革命,将大大推动世界经济的发展。

总而言之,学习即要从自己的实际出发,有主攻方向,比较系统地学习某些知识,扎扎实实读点书。紧扣教学深入学,拓开思路广泛涉猎,以聚沙集腋的精神积累知识,逐步成为知识的富有者。积累需要时日,绝非一蹴而就,因此,"恒"就特别重要。要有坚持不懈、锲而不舍的精神。一日不多,十日许多,长此以往,学的东西就很可观。学习毅力从何而来?来自于对教育事业的满腔热忱,来自于育人的崇高使命感。

把自我教育作为终生任务

语文教学是高难度的教学，它的质量的高低不仅直接关系到学生语文能力的强弱，文化素质的好坏，而且影响到其他学科学习水平的进展，影响学生日后自学能力的高低。语文教学在学生成长中起这样的重要作用，因此，对教育事业怀有高度责任感的语文教师总是致力于探索改革的途径，千方百计提高教学水平，使之充满生命力。在这方面，许多老师为我做出了榜样。从他们身上，也从自己的教学实践中，我深深领悟到：要使自己的教学勃勃有生气，使学生深受其益，就必须认真地抓自身思想、文化、业务的建设，学而不厌，锲而不舍。第斯多惠在《德国教师教育指南》中指出："教育者和教师必须在他自身和在自己的使命中找到真正的教育的最强烈的刺激……把自我教育作为他终生的任务……"语文教师要在教学上做到日有长进，月有长进，年有长进，当然要着力找到那"最强烈的刺激"，即坚持自我教育。

怎样进行自我教育，不断提高自己呢？先从一篇文章说起。

晋代人木华写过一篇《海赋》，很有气势，文中用了许多"氵"（三点水）的字。有人说今天辞书查阅方便，把"氵"的字集在一起不难，木华之可贵在于没有今日之方便而写了如此意境广阔、气势宏伟的文章。这种说法貌似有理，其实不然。要是手头有一本或几本辞典，自己就会生出魔力来，那么今天岂不是会有许许多多的人写出种种稀世名篇？要知道木华之所以能写出《海赋》，是与他的思想情操、广阔襟怀、学识修养、文字功力等等分不开的。由此我联想到，我们语文教师要有效地提高教学质量，不能只祈求别人的某些经验、某些教案或实录能在自己身上产生神话般的奇迹，不能亦步亦趋，只限于治标而向前迈步。当然，在初学阶段，要把课上下来，参考有经验教师的教案与课堂实录是起一定作用的。然而，更重要的还是要抓自身的基本建设；根深才能叶茂，居高方能临下。基础牢靠扎实，就能因教材、教育对象的实际情况而充分发挥自己的特长，在广阔的语言教学领域中导演出一幕幕精彩的育人戏剧来。

下面结合自己的学习与实践，谈一点粗浅的体会。

一、对自己的教学业务须有清醒的认识

一般说来，每个人对自己熟悉的事物应该认识得最清楚。然而，不都是如此。常在身边的事物往往由于长期不经意反而熟视无睹，有时一个偶然的过客或旁观者倒是能一目了然。此所谓"当局者迷，旁观者清"，人人都会有过这种经验。因此，一个人要清醒地认识自己，一个教师要清醒地认识自己的教学业务是极其不容易的。俗话说"人贵有自知之明"，真正做到自知，做到自己认识自己，其中大有学问。

我常常想，要有自知之明，首先应该抓什么？一个民族要得到发展，当然首先要抓物质文明的建设，因为这是不可缺乏的基础。然而，同时必须牢牢抓高度的精神文明的建设，从长远看，一个民族和另外一个民族、一个国家和另外一个国家在历史上，在当今世界上所处的地位，最终还是比文化，比精神文明。中华民族几千年来就是以高度的文化著称于世，今天应该在新的历史条件下继续发扬。我们从事建设是两个文明一起上，这实在是太好了。由此我想到每个个人，无疑人人应在物质生活方面有保障，但更应不断追求的是思想文化上的提高。我们常说，这个人比那个人高明，比的不是他们的物质条件，不是他们的地位，而比的是远大理想、高尚的道德情操、文化教养、为人民造福的能力和为事业献身的精神。因此，我总是提醒自己，要抓自己的头脑，抓自己的思想修养。

思想修养中什么是关键呢？我的体会是"虚心"二字。"虚"就是不满，志足意满，踌躇满志，还能容纳下什么东西呢？"虚"才能容物，才能主宰自己的眼睛去看，主宰自己的耳朵去听，否则眼睛上、耳朵上总蒙上障碍物，不是视而不见，听而不闻，就是看走样，听走音。"虚心"是鞭策自己进步的动力。

审视自己的教学业务，我觉得在四个方面存在着明显的缺陷。

1. 功　底

我在大学不是学中文的，毕业后教语文常感到知识不成串，教起来捉襟见肘，力不从心。教了十多年，似乎摸到一点边，其实不然，始终觉得功底不厚直接影响到教学质量。功底浅，知其然，不知其所以然，经不起问，深不下去。比如识字，原先认为不难，只要会使用工具书，勤于检查就行。随着教学实践的深入，越来越觉得识字不容易。韩昌黎说：凡欲作文，须略识字；识字者，通小学也。章太炎说：韩柳之文，都通小学……清桐城派略通小学。他还说唐宋八大家除韩柳外，其余都不太识字。当然，这样说未免太过分了。但从他的话中可知识字不容易。比如《雨中登泰山》中的'喑噁叱咤'这个词，教此课前我曾仔细查考一番，教过之后写了"教后"。"教后"中我这样写："做了多年语文教师越来越感到识字最难。'喑噁叱咤'出自《史记·淮阴侯列传》：'项目喑噁叱咤，千人皆废。'其音读释义盖根据《汉书·韩彭英卢吴传》：'项王意乌猝嗟，千人皆废。''叱咤'今人常用，'喑噁'则已不见。'喑噁'，司马贞《史记索隐》曰：'上于重反，下乌路反。'则'喑'读平声，音'阴'。《汉书》作'意乌'。晋灼曰：'意乌，恚怒声也。'汇而正读，'喑'乃于禁切，音'荫'。'喑噁'则读作 yìn wū。其义则晋灼的'恚怒声'、司马贞的'怀怒气'皆是。……以《汉书》读《史记》最为可靠。'噁'现已不用，写作'恶'。"

同是一字一词，意义变化也不容易把握。比如"文化"一词，在英文为 Culture。英国雷蒙德·威廉斯常用字义变化研究社会文化之发展，对于 Culture，他说：它本是"天生成"的意思，在十八世纪末和十九世纪早期一变而有"习惯和心情一般状态"的意义；第二次又变成"社会、知识发展一般状况"的意思；再则进而变成"艺术一般总称"的意思；最后到十九世纪后期就发展成为包含"物质、知识、精神全部生活方式"了。

从教语文那天起，我追求的目标是努力做到出口成章，下笔成文，真正在使用语言方面为学生做榜样。然而，由于底子薄，至今距离极大。

2. 视　野

语文学科涉及的知识多达几十种，除了本身汉语、文学等知识外，还涉及天文、地理、科技、美术、戏剧等，真是丰富多彩，包罗万象。教学任务决定了语文教师既要精通本身的业务，又要广泛涉猎。专业有所长，路子又广，教学时就会逐步做到得心应手。

教课要能撒得开，纵横自如，更要能收得拢，聚意点睛。如果视野狭窄，谈不上登高望远。比如，在教介绍现代科学技术的说明文时，往往只能就文论文，干得很，因为缺乏有关知识，兜不转。不是说语文教师都应精通科学技术，这是不可能的，但一个科学盲的语文教师在教学中缺掉相当重要的一只"角"，总是很遗憾的。

又比如借鉴外国的问题。要在语文教学中走出新路子，除了继承和发扬传统教法中的精华外，必须面向世界，了解外国，有所借鉴。这里就存在两个问题，一是不能阅读第一手的材料，即使阅读译本，也往往挂一漏万；二是捡到篮里就是菜，抄一点，套一点，甚或以旧为新，乱套乱用。吸取国外教育教学进步的、有益的观点与方法，目的是滋养丰富自己，而不是失去自己。在这些方面虽有所注意，但毕竟读得少，研究得少，既未做到大量占有，更没能咀嚼消化，这也影响了自己视野的扩展。

3. 开　拓

生活在现代社会，在新时代的课堂上从事语文教学，没有锐意进取、积极开拓的精神，是很难提高教学质量的。方向要认准，目的要明确，做法要慎重。我自己对不改革语文教学无出路这一点认识是有的，但在做的时候往往左顾右盼，考虑过多，一怕弄得不好影响学生的语文质量，二是自己把握不大，由于理论底子薄，对有些做法的科学根据不能一眼见底，故而逡巡不前。其实，开拓并不是什么都考虑好了再做，而是边实践边认识，在实践中开拓，在实践中求得完善。俗话说，艺术只分优劣，不分辈分。此话用来看语文教学，也是十分恰当的。中青年教师勇于开拓向前，自己要向他们学习，不做落伍者。

4. 驾　驭

语文教学是科学，也是艺术，教师驾驭能力如何，直接影响教学质量。所谓驾驭，一是驾驭教材，有洞悉教材的能力，二是驾驭课堂，对课堂中学生活跃情况能及时运筹自如。钻研教材是无止境的，写了教案去实践，回头再来看教案，往往没有一篇没问题。且不说理解得深，就是理解得正确也十分困难。然而"正确"是教课的最为重要的问题，把知识教谬误了，就好比把稗子撒到学生心中，其后果可知。比如教《果树园》的第一部分，景物描写有特色，人物描写有章法，是把景物描写、翻身农民群众的欢乐、李宝堂的"苏醒"后的欢乐放在一个平面上理解，还是主衬分明？同样写欢乐，写法上相仿，还是有显露与含蓄之别？一些词语的选用是信手拈来，还是匠心独具，环环相扣，互相映衬的？凡此种种，教过以后比教之前要明白得多，这就反映事先理解不深，驾驭教材的能力不太强。课堂驾驭也是如此，学生积极性未充分调动时，教师容易教，反正你说他们听；调动起来后，天南地北，学生什么问题都提得出，如弓足、旗幡、马刺等等，有修养有经验的教师，有时也难招架。

教学之路是一条艰辛的路，上面布满自己的缺陷乃至"创伤"。对此必须有清醒认识，并认真对待。大文学家罗曼·罗兰曾这样说："累累的创伤，就是生命给你的最好的东西，因为在每个创伤上面都标志着前进一步。"我想语文教学也是如此，不足、缺陷是令人懊丧的，但是认识它，填补它，跨越过去，就能放开脚步愉快地前进了。

二、教师身上要有时代的年轮

作为一名教师，应该具有相当程度的职业敏感，要跟随着时代奋力前进。

人类社会已经跨越了十九世纪的蒸汽机动力时代，又跨越了二十世纪初期中期的内燃机动力时代，今天，科学技术已经发展到了一个全新的时代，即信息时代，电子计算机的运用进入了越来越多的领域，以空前的规模和速度应用于生产，使社会生产的各个领域面貌一新。时代对教育提出新的要求，教师要学会认识时代的特征，关心国内外大事，善于接受来自各方面尤其是教育、科学、技术方面的新信息，使自己思考问题、从事教学实践具有时代气息。

怎样才能使自己身上具有时代的年轮呢？

1. 从思考问题的习惯轨道上解放出来

较长时间以来，我们教语文总是看课堂里的学生多，看学生的学习成绩多。如果说想得稍远一些，那就是想到毕业考试，想到如何考入高一级的学校。因此，对语文做技术性的处理多，育人考虑得既少又肤浅。道理明摆着，教文是为了育人，育人是大目标，教文是为育人服务的，不从分数、考试、就文论文、题海战术等条条绳索中解放出来，育人的观点就树立不起来，考虑问题也就必然总在狭隘的圈子里打转，以致形成许多做法上的回环往复，跳不出圈子，迈不开步子。

邓小平关于"教育要面向现代化，面向世界，面向未来"的指示打开了自己的视野，使我懂得了看问题要动脑子，要站在时代的高度。教育是为未来培养人才，我们培养的不是机器人，而是设计、制造和使用机器人的人才。未来不需要记忆型的人才，因为电脑在一定程度上可以代替；未来需要的是思想活跃、富于创造精神、有独立学习能力、善于吸收各种新信息的人。这种人有不断更新自己知识结构的能力，有开拓事业的精神。为此，我给自己立了条规矩，就是千万不能用"填鸭式"的方法把学生填塞成书架子，书口袋，一定要在知识、能力、思维、胆识等方面打下扎实的基础。在把握学生实际的同时，脑子里要有"明日建设者"的清晰的形象，用"明日建设者"的要求指导和促进对"今日学生"培养。教在今天，想到明天，今天的课堂教学要为培养未来的创造者服务。要认真考虑到那时现代化建设的成就已怎样，现代科学技术发展到怎样的水平，具有怎样的思想和能力的人才能适应。

教师由于工作性质所决定，目光不能短浅，不能近视，要看得远，看得深。教师必须与时代同步前进，思考问题在相当方面要走在时代的前面，而不能落后于时代。

解开思考问题的旧习惯的绳索，目光就开始敏锐起来，就逐步自觉地把语文教学工作和当今世界，和灿烂的未来紧密联系起来，探索改革的途径。

2. 着力于知识的不断增进与更新

教师要学而不厌，只有自己的知识长流水，学生才会得到灌溉。而在当今时代，这个问题显得尤为重要。

由于社会的进步，科技的迅猛发展，知识老化的现象日益显露。早在一个多世纪前，哲学家黑格尔就曾说过："在知识的领域里，我们就看见，在许多从前曾为精神成熟的人所努力追求的知识而现在已经降为儿童的知识，儿童的练习，甚至已经成为儿童的游戏。"科学的知识降为儿童的知识、练习甚至游戏，岂不是知识的老化？知识是人把握世界的机器和工具，一种知识当它能用以指导人类认识世界和改造世界时，它就是有生命力的，为我们所需要，一旦失去了这种作用，就丧失了生存的价值而老化了。

回顾过去的历程，自己虽读过一些书，有一点社会科学知识和自然科学知识，但在实际运用中深感有些已陈旧，由于长时期不用，灰尘满布，而新鲜的、实用的又奇缺，因此，必须积极地增进与更新知识。

比如语文教学中总要讲到文学体裁、文学样式的问题，过去学的时候，脑子里就那么几大类，几十种；而今新的样式不断涌现，就要随时注意，认识辨别。例如微型小说，它的特点是什么，与长篇小说、中篇小说、短篇小说区别何在？除了篇幅上的区别外，特色何在？就须研究。又如，过去只知连台本戏，现在出现了电视系列片，这种片子在怎样的条件下产生的？它在结构情节、刻画人物方面有哪些独特的地方，也须认识、了解。再如，电视小说、电视报告剧、电视音乐剧的出现也都是新鲜的事，教师要注意吸收这些新的信息，增加自己的知识储存。

语文教师对历史和地理的知识应该比较熟悉。当今世界与自己学生时代情况大不一样，许多民族国家独立，单是国家名称和首都所在地就够记了。如现已有一百多个国家独立，而第二次世界大战前夕，非洲仅三个独立国家。

从现实出发，用新的观点去重新认识历史，重新认识已有的知识，也是知识更新。如《史记》对汉高祖刘邦的记载："高祖，沛丰邑中阳里人，姓刘氏，字季。父曰太公，母曰刘媪。其先刘媪尝息大泽之陂，梦与神游。是时雷电晦冥，太公往视，则见蛟龙于其上。已而有身，遂产高祖。"这种神化封建帝王的迷信说教是知识的老化，要否定，扬弃。又如秦始皇的坟墓问题，《汉书》有误，掘墓焚陵是讹传，《史记》可信，水银江河在地宫。这是根据考古研究新成果而获得的知识。

至于现代科学技术等知识，更是要甘当小学生，关心，学习，力求学懂一点。

3. 改革不适应时代潮流的教学方法

要把学生培养成四化建设的开拓型人才，教师自己就要有开拓的精神。而在开拓中用什么方法来教学生又是不可忽视的重要因素。传统的教学方法，对从事语文教学多年的语文教师来说无疑是驾轻就熟，即使对年轻教师也有很深影响，他们做学生时教师就这么教，习惯成自然。传统教学方法中合理的精华不可丢，但有些做法如重知识轻能力、多灌输少启发等要大力改变。时代不断前进，科技迅猛发展，不适应潮流，用与现实脱节的陈旧教学程式来进行教学，对学生的语文能力的锻炼、思维能力的发展都不利。

教学方法要力求与时代要求合上节拍。以教说明文《晋祠》的几个环节为例。课的起始阶段，我用三言两语引入课文后，就要每个学生口述一处祖国的名胜古迹，而且在速度与表达上有要求。学生从上海的小刀会起义地讲到西藏的布达拉宫，从杭州的西子湖讲到长白山的天池，思路广阔，兴趣浓郁。安排这个环节目的在于使学生在以下几个方面得到培养：锻炼口头表达能力；相互启发，开阔视野；了解一部深厚的中华民族文化史平铺在祖国九百六十万平方公里的土地上，受到爱国主义的熏陶感染，增强民族自豪感。此外，还活跃了课堂气氛，学生学得轻松愉快。第二个环节出示《中国名胜辞典》，听写"晋祠"的条目，听写以后将条目中说明的每一句话用数字标出，与课文中相应的内容相对照，辨别异同。这样做的目的是：激发学生的求知欲；训练学生听和写的能力；训练思维的敏捷性；检验阅读理解的准确度；训练事物相互比较辨别的能力。这样一环扣一环，环环有明确的培养目的，而每一环又起多方面的培养作用。学生的活动约占课时百分之八十多，而这些学习活动又是在教师指导下进行的。学生思维处于兴奋状态，兴味盎然。

我举这个例子，意在说明教学方法要合乎时代节拍须把握以下要点：

（1）出发点。把从教出发的立足点转换到从学出发，"教"为"学"服务。"教"不是统治"学"，代替"学"，而是启发学生"学"，引导学生"学"，使学生有充分用武之地。

（2）联系网。把直线往复的教学转换为网络式的教学，即把教师与学生的单向型联系转化为教师与学生、学生与学生、学生与教师的辐射型联系，使课堂真正成为学生训练听、读、说、写能力与发展智力的场所。

（3）节奏。一清晰二灵敏。每个教学环节、每个教学活动要有很强的目的性，力避繁枝密叶，糊成一片。再则是训练思维的敏捷性，能快速地作准确的反应与表达。

（4）容量。精心设计讲和练的内容，考虑讲和练的角度与方式，努力把课上得立体化，内容丰厚，使学生在有限的课时内，思想、能力、智力能获得多方面的培养。

（5）时代活水。与现代化的教学手段结合起来，把文学、艺术等体现时代精神的表现方法改造运用到教学中来，让时代活水在语文教学园地上流淌。

自己的改进仅是起步，任重而道远，有待于今后兢兢业业的努力。全体教师齐心协力，经过山重水复，定能进入柳暗花明新境地，取得累累硕果。

三、锲而不舍是走向知识富有的道路

一个教师只有自己知识富有，言传身教，才能不断激发学生浓厚的求知欲。

要做到知识富有极其不容易。有人说这是一条"光荣的荆棘路"，这条路尽管像"环绕着地球的一条灿烂的光带"，然而在此中要有备尝艰苦的决心。对我们语文教师来讲，似乎更应如此。语文教师工作量大，负担很重，要想有整块时间学习是不可能的。因此，锲而不舍的精神尤为重要。把零星的宝贵的时间有计划地用上，天长日久也是可观的。

读书要会读，如果终日读书，学而不思，其实这算不得读书，而是"对书"而已，整天只是面孔对着书，学到的东西是有限的。冯至给茅盾的杂诗等十二首中有这么两句："愧我半生劳倦眼，为人为己两蹉跎。"这是冯先生的谦辞，他是有成就的。然而从这两句诗中可得到启发，如果我们只是"对书"而不思，那就只是劳倦眼睛，收获不多。如果学而思，学一点，消化一点，即使时间零碎，日积月累，真才实学必大有增进。我常这样要求自己：

1. 重要的理论反复学，力求正确理解，学能深入，用能浅出

理论上的模糊必然导致实践中的盲目。我深切体会到，自己在教育教学上出现的无效劳动，往往是由于理论上认识不清，理解上有偏颇所致。对于理论的深入浅出理解与阐述是颇不容易的。就拿历史唯物主义基本原理来说吧，《在马克思墓前的讲话》中已经讲得很通俗，然而教师在教这一课时，要浅显地正确表达出来，使学生真正懂，就着实不容易。文中有这样的语句："……人们首先必须吃、喝、住、穿，然后才能从事政治、科学、艺术、宗教等等；所以，直接的物质的生活资料的生产，从而一个民族或一个时代的一定的经济发展阶段，便构成基础，人们的国家制度，法的观点、艺术以至宗教观念，就是从这基础上发展起来的，因而，也必须由这个基础来解释，而不是像过去那样做得相反。"对如此长句单作语法分析是不够的，讲深了费时，学生也不能理解，要浅出，讲得浅显，学生才明白。要浅出，前提是教师学得深入，唯其深入，才能浅出。我在教这篇课文时，很花了一番工夫，力求能浅显地阐述道理，使学生能懂。近读刘心武的长篇小说《钟鼓楼》，竟发现其中有一处以艺术笔调阐发历史唯物主义基本原理，很有意思。作者写道：

人们落生在这个世界上，最早意识到的是包围着自己的空间。这空间有着长度、宽度和高度，其中充满了各异的形态、色彩与音响……而后人们便意识到还有着一种与空间并存的东西，那便是摸不着、握不牢、拦不住的时间。在所存在的空间是度过着不断流逝的时间，这便构成了我们的生活，于是乎喜、怒、哀、乐，于是乎生、死、歌、哭……

但每一个人都不可能是单独地存在着。他必须与许许多多的人共存于一个空间之中，这便构成了社会。而在同一个社会中，人们的阶级意识不同，政治方向不同，经济利益不同，人生态度不同，道德品质不同，文化教养不同，性格旨趣不同，生理机制不同，竞争能力不同，机遇遭际不同……于是乎便相争相斗，相激相荡，相斥相离，相轻相嫉……同时也必定伴随着相依相靠，相汇相融，相亲相慕，相尊相许……而这种人类社会的流动变化，从整体角度来说，便构成了历史；从个体角度来说，便构成了命运。

道理说得多么形象，多么生动！不是作者入得深，又如何能如此出得浅呢？

又如对教育教学理论的学习也是如此。叶圣陶老先生提出"教是为了不教"，开始不少人误解为"少教"甚至是"不教"。但只要结合实际仔细想一想，就能体会到千万不能用"等于"代替"为了"。教师"教"是今天的任务，"不教"是明天之目标；今天的"教"要达到明日"不教"的目的——学生能自学，独立工作。自学能力的培养非一朝一夕的，其中有个过程，"教"得法，就能更有效地达到"不教"的目标。

2. 紧扣一点深入学

要弄懂一点知识，必须深入学习，认真钻研。"一锹铲不出金銮殿"，一定要锲而不舍地步步前进，层层深入。深入学习，其乐无穷。比如诗歌，每学期都教，围绕它读点书，可以得到许多有趣的学问。诗中有方位、色彩、数字，在诗人笔下多有妙用。

《木兰诗》中有"东市买骏马，西市买鞍鞯，南市买辔头，北市买长鞭"，诗中以"东南西北"来写的屡见不鲜。《楚辞·招魂》中有"……魂兮归来，东方不可以托些……魂兮归来，南方不可以止些……魂兮归来，西方之害……魂兮归来，北方不可以止些……"，曹植的《游仙诗》中见到"东观扶桑曜，西临弱水流，北极玄天渚，南翔陟丹邱"的诗句。同是东西南北，有的是写到处奔波购买物品准备出征的繁忙，有的是写四方不可留，希望死者灵魂归故土，有的写受到猜忌，郁郁寡欢。同是方位词，表达则各有其趣。这种用法，楹联中、文章中也不少。《儒林外史》中所写杨执中屋里壁上的对联是："三间东倒西歪屋，一个南腔北调人。"十分有趣。至于《捕蛇者说》中刻画紧张气氛"叫嚣乎东西，隳突乎南北"，教师是周知的了。

诗中用词表色彩，方法多种多样。如有的诗句第一字就是表颜色的，杜甫的"红入桃花嫩，青归柳叶新"（《奉酬李都督表丈早春作》），"青惜峰峦过，黄知橘柚来"（《放船》），"碧知湖外草，红见海东云"（《晴》），这类诗句一下打入眼帘的是颜色，可以收到使读者眼前突然闪亮的妙用。有些诗句把多种颜色写在一起，鲜艳、缤纷。这类诗句以七言多，如人们熟知的"两个黄鹂鸣翠柳，一行白鹭上青天"，又如苏轼的"红叶黄花秋正乱，白鱼紫蟹君须忆"（《台头寺雨中送李邦直》），再如陆游《夏日》中的"白葛乌纱称时节，黄鸡绿酒聚比邻"，真是彩色缤纷，怡悦双目。诗中的颜色当然是真色多，但也有假色。钱钟书在《读"拉奥孔"》一文中说："诗文里的颜色字也有'虚''实'之分，用字就像用兵那样，要'虚虚实实'。"苏轼咏牡丹名句"一朵妖红翠欲流"，明明说的是"红"，哪能又说"翠"呢？写色彩"而虚实反映，制造两个颜色错综的幻象，这似乎是文学艺术的独家本领，造型艺术办不到"，说得就更精彩了。

诗里数字运用得妙，也能加深诗的意味情致。诗中数字用得较多的是"一""三""千"，而"三千"连用最常见。众所周知的李白的诗句，如"飞流直下三千尺，疑是银河落九天"，"白发三千丈，缘愁似个长"，又如《白氏长庆集》中白居易的《和微之春日》一诗中"江上三千里，城中十二衢"的句子，数字运用得很妙的如张祜的《宫词》："故国三千里，深宫二十年。一声河满子，双泪落君前。"二十字中，用到"三千""二十""一""双"等数字，不仅不觉得堆砌，而是感到宫女的哀怨是那么凄凉缠绵。

学知识如汲深泉之水，越学越能品尝到其中的甘甜。

3. 拓开视野广泛学

在某个意义上说，语文教师的知识仓库里的货物不能不"杂"，但要杂而有章。这就需要广泛地阅读，有选择地阅读，并且要善于在生活中学习，有条理地储存。

广泛涉猎，稍稍深入，每有会意，兴味无穷。比如我们常碰到"阳春白雪""铁中铮铮"等成语，前者今天常用来喻音乐则为高级音乐，喻文学则为高深文学，喻艺术则为高超艺术，后者用来比喻出色人物。其实今天应用在程度上与原来有点出入，只要读一读宋玉《对楚王问》《后汉书·刘盆子传》即可明白。但今天约定俗成，大家都这样用了，不必弄聪明纠正，但语文教师最好心中有个数。

读画、评画也能积累知识。英国十九世纪著名政论家、艺术评论家罗斯金说道："伟大民族的自传都有三种稿本，一本是以其业绩写成，一本是以其言辞写成，一本是以其艺术写成。人们欲懂得其一，非同时懂得其他两本不可；但三本中唯独后一本才是真实可信的。"的确的，一个国家的艺术，很能反映这个国家民族的生活、思想和情操。我常常喜欢把西洋画中可爱的小爱神丘比特与中国敦煌壁画中的飞天来比：胖胖的丘比特，背上有双翼，在天空中飞，虽可爱，但总觉得一对那么小的翅膀不足以驾起胖身子翱翔。飞天就不同，画家用一条迎风飘扬的带子，就让你看到仙女们在天空中飞得多么自由自在，这里包蕴了我们民族的智慧。评画也能扩大自己的眼界。一九八四年《美术》第十一期吴冠中在一篇文章中说道："出色的作品总印得不如原作，较次的作品印出后往往倒比原作效果好。"为什么原作与印出来的画有如此差异呢？因为珍贵的色的变异及敏锐的手的波动感是不容易在印刷品中反映出来的，而作品中那些疙疙瘩瘩、黏黏糊糊的油彩之病，经印刷工序给抹得含混不清后，倒起了遮丑的作用。知道了这些后，觉得自己在教学中必须避免疙疙瘩瘩、黏黏糊糊；要是看不到这些，反把课上得花里胡哨以为美，那就是丑而不自知的了。

我很爱读小说，年轻时读入迷，往往欣然忘食。如狄更斯的小说都情节生动，引人入胜。据说《古玩店》当时连载时牵动人心，引起轰动。连载的杂志一期一期在英国出刊，以帆船运往美国。人们对故事情节越看越入迷，纽约码头上等着买杂志的人越来越多。当刊登小说最后一章的杂志运到纽约时，码头上人头攒动，竟有五六千人之多。船未靠岸，人们一眼看到甲板上的船长，就迫不及待地问那燃烧在心里的问题："小奈儿究竟死了没有？"狄更斯的小说以情节取胜。其实引人入胜的何止是小说，其他文学样式中佳品也如此。如英国文艺复兴时期的诗人斯宾塞有过一部未完成的长诗叫《仙女王》，据说当时手稿送到文艺庇护人索斯安普顿伯爵手里，伯爵读了几页，立即命人赏赐作者二十英镑，再往下读，又兴冲冲地说"再赐二十镑"。读着读着不能自已，最后竟不得不说："快把那家伙赶出去，再念下去我非破产不可。"文学掌故虚虚实实，说多了就当真了。这一掌故妙在没说一个"好"字，但实际上把《仙女王》说得好得无以复加。

学习之乐，其乐无穷。我把平时学习所得写成笔记，完成了《学海探珠录》一部稿子。《后汉书·列女传》中说："一丝而累，以至于寸；累寸不已，遂成丈匹。"多少年来，我就是以这种累寸累匹的精神要求自己，从语文的无知者中一步一步艰辛地走过去，摸索语文教学的大门。

在学习中我相信两句话，一句是"锲而不舍"，再一句是"学然后知不足"。认认真真去学了，才真正知道自己实在懂得太少。歌德说："尚未实现的崇高目标要比已经达到渺小的目标更为可贵。"任重而道远，自己要继续追求，孜孜不倦。教师只有不断地提高，教学才一直充满生命力。

眼睛·语言·心

生命的闪光莫过于站在课堂上面对着几十双眼睛的时刻。

每当我兴冲冲地走进课堂，看到一双双仍带着几分稚气而又充满期望的眼睛时，我总觉得有一种奇异的力量注入自己的肌体。它不断提醒我：别忘了肩上有重担千钧，挑着现在，更挑着未来，容不得丝毫的疏忽和懈怠；它深情地启示我：老师啊！学生只有一个青春，一个青少年时代，你要珍惜，百倍、千倍地珍惜啊！

一节课四十五分钟，对每个教师、每个学生来说都是公平的，但创造的价值、发挥的效益却不尽相同，即使在一个人身上，也会产生迥然有异的效果。课不能只教在课堂上，要教到学生身上，镌刻在学生心中。如果只教在课堂上，教的内容往往随着声波的消逝而销声匿迹，学生脑中无半点雪泥鸿爪。

眼睛，心灵的窗户。课是不是教到学生心中，一双双眼睛会告诉你。我执著追求的是这样的目标：发亮、惊喜、渴求、自信。"京剧讲求脸谱，颜色、线条，均有学问。如红脸表示赤胆忠心，黑脸表示憨直无私，白脸表示内心奸险。观众一看舞台上人物的脸，就能猜测其好坏，猜测其思想性格。这说明肖像描写是为人物性格服务的。小说《孔乙己》的主人公，这个被社会凉薄的清末下层知识分子的苦人儿形象，十分得益于出神入化的外貌描写。然而，艺术高手有时不用外貌描写，只用人物语言的表达方法，也同样能深刻地揭示人物的思想性格，塑造出鲜明的形象。鲁迅先生《聪明人和傻子和奴才》这篇散文诗就有此妙处……"学生的眼睛放出光彩，对扩展阅读的文章产生浓厚兴趣。

我最赞赏的是学生自信的目光。"明明楠木比白杨树有价值，白杨树不成材，为什么作者偏偏褒杨贬楠？是不是言过其实？我人微言轻，你也许不相信，屠格涅夫总是个大田园作家，你看他是怎么写的。"说着从课桌内拿出一本《猎人笔记》，翻到有关描写的字句有声有色地朗读起来。随着声浪的传播，一室惊讶。且不说理解的正误，单是那咄咄逼人的语气，充满自信的目光，就使我满心喜悦。智慧的光芒来自于对知识的渴求，思维的积极。学生确实可爱。

眼睛，又是多么富于变化。有时我为此而自责，而焦心；又有时为此而喜悦，而欢乐。课中，学生目光突然出现迷茫，显然，学得卡壳了，我立即反躬自省，弥补不足；课中，有的学生目光时聚时散，走神了，我赶紧寻觅激发兴趣的突破口，悄悄地暗示，不着痕迹地提醒；有的学生恍惚的目光凝聚了，集中了，稳定了，流露出追求与欣喜……几十双眼睛，几十扇各具特色的"窗户"，几十道富于变化、寓含深意的目光，是对教的方法、教的质量最生动最及时的检测。教师要练就一副敏锐的眼睛，通过"窗户"洞悉学生心灵的秘密，敏捷地捕捉他们在课堂上瞬息之间的变化，适时适量地撒播智慧的种子，开启求知的欲望。

语文课的课堂是学生在教师指导下训练语文能力的场所，教师千万不能越俎代庖。"教"不是统治"学"、代替"学"，而是启发学生"学"，引导学生"学"，为学生学习中闪现的智慧的火花吹氧鼓劲。

课堂上的语文训练要闪发光彩，相当程度依赖于语言的魅力；学生的，教师的，组成语言交流、思想碰撞的情境，使语言文字和思想情操的教育双落实。课文是无声的，教师要精心选择训练的角度与方式，善于把无声的文字变为有声的语言，发挥语文教材特有的说服力和感染力。教师读讲固然重要，而启发和组织学生读、想、说、析尤为重要。读，要动脑，动口，饱含感情，进入"角色"，正确理解文中寄寓的情和意。读的人要读得荡气回肠，听的人思想感情才能受到碰撞。朗读得好，传情，激情，文字就有血有肉会说话，而不是枯燥的符号。学生活跃在优美的语言的氛围中，耳濡目染，深得其益。

训练点要选准，选文情并茂的精彩段落，让学生有话可说，有感可发，有情可抒，创造机会让他们施展才能。学生齐声朗读《周总理，你在哪里》，回环往复地呼唤，思念之情充盈胸际，我抓住时机要求学生倾吐对"周总理，我们的好总理"的"好"的新感受、新体会。学生全神贯注，思维活跃，遍寻美词佳句歌颂。一股股语言的细流，汇成河，汇成江，师生对一个极其普通的词的含义有了深层次的理解，沉浸在赞颂周总理伟大人格、高尚情操和不朽功绩的气氛之中，思想升华，感情净化。

　　语言不是蜜，但可以粘东西。教师的语言要锤炼，准确，生动，流畅，像磁石吸铁一样，牢牢吸引学生的注意力。但是，最为重要的是用自己的"心"去教。目中有学生，心中有学生，把对事业的满腔热情满腔爱倾注到学生身上，就有巨大的驱动力，就会孜孜矻矻，刻苦钻研教学业务，不断改革，积极进取。当崇高的使命感和对教材的深刻理解紧密相碰，在学生心中弹奏的时候，教学艺术的明灯就在课堂里高高升起。

追求卓越，让青春在教坛上闪闪发光

一、定　位

把自己的位置定在什么基准线上是十分重要的问题。我改行教语文时不是没有自知之明，自知与中文专业毕业的教师从功底上说无法攀比。但是，我清醒地认识到，既然已是语文教师，就要有那么点志气，那么一股劲，成为合格教师，成为优秀教师，这样才不愧对学生，不愧对教育事业，当然也才不愧对自己，不年华虚度。

教学上要有高标准，要追求卓越。"颖"要有锋芒，要有光彩。标准一定要高，这不是从个人获取渺小的名利出发，死乞白赖地维护个人的得失，拼搏个人欲望的实现。标准高，定位高，是语文教育事业的需要。要深刻地认识这一点，须放眼看世界。目前，世界的政治形势由对势转向对话，军事上的对抗与竞争日益为科技领域的激烈竞争所取代。在这种新的形势下，作为新科技革命的基础与动力的教育，被推到各国的前沿阵地，具有越来越重要的战略意义。在未来的社会里，知识和信息被看做最重要的战略资源。一个民族要想在未来的世界里取得政治和经济的优势，就必须大力发展教育。当前，教育实际上已处于全球性的战略地位，要建设强盛的国家，非创一流的教育不可。一流的教育最为重要的是要有一流的师资，青年教师须立志创一流，作贡献。语文教学要提高质量十分不易，然而，年轻人要有脱颖的锐气，年少气要盛，这个"盛"不是目空一切，瞧不起人，而是有朝气、锐气、不达目的誓不罢休的勇气。

树立高标准，做一流教师、优秀教师是第一步，还要有无畏的精神说"我要成为语文教育家"。由于历史的曲折以及种种原因，我们这一代往往只有支离破碎的经验或一鳞半爪的理论。语文教学中许多问题扑朔迷离，许多问题正确与谬误纠缠，需要年轻的一代教师站在我们的肩膀上去粗取精，去伪存真，探索规律。定位定得卓越，就有持久的内驱力，一个心眼儿钻研教学。

二、守 恒

不积跬步，无以至千里，不积小流，无以成江海。有鸿鹄之志绝不等于事业的成功，要锲而不舍坚持学习，坚持教学实践。

没有入门的人会把教课看得十分容易，认为一堂课四十五分钟，只要有教材都能上，殊不知不同的教师在等同的教学时间内创造的质量可以大相径庭。平铺直叙与多维角度的塑造，学生得益必定很不相同。从学生着想，从学生日后语文能力、做人素质的后劲着想，备课不能有丝毫的懈怠。自己真懂，才能正确地向学生传授知识，才能有效地培养学生语文能力。教学须严谨，一个字、一个词、一个句子，都要认真对待，不能小视。小学里"的""地""得"区别不清的，长大了模模糊糊用错了的人大有人在。幼功重要，切不可掉以轻心。教课最怕大而化之，笼而统之，都点到了，又似乎都没有到位，学生如在云里雾里，发展受到影响。我在教课过程中，自知底子薄，每教一节课都在以下几个方面花力气：熟读教材，力求自己有所得；从学生实际出发，精心设计教学过程，使学生真正有所得；教后反躬自省，寻找不足与缺陷，于是在遗憾中奋起，继续努力，一步一个脚印。就这样春花秋月数十载，跬步再跬步，摸索到语文教学的大门。当教师最怕成为教油子，五年一贯，十年一贯，年年如是，没有长进。求知要日新，教学也要求日新，不能墨守成规，裹足不前。所谓"新"，不是变戏法，走捷径（真有捷径提高质量当然可以），而是除弊布新的"新"，年年有新的认识、新的观点，越来越接近和掌握语文教学规律，越来越能有效地提高语文教学质量。

恒，是意志的锤炼，毅力的锤炼。岁月为砧恒为锤，锻炼出语文教师对语文教育事业的忠诚。

三、博 采

语文学科由其性质与任务所决定，教师须博学多才，千万不能孤陋寡闻。今日所处的时代已与往昔大不一样，社会发展，科技以惊人的速度飞快进步，教育单一功能价值观正向教育多功能价值观转换，教育片面质量观正在向教育全面质量观转换，教育低效率观正在向高效率观转换，学科教学要适应新形势，教师就应该以学为本，让知识长流水滋润自己的心田，努力提高教书育人的本领。

书到用时方恨少。这句话非常精辟，入木三分，我深有体会。在教学全过程中，我几乎都处于捉襟见肘的困境。这绝不是故作谦虚，而是真实情况。要深入浅出地剖析问题，对词句篇章一语破的等等均非易事，总觉得肚子里墨水少，既不能居高临下，又不能左右逢源。为此，年轻的同志要从中吸取教训，多读书，而且要扎扎实实地多读书。一名教师抱着教学参考书转，是不可能成为优秀教师的。上课，只是教学参考书的迁移与搬家，不仅难以赢得学生的信任，更为遗憾的是闭锁知识的源泉，闭锁自己智力的发展。思想枯竭或者是思想贫瘠，教学中只能是一筹莫展。

博采除了博览群书外，还得做有心人，学习别的教师创造的经验。这里有两点须注意：一是要虚心，不能孤芳自赏。任何一名教师的教学都有长处，善于学习就能拿来为我所用，丰富自己。即使别人的不足，也可引以为戒。青年教师要有容他性，不能有排他性。心中要有教师的群体，任何一名教师的长进，对事业的发展总是有利的。心胸要宽广，自己的经验再好，也会有某些局限，更何况凭个人的才智，实在难以创造十全十美放之四海而皆准的经验。二是要独立思考，不能盲目崇拜。学习别人并不是被别人牵着鼻子走，而是要认真思考，认真筛选，择善而从之，特别是对虚张声势的、口号蛊惑人的，更要审视一番。这并不是哪个人要怎样做，而是限于认识水平、理论水平，容易受市场经济影响，容易正误糅杂。就这一点来说，特别要学习鲁迅先生的教导，放出眼光，自己去拿。

博采，要学蜜蜂采蜜，辛勤酿就语文蜜，造福学生心甘甜。

守恒、博采，最后应归结到创造，在继承精华的基础上创新，形成特色，形成风格，形成流派，既广博，又专精，为语文教学贡献聪明才智，贡献青春年华。

语文教师的文本解读[1]

　　文本解读，要陪伴语文教师一辈子，这是语文教师的"坎"。你要站下来，就必须跨过这道坎，这确实是非常不容易的。

　　刚才张老师问到，什么是文本解读？这是大学问，西方研究了几百年啊。西方文艺理论流派纷呈，阐释学、新批评，蔚为大观。为什么要文本解读？因为作者和读者之间，有时间和空间的差距。比如《项脊轩志》，在时间和空间上，和我们现在的教师、学生就有很大的距离。由于时空的差距，很容易产生读者对作品的误读，因此，就有了阐释学的产生。过去的人写的作品，你今天要把它读懂，这里面包含许许多多的因素，因此，要文本解读。西方文艺理论一部阐释学，包括现象学，就是在研究如何尽量减少误解地来解读文本。

　　今天论坛一开始，李百艳老师就界定得很清楚，两个关键词，一是"文本解读"，一是"语文教师"。语文教师的文本解读，一定是首先有文本解读的普适性的规律，然后再来考虑语文教师的文本解读。语文教师进行文本解读，为什么？就是要指导学生正确地进行文本解读，来有效地提高自己的阅读能力、欣赏能力、审美能力。它确实是有层次的，这和一般的休闲阅读，随意翻翻，是两个概念。文本解读的研究，流派纷呈，我自己是这样理解文本解读的：阅读有两端，或者叫两极，一端是作品，一端是读者。读者要读懂文本，这之中就会产生许许多多不同的看法。怎么样才算读懂了？你的钥匙在哪里？

　　一端是作品，就要求能再现作者的原意；一端是读者，正如郑朝晖老师所言，任何阅读，离不开读者和他的主观意识。因此，这里一定有主体阅读

---

　　[1]　本文是于漪老师2009年3月26日在上海市第四届中青年语文教师论坛上的讲话，论坛主题是"语文教师的文本解读"。

的意识。阅读在这两端之中，有很多派别。作为语文教师，在学习这些西方的理论时，就要立刻和语文教学联系起来。作为语文教师，就要思考，应当如何取其所长，为我所用，来指导我的文本解读。

文本解读中第一层是作者的原意；第二层是文本的意义，是作者在写作时未曾想到的，在历史的进程中会产生的如此丰富的意义；第三层是读者。因此在解读文本时，是不可能和作者的原意复合的，只是尽量接近作者的原意。刚才讲到，《项脊轩志》从来是为三代妇女作传的，但郑朝晖老师认为文本最后非常重要，写出了作者在轩中的情志。这是作者的原意，还是郑老师读出来的意思？我们教师，首先是读者，要对作者的原意进行揣摩。在尽量接近作者原意的过程中，随着经典作品在时代发展的进程中意义越发丰富显露，我们对这些意义如何评价？三者之间由于时间、空间的差距，必然造成解读过程中的差异。因此，解读有差异，不必大惊小怪。

刚才六位老师非常坦率地把我们语文教学中见到的一些不理想的状况和盘托出。我觉得这是一种坦诚。刚才张老师讲，这些老师讲的东西大家心里都清楚，确实如此。但是我们过去是讳疾忌医，现在是坦诚讲出问题所在。不是你，不是他，是我、你、他，我们、你们、他们，身上都不同程度地存在这些问题。这些问题，在不同学年段、不同作品的教学过程中，都有这样那样的存在。因此，把这些现象和盘托出，是我们要搞好课程改革的一颗赤子之心。

讲问题，是为了进步。我做校长的时候，我的办公室主任说，于老师，只要一开行政会，你总是讲学校的问题，从来没有听你讲过一句好话。我说，做得好是应该的，如果我们不看到问题，我们怎么前进？因此，敢于谈问题，是一种胆略，是一种勇气，是一种坦诚。我们贯彻二期课改精神的过程中，必然会产生一些我们原来没有想到的现象。比如说泛概念化，贴标签，这个过去是有的。以前高中的课文，大量的是政论文，不贴标签怎么教？时尚化，是今日才有的。比如朱自清的《背影》，郑老师讲，要看受众是初中、高中还是大学。这是对的。但曾经有老师这么写：你们看看，朱自清有怎样的招牌表情？有怎么样的招牌动作？这是绝对时尚了，过去没有的。因此，任何一件事情，为什么一定要在特定的时代背景中来看？它会有正确的东西，它也可能会有负面的东西。

为了说明问题，论坛上的六位老师还举了一些案例，作了一些分析。空谈，别人是难以理解的。老师们在分析的时候，还提了一些方法。当然，我不是说这些方法都是马上拿来就可以用的，一把钥匙开一把锁的。但是，这些方法绝对都是好办法。

世界上的真理，说起来是没有几句的。就那么几句，做到，就是那么不容易。你说知识结构对不对？课程意识对不对？要研究学生对不对？备课要经历的几个阶段，看山是山，看水是水，看山不是山，看水不是水，最后看山还是山，看水还是水，但已经在原有基础上提高了，对不对。武老师所讲的这三重境界，郑老师讲的要关注细节，都从不同的角度，给我们带来了启发。但要说我马上就做到了，那是不可能的。

现在讲文本解读，如果要提到理论的层面上，我想有这么几点：

第一种，是复合阅读。文本已经解读过了，我们今天，还是照这样的理解来教。这样的解读，意义是受到限制的。比如刚才举的《项链》等例子，说明我们还是走原来的路，并没有自己今日的个性化阅读。这种复合式阅读，把多少年前的东西再照搬一下，意义是不大的。

第二种是生成阅读。课堂教学，一个是预设，还有一个就是生成。就是经过反复阅读，在原有的意思上，又多了自己的体会。这时的意义，是叠加的，有了新的生成。比如刚才举的《外婆的手纹》，比如《想北平》。过去只要一写故乡，就是故乡情思，现在就不是这样了。老舍写的《想北平》和郁达夫写的《故都的秋》是不一样的。老师读出来，想北平，就是想我的家。这就有了生成的意义。这个生成的意义是在原有的意义上加以延伸，或者是拓展。其实我们今天讲的对教材的钻研，就是不要墨守成规。不要光讲别人讲过的话，人云亦云，你应该读出新意。这里面就有叠加的成分。这个叠加的成分里，有时代的特点，有你个性的体验，有这些年来在整个文化氛围里我们对一些问题的理解和认识。老师对教材解读的深度和宽度往往决定了教学的高度，文本解读程度的高低，决定了课堂教学质量的高低，也就是决定了指导学生练眼力、练脑力练到什么程度。学生的阅读，关键在于有没有对语言文字的敏锐的眼力，有没有思维的脑力，也就是说文字背后是什么，他搞清楚了没有。我们说不要误读，不要浅读，希望要有高度，其实就是希望有老师的生命体验，是鲜活的，是能够在课堂上震撼学生的。

　　我听过一些优秀的中青年教师的课，我很感动。比如教《左传·殽之战》。《殽之战》作为叙事的作品，当然写得很好。一位年轻的教师既继承了对《左传》原来的认识，又有他新的见解。尽管孔子讲"春秋无义战"，但在某一场具体的战争中，还是有"义"和"不义"的。蹇叔是文臣，原轸是武将。文死谏，武死战。在秦晋殽之战中，晋是理不输的。他读到最后，认为这是一种担当，一种责任。写文官，写武将，写郑的商人弦高，在不同的角色里，都有一个责任，都有一个担当。这是我们中华民族了不起的一个传统。因此他从《殽之战》中读到了传统，读到了我们民族的心声。一个没有几年教龄的教师，他能有这样的认识，这就是生成，就是叠加。他没有从外面贴标签，而是从教材本身挖掘出来的。

　　另一种，是创造性的阅读。创造性的阅读，对我们而言，难度较大。比如我们教宋词，都是上下两片。最近我看到北师大一位博导，研究诗词的专家，他读辛弃疾的《青玉案·元夕》就提出，这首词的结构，不是上下片的。他认为，"众里"前面是第一层，最后一句是第二层。他说前面都是写元宵节的盛景。"宝马雕车香满路"是大家闺秀，"蛾儿雪柳黄金缕"是小家碧玉，前面的盛景是对后面"那人却在灯火阑珊处"的衬托。"那人"是实有，又是虚有，他说是实中虚，虚中实，写的是情词，非常真挚，但里面表现的是英雄之气。我想，这种大概就是创造性的阅读。这里有一整套的从词眼，到格律，到互文，然后到结构的解读，我想这就是创造性的阅读。这对我们语文教师而言，是有相当难度的。

　　还有一种，是颠覆性阅读，是逆反心理在作怪。比如对李清照的阅读，说她是酒色之徒。这就不是一般的误读，而是颠覆性的，把作者的原意都完全搞反了。

　　我想，文本解读是一门大学问。我们语文老师，第一，是读者，第二，才是语文教师。你是读者，你要阅读，要欣赏，因此，要尽力走进作者的原意。作为语文教师，和作为一般读者，有几点一定是一致的。

　　第一，语言是核心。语言是通达作者文本意义的桥梁和中介。离开了语言，还讲什么？语言是解读的核心。离开了语言，是无法走进作者的原意来理解文本的。因此，它是桥梁和中介。语言和文本的意义是紧密相连的。这一点不可忽略。刚才六位老师反反复复强调了语言，我觉得是对的，因为我们是语文教师。

我觉得很遗憾的是，刚才大家在讲文本解读的过程中，漏掉了一个最重要的词，那就是理解。其实文本解读里，最最重要的就是理解。理解，是人类活动的基本形式，是文本解读的根本方法。为什么要解读，解读的根本目的就是要理解，走进文本，理解它。解读文本，就是要跨越时空，通过语言，形成整体感悟，达到和作者视界交融的状况，这才是我们的目的。所以理解是非常重要的，是我们解读文本的根本方法。浅读也好，泛读也好，都是在理解上出了毛病。

实际上在解读文本的过程当中，我们的思维方式在发生变化。中国人的思维方法，是求其大，讲起来都是宇宙、天下。西方是逻辑思维，困扰西方前进的，其实就是二元对立的逻辑思维，所以他们现在要解构，要多元。我们过去的阅读受此影响，拿来主义嘛，非此即彼，这对我们今日解读文本仍然是一个障碍。比如说，传统和现代，都是对立的，那是不行的。还有我前日的认识和今日的认识也是对立的，是这样吗？所以说这种思维方式要改变，要破这种二元对立的思维模式。因为，传统到现在，是可以发展，前进的。传统的、进步的东西，要有筛选，而不是全部舍弃。

所以，阅读，一要抓语言，这是核心；二要抓理解；三是思维模式。思维模式，既要讲整体感悟，这是我们东方的特点，但是又要咀嚼细部，要能够很好地研究，语文课堂里的生活露水，都出自作品的细部，一定是出自细部。所以刚才郑荣老师讲到的要关注细节，是非常重要的。我们有的时候读，就是大而化之。我们读到的都是共性的东西，而没有个性。只有共性，没有个性，那么，教出来的都是一种模式，那就不能够感动学生。

刚才讲得很多，要知识结构等，我都同意。我觉得确实有两点很重要。第一点，就是知识。我们讲工具性和人文性的统一，是由于时代的需要。现在的一课一练，已经把我们的语文搞得碎尸万段了，没有文，只有段，只有句。这样的语文教育，要出古时候那样的文论大家是很难的。因此知识储存是非常重要的。比如教文言文，你对文言文的字词知识若明若暗，怎么教得好？你没有办法读懂。对它的时代背景，你不是一清二楚，那就要犯错误，因为语言有多义性。语言本身就有多义性和创造性。比如鲁迅的很多词语的用法，都是创造性的，独此一家。还有就是自我相关性，语言的自我相关性是很重要的。我们往往就是读了后面，前面忘了。比如教外国作品，如果当时作者的时代背景等你不清楚的话，你只看一个词，那是糟糕的。你查字典都要搞错的。比如 High brow，表面上看是高额头，其实是指有智慧。有时候用在别的地方，又变成了自我欣赏的人。你说这人 High brow，非常有智慧，是褒义的：你说这人自我欣赏，又变成贬义的。我们中国的汉字里头字词词义的色彩，那就更多了。因此，积累知识，这是基本功，相关的文史哲书籍，确实是要多读一些的，这样语言才能吃准。我们今日搞课改，不是不要知识，而是要整体素质，要知识结构更能够适应课改的要求。

第二就是文化。文化包括人类所有的物质文明和精神文明，这个发展是多少时间过来的。我们今天讲的文化是精神文化。对一篇文本的阅读，你要能够解读得比较正确，接近作者的原意，把文本的意义读出来，确实要有文化的底蕴。比如高中教材《林黛玉进贾府》，我刚开始教，哪里看得出那些东西？比如王熙凤看到林黛玉来了，在老太太面前讲，天底下竟有这样标致的人儿，更何况这通身的气派，不像老祖宗的外孙女，而像孙女。我原来只想到，这个人真是巧言令色。奉承林黛玉，就是拍老祖宗的马屁。这是浅阅读，如果深下去理解，就不仅仅是这样了。她在老祖宗面前赞美林黛玉这通身的气派，就是老祖宗的血脉。你这通身的气派，是高贵的不得了啊。最妙的是又似孙女儿，又不似孙女儿。她为什么要用这样的语言呢？因为她不能得罪诸姐妹，旁边还有那么多"春"呢。元春、迎春、探春、惜春，复杂的人际关系。王熙凤怪不得是荣国府的当家人，她对府里上上下下、左左右右的关系是熟透的，既捧了林黛玉，又不得罪诸姐妹。其实诸姐妹的命运都很苦。研究红学的说，这几个姐妹为何如此起名？原应叹息啊。要解读出这些，就必须要有文化的高度，才能对这些有生成的认识。

这次初中的第一名陆宏亮上的课——《滹沱河和我》，不好上，他为什么能得一等奖？他后来告诉我，他把牛汉的好多好多书都看过了。读到他自己被牛汉这个人和牛汉的作品吸引进去了。刚才我们六位老师中有人讲到的，什么是好的作品、经典的作品？经典作品的意义，还不在于他这个作品本身的魅力和奥秘，而在于后来人对它的无穷尽的解读，把它的意义开发出来。因此，德国大文豪歌德讲过，对莎翁的作品，很多人都说了，但它的意义是说不尽的。因为随着时代的发展，这些经典作品的价值会越来越深，因为这些作品是用作者的生命、血和泪写成的，这些作品是有召唤力和吸引力的。我们深入地阅读，刚才有位老师讲到，我们的前辈十遍二十遍地读《阿Q正传》，读进去了以后，他被鲁迅召唤去了。然后他会用自己的生命体验来对作品的意义加以补充。所以，要解读好文本，确实需要知识积累，要不断地有文化积淀，知识本身就是文化的一部分。

我想，我们中青年教师的论坛，从来就不是给大家找现成的答案，只要照此办理就行。教学从来是创造，每个老师在课堂里拿着文本，面对着你的学生，用你的聪明、智慧，你的知识底子和你的人生体验来创造。论坛的目的，就是谈，给你平台，叫你论。论，就是启发，就是给你思路。因此，各种各样不同的想法，都可以提出来，是仅供讨论。答案在谁身上？在第一线实践的教师身上。群策群力，通过一次一次论坛的集体讨论，就能使我们逐步地走向完善，管他是上位也好，下位也好。我曾经讲过李白的诗，是神曲啊，是仰望天空啊！但我们老师，既要仰望天空，又要站在地上，站在课堂里头。像杜甫一样，脚立实地，要站在课堂里，面对我们的教育受众，我们的学生，给他一堂一堂课以生命的启迪、语言文字的养料和思维的哺育。这样，就能够把我们上海的二期课改推向前进，在推向前进的过程中，能够涌现出大批的优秀教师，既仰望天空，又脚立实地。

还是要循循善诱[1]

课堂教学中学生思维进入高度兴奋状态时往往会语出惊人，闪现思维的火花。每忆及当时的情景，那种执教的幸福感悟就会充盈我的胸际。

那是《白杨礼赞》一课的起始——

师：今天学习茅盾先生的《白杨礼赞》。"赞"，我们很熟悉；"礼赞"该怎么理解呢？（生举手，指第一排的小女孩）请你先说。

生：我已经读了两遍，作者把白杨树写得怎么美怎么好，其实白杨树没有那么美那么好，是不成材的，怎能和楠木比？作者这样写言过其实了。我是名初中生，人微言轻，说了人家也不信，可俄罗斯大田园作家屠格涅夫也是这样认为的。（说着，从课桌里拿出一本《猎人笔记》在大家面前扬了扬。）

师：××同学勇于发表自己的看法，而且能运用课外阅读所得作为自己看法的支撑，这种将课内外阅读联系起来思考问题的方法是我们提倡的，应受到表扬。现在请你把《猎人笔记》里相关的描述朗读一下，让大家都了解了解田园作家屠格涅夫笔下的白杨树。（生高兴地朗读"白杨树叶硬得如金属，枝条也不美，只有夕阳西下时才给人一点光感"。）

师：白杨树在两位作家笔下有不同的形象。《白杨礼赞》这篇散文用的是象征手法，景随情移，仔细阅读，联系文章写作背景思考，就会有新的发现。

生：注释太简单，老师能不能把写作背景说得具体些？

师：可以。这篇散文写于1941年，当时正处于抗日战争的相持阶段。日本帝国主义对华北解放区进行疯狂"扫荡"，华北人民在极其艰苦的环境下，坚持敌后作战，同心同德，团结一致，巩固和发展了敌后的抗日根据地。作者原在新疆学院执教，1940年4月离开新疆，经兰州到西安，在西安遇见朱

---

[1] 本文发表于《中学语文教学》2013年3期。

德总司令，搭朱总司令的车到延安。他在西北高原走了一趟，深为北方人民正直朴质、坚强不屈的优秀品质所感动。作者离开延安到重庆后写下本文。

作者笔下的白杨树是在西北高原见到的印象极深的风景，非取材于一地或一时。作者当时身处国民党统治区的白色恐怖之中，无发表言论的自由，所以采用了含蓄的象征手法。一九七九年有人写信问茅盾先生，"贵族化的楠木"象征什么，他回信说："贵族化的楠木象征国民党反动派。我写此散文是这样想的。"请讲。

生：这样一说，就清楚了。文章内容大致我能理解，但有个句子，我想来想去想不通。说白杨树不是树中的好女子，而是树中的伟丈夫，说它"伟岸、正直、朴质、严肃，也不缺乏温和，更不用提它的坚强不屈与挺拔"，根据我的生活经验，严肃的人使人敬而远之，温和的人使人容易接近，在一个形象身上，又严肃，又温和，这是什么样子啊，想不出来。是不是茅盾先生疏忽，用词矛盾了？

生（多位）：是啊，什么样子啊！用词不当，用词不当！

生：人有时严肃，有时温和，这也是可以的。

生：这是树，不是人。

生：树展现的是整体的形象，不是变脸，一会儿这样，一会儿那样。

师：××同学读书读得很认真，不仅考虑词语之间并列运用合不合适，而且能联系自己生活中的所见展开想象，很好！"学"一定要"思"。

问题提得很有意思，一般说来，在一个形象身上，同时用"严肃""温和"不多见，但在有的形象身上，就可并用。《论语·述而》说孔子是怎样的人呢？"子温而厉，威而不猛，恭而安。"孔子温和而严厉，有威仪而不凶猛，庄严而安静。

生：文中说"也不缺乏温和"，说明白杨树是以"严肃"为主。

没想到上课伊始学生会提出文章"言过其实"的问题，而且显然是"有备而来"，以否定的看法与你老师在课堂上较劲，决出胜负，以取得求知的快乐。当时，由于培养优秀青年教师的需要，我被调到初中插班任教，开始我和学生都不太适应。我语速快，总是往深里教，学生常会提出各种各样的问题。有的问题有质量，能醒人耳目，推动教学发展；有的比较幼稚；有的不着边际，乃至有差错……不管是怎样的问题，我始终持热情鼓励的态度，保护他们质疑的主动性积极性。经过一年多的培养、训练，课堂教学中逐步形成大胆质疑、表达主见的风气。外校外地的老师随堂听课已是家常便饭，故而学生们也能旁若无人，大胆发表自己的看法。然而，课起始就如此"语出惊人"还是让我始料未及的。当时听课的老师有二三百人，听到学生的质疑，一愣，看着我怎么来处理。

我仍然坚持我一贯的做法，首先肯定这位女同学质疑的主动性。质疑能力与质疑主动性的培养非一朝一夕之事，从简单的字音、字形、字义的辨别到提出有思考价值的问题，虽说尚不是水磨的功夫，但其中的艰辛、曲折是冷暖自知的。对学生质疑的表现要倍加珍惜，由衷爱护。其次，这种肯定不是拎空地泛泛而谈，而要紧扣其质疑的特点，让该生真正感受到对她的鼓励。为此，我表扬她能课内外阅读联系起来思考，并以课外阅读所得作为自己观点的支撑。语文学习中课外阅读的重要性怎么强调都不过分，而这位同学重视课外阅读，喜欢读书。我的处理既是对她的表扬，又是对其他同学的倡导。

请这位同学朗读《猎人笔记》有关描述白杨树的语句，既满足了她的表现欲，又让同学分享了她的阅读所得，拓开视野。教学不能纠缠于此，所以我立即拎出这篇散文的写作特征，启发她进一步深入阅读，并推动教学的进程。

没有想到课堂上又生成了另一个问题，一位男同学提出作者"用词矛盾了"。霎时，课堂里掀起大波，学生七嘴八舌讲开了。一是由于这位同学平时寡言少语，这天竟然侃侃而谈，并以自己的生活经验来佐证，大家有点惊讶；二是说课文用词矛盾触动了大家的兴奋点。我未放手让大家讨论，因为无多大价值，只是引述了经典著作中一句话作为解答。因学生对穿越时空的经典著作心怀崇敬，对其中以一当十的语言十分信服，故而我采用引述的方法。记得教《雨中登泰山》描绘水势水声的"暗噁叱咤"时，学生对"叱咤"接触较多，少差错；读"暗噁"，总读不准。便告知：司马贞《史记索隐》曰

"上於重反，下乌路反"，"暗"读平声；《汉书》乃于禁切，读第四声。后人认为以《汉书》读《史记》最为可靠。"喑噁叱咤"出自《史记·淮阴侯列传》："项王喑噁叱咤，千人皆废。"（"噁"现已不用，写作"恶"。）一经阐释，学生音就读准了。高中生如此。初中生又何尝不是这样呢？

课起始环节短短几分钟就一而再地遇到教学设计中未考虑到的问题，真是教海无涯。尽管已经应对，但留下的是不尽的思考：为什么常始料不及？备课时换位思考显然不够，再加上自己习惯性思维拘囿，求异思维薄弱。怎样才能应对得左右逢源，游刃有余？靠文化积淀，靠持之以恒的读书、学习。要不是当时我脑子里跳出一个读高中时背诵的《论语》中的句子，还不知道要怎样折腾呢！

课堂春秋忆恩师[1]

这是赵继武老师在教李密的《陈情表》。教科书他一眼不看，脑子里好像刻着这篇文章，逐句逐句讲解。讲到"外无期功强近之亲，内无应门五尺之僮，茕茕子立，形影相吊"，他右手食指摇晃着，大声说，"茕，茕，不能读错，也不能写错"，接着，在黑板上写个大大的"茕"，并叮嘱："和'贫穷'的'穷'，一个读音，字的下面是'丹'，不能看走眼，看成'丿'，不是撇，是竖，笔直的，笔直的，'穷'，要站得笔直。"说着说着，做了个笔直的姿势。生动啊，我一下子就记住了。课读读讲讲，委婉恳切，把祖孙相依为命的亲情表达得淋漓尽致，我们这些学生不知不觉进入了孝感动天的情境，感情不能自已。

这不是一般的传授知识，而是老师用心在教我们，给我们以精神上的哺育。

那时，教师穷，学生穷，缺的是物质，志气却没少。抗日战争胜利，省立镇江中学复校。名为省重点学府，但原校舍被毁，只得在日寇养马场复校。此处环境破烂，污秽不堪，经月余的清理修缮，才略似校园。学校在七里甸，十分荒凉，与市区隔绝，学生皆住读。无电灯照明，靠小煤油灯；无自来水，靠一台手工泵抽取地下水。十个女同学一间，一人一张小席子，排成两排，铺在榻榻米上。空间很小，睡觉必须文雅，稍不留心就会"侵占"到别人的"床铺"上。房间里一无所有，面盆、漱口杯都放在泥地上。伙食，谈不到营养，能填饱肚子就不错。饭堂里只有几张破桌子，一律站着吃饭。

条件够艰苦的，但大家并不以为苦，因为学校许多优秀教师的课教得十分精彩，对学生有巨大的吸引力。他们铆足了劲，要在同寇投降、山河重光

---

[1] 本文发表于《思想理论教育》2011年9期。

之时，办好学校，为国家培养栋梁之才。他们黎明即起，与学生一起参加晨会；夜晚，到一个个教室巡回晚自修，为学生解答疑难。凤兴夜寐，十分辛劳。老师们不仅创建了良好的教风，也引领学生创建了良好的学风。别的且不说，单是晚自修就是学校的一景。教室里每张课桌上一盏煤油灯，两个同学合用。尽管油灯大大小小、高高低低有差别，但排列整齐、星星点点，远远望去，简直有纳兰性德《长相思》中"夜深千帐灯"的味道。年轻学生伏案读书求知的背影和老师轻轻走动悉心指导的身影交织成"一切为民族"的生命交响曲，那么生机蓬勃，那么充满希望。

教中外地理的严老师，学生称他为"活地图"。他粉笔在黑板上一勾，地界、山脉、河流、城市、交通线……再配以文字、数据说明，极其形象生动，经久难忘。数学毛老师一边板书一边用英语讲述，推理之严谨令人折服，他那"…is equal to zero"的语调成为他的代号。

国文老师赵继武特别令我佩服，他是著名国学大师黄侃的弟子，文学修养深厚，十分儒雅，无学究气。他上课别说备课讲义没有，有时连课本都不带，只拿两支粉笔，学问全在他肚子里，上课时只要调动调动，就一套一套出来了。他教诗词更是一绝。不同风格的诗词到了他的嘴里都会风采别具，余音缭绕。人生最快意的事之一就是用家乡音调引吭朗诵诗词。我的家乡话很悦耳，抑扬顿挫，富于音乐性，尤其读诗词，颇具歌唱的韵味。教辛弃疾的《南乡子·登京口北固亭有怀》，老师朗诵时头与肩膀左右摇摆着，真是慷慨悲歌。我们这些做学生的，忧国忧民的情怀油然而生。此后，每逢假日三五同学登上北固楼，总是感慨万千。这首词我至今还能背得滚瓜烂熟，从此，我也就深深爱上了辛弃疾的词。

赵老师从不训斥学生，总是和颜悦色地谈自己的看法、想法，从不把自己的意见强加于人。处理突发事件的艺术更是令人钦佩。有一次上作文课，有个同学恶作剧，偷偷地把我的凳子搬走，我十分生气，就站着写。忘记了那次是自由命题还是要求写"丙戌重阳"，但清晰地记得我针对这件事大发议论。其实，事属鸡虫得失，没什么了不起，而那时，我竟不知哪里来的那么多意气，那么多文思，笔端汩汩滔滔，写下了一篇类似"檄文"的东西。担心被老师责怪。出乎意料的是老师大为欣赏，风趣地批道："……于生失座，成此佳作，遂使孟嘉落帽的事不专于前矣!"妙笔轻点,化解了矛盾,慰藉和安顿了我这颗少年气盛的心。那种宽容,那种用典故,用文化底蕴循循诱导的艺术,我永志不忘。三十五年后,与同学忆及此事时,我情不自禁地写下了:"草'檄'何曾两腿麻,灌夫骂座笔生花。鸡虫得失浑闲事,赢取先生说孟嘉。"

教师教育学生的最高境界大概是并不摆下教育人的架势,而是自然的、质朴的、从心底里流淌出来的做人道理与知识的传授、能力的培养融合为一体,课内课外撒播到学生心田,春风化雨,滋养心灵,学生品尝到成长的喜悦,深切感受到成长的幸福。赵继武老师为我播下了成长的良种,师恩浩荡,刻骨铭心。

话题三

培养真知灼见

　　习近平主席对广大教师提出的"四有"要求第三点是"做好老师，要有扎实学识"。这一点同样需要认真学习，反复体悟。

　　教师需要具备精湛的专业知识和比较广博的科学文化知识，但除此以外，还须有"识"，即有"见识"或"识见"，能思人之所未思，见人之所未见。工作中人云亦云，模仿照抄，不仅缺乏盎然生机，学生也会在不知不觉中受不爱思索、不会思索的负面影响，不重视独立思考，乃至形成懒于思考的坏习惯。

　　孟子说："心之官则思。"在脑的所有功能当中，最为特异的一点是它能够思维。罗丹的著名雕塑《思想者》给人的启示是：从他那微蹙的双眉、紧闭的嘴角、凝注的目光可以看出他正在沉浸于关于宇宙、社会、人生的冥思苦想；从他肢体的形态、紧绷的肌肉、扣紧土地的脚趾还可以看出他的神经、他的细胞都贯注在头脑的紧张思维之中。这尊对人类伟大思维活动讴歌的作品曾经也继续给予人们认识天地宇宙、认识社会人生无穷的力量。恩格斯曾经断言，人类的思维，是"地球上最美丽的花朵"。

　　教师对教育能发表真知灼见，首先要从独立思考开始。法国思想家帕斯卡尔精辟指出：人是一根能思想的芦苇；我们的全部尊严就在于思想；人因为思想而伟大。教书育人的工作不仅是科学，而且是艺术，其中众多规律需要探究，既要探究共性，又要洞悉个性，因学科而异，因学段而异，因时因地而异，因人而异。纷繁复杂的现象使人"乱花渐欲迷人眼"，此时此刻，必须潜下心来认真思考，理清头绪，分析综合，筛选判断，把握事物本质，认清前进方向。教育教学工作是哺育学生与助推学生成长的工作，充满了奥秘和神奇，教师对它爱思、会思、深思，就能品尝到智慧的孕育，育人的快乐。不仅对受教育者能"授之以鱼"，且能"授之以渔"，教学生学会学习。一名不会思考的教师教育教学中难以摆脱平庸的困境，事业上成就当然也就受到极大限制。

教师的真知灼见来之于丰厚的文化底蕴，来之于思想的深刻，特别是批判性思维和创新思维。对事物观察要有敏锐的目光，力求各种教育现象尽收眼底。各种信息错综复杂，要善于从时代背景、历史渊源、现实表现考察，多角度、多层面比较，对照，分析，去除外衣、假象，抓准问题症结所在，寻求破解的途径与方法。这是实实在在的理性思考，多种思维方法的综合运用。这种高质量的思维活动往往从发现问题开始，不断深入，不断拓展，触及事物的方方面面。去粗取精，去伪存真，认识力度提升，形成自己独特的见解，突破原有的习惯思维，能醒人耳目。

真知灼见的提出乍看是教师智慧的展现，实际上支撑它的是这位教师对教育事业的无比忠诚，对学生的无比热爱，对探求教育规律、提高教育质量的无比执着。培养这种能力的源泉是对学生今日成长、明日发展的挚爱深情。

锐意改革，开拓前进

一、思想上松绑，从思考问题的习惯轨道上解放出来

较长时期以来，我们教语文，总是看课堂里的学生多，看学生的成绩多。如果说想得稍远一些，那就是想到毕业考试，想到如何考入高一级的学校。因此，对语文作技术性的处理多，育人考虑得既少又肤浅。道理明摆着，教文是为了育人，育人是大目标，教文是为育人服务的。不从分数、考试、就文论文、题海战术等条条绳索中解放出来，育人的观点就树立不起来，考虑问题也就必然总是在狭隘的圈子里打转，以致形成许多做法上的回环往复，跳不出圈子，迈不开步子。

"三个面向"的指示打开了我们的视野，教育我们看问题要动脑子，要站在时代的高度，看得远一些，想得深一些。眼前的学生是教师教学的出发点，要调查了解，熟悉他们的知识、能力、内心世界。但出发点毕竟不是目标，因此，教师在把握学生实际的同时，脑子里一定要有清晰的"明日建设者"的形象，以"明日建设者"的要求来指导和促进对"今日的学生"的培养。

作为一名教师，应具有相当程度的职业敏感，要密切关心国内外大事，善于接受来自各方面尤其是教育、科学、技术方面的新信息。初一学生入学，教师就应考虑到六年以后或十年以后他们进入社会的情况。那时，现代化建设的成就已怎样？现代科学技术发展到怎样的水平？具有怎样的思想和能力的人才能适应？对这些问题教师必须严肃地考虑。教师是为祖国未来培养人才，由于工作的性质所决定，他们必须与时代同步前进，必须走在时代的前面，而不能落后于时代。

解开思考问题的旧习惯的绳索，我们的目光就会敏锐起来，就会勇敢地

接受新时代的挑战，自觉地把教学工作和现代化建设和当今的世界，和灿烂的未来紧紧联系在一起，勇于改革，努力创新。

二、下大决心同陈旧的不适应时代潮流的教学方法告别

不改不变，没有出路；不改革，教学中的无效劳动难以避免，教学的质量难以提高，学生能力的培养受到很大限制。照本宣科，满堂灌，死记硬背，抄黑板……大家都知道是不合时宜的陈旧的方法，但对它们又似乎有感情。这不仅因为用起来驾轻就熟，十分顺手，而且认为"广种"总能"薄收"一点，"塞"一点总比"不塞"好。把教学只看做"知识的给予"的活动，而不承认学生是活泼泼的人，学习上有主观能动性。在一些人的脑子里，抗拒"变"的思想是根深蒂固的，总觉得牌子是老的好，方法是老的强。语文教学中也存在这个问题。一个词用注释的方法讲十分钟甚至二十分钟，黑板上写一大堆，为什么不能让学生查工具书，自己动手动脑去获得知识，加强理解呢？如果检字比较难，教师可以提示，可以指导嘛。文章的中心思想为什么要抄在黑板上？又为什么要背？又为什么回答时不能越雷池一步？死记十篇乃至二十、三十篇课文的中心思想，不等于学生就具备了阅读文章的能力，具备了概括中心思想的能力。用一些无用的，支离破碎的词句、语段充塞学生的头脑，怎么可能开发他们的智力呢？人类社会已经跨越了十九世纪的蒸汽机动力时代，又跨越了二十世纪初期中期的内燃机动力时代，今天，科学技术已经发展到了一个全新的时代，即信息时代，电子计算机的运用进入了越来越多的领域，以空前的规模和速度应用于生产，使社会生产的各个领域面貌一新。今天，面对着科学技术的突飞猛进，面对着社会生活节奏的加快，还在用二十世纪五十年代、四十年代，甚至更早时期的陈旧方法教学生，怎能从根本上调动学生学习的积极性主动性？怎能有效地激发他们旺盛的求知欲？怎能和时代的要求合上节拍？再说，生活在现代社会的学生，各种新的信息通过广播、电视、报纸、杂志、展览等多种途径作用于他们的感官；他们的保守思想少，对新鲜事物特别有兴趣，带着十分好奇的心情关心、追求，寻找满意的答案，用陈旧的方法进行教学，无疑是要关闭他们认识现代社会

的窗户，把他们拽到沉闷的、与现实脱节的陈旧的教学程式之中。这样，他们怎不以学为"苦"？他们的思维发展岂能不受到极大的障碍？学习质量、学习能力又怎能有效地提高呢？

现代社会需要的人才绝不是书呆子，绝不是那种只会背现成的结论的人。就算是背功很好，充其量也不过是个"机器人"。我们要培养的是设计和制造机器的人，是掌握现代科学技术向生产的广度和深度奋勇进军的人。这些人应该是目光敏锐，思维活跃，有事业心的人；是能迅速接受外来信息，并在纷繁复杂的现象中能作出正确判断的人；是有一定的知识基础．"小仓库"里知识利用率较高，并能据此有所创造的人；是有求知渴望和自学能力，能自觉地学习和吸收新知识、新技术，注意知识更新的人。培养出这样的人才，是各个学科共同的目标，而语文学科更负有特殊的使命。

当前，我们实行对外开放、对内搞活经济的富国强民的政策。资本主义国家先进的科学技术引进了，随之而来不可避免地会渗进形形色色的腐朽的资产阶级思想和生活方式，各种思潮会在文艺领域寻找赖以生存的土壤。语文教师教文育人，必须认真地想到这些问题。我们奋斗的目标是建设社会主义，实现共产主义。在学生世界观形成的过程中，语文教师要充分运用教材的说服力与感染力对学生思想进行有效的教育，以爱国主义精神、高尚的道德情操、坚定的共产主义信念塑造学生的心灵，教会他们识别假、恶、丑，教育他们在前所未有的复杂情况下，能坚持真理，坚定信念，抵制各种病菌的侵蚀。当然，这种教育，绝不是读写教学的外加，油水分离，而是把思想政治教育、道德情操教育蕴含于语言文字的教学之中，贯串于听、读、说、写训练的全过程，因文解道，因道悟文，文道统一。不立足于育人的高度，不远瞩时代的前程，教学中就难以真正把文道统一起来，相反，只会有意无意削弱了教材的教育作用，丧失雕塑学生心灵的良机。

语文教师目中要有人。为了适应时代的需要，必须改革单纯传授、灌输知识的方法，着眼点要转换到开发智能、提高素质的方面来。这不是说舍弃语文知识不管，拎空地搞智力开发，而是把知识融合于听、读、说、写的能力训练之中，在训练学生语文能力时，发展他们的思维力、想象力、观察力、记忆力，引导他们在分析问题和解决问题的过程中理解和掌握知识，锻炼和提高素质。要做到这一点，陈旧的教法是一定担当不了的。为了学生的现在和未来，为了祖国建设事业的发展与兴旺，我们必须下大决心与陈旧的教学方法告别。

三、变"等"为"创"，争做语文教学中开拓型的教师

有一种较为流行的偏见，认为凡事学会了才能做，不学就不能做。于是就等着那第一个做的人出现，等着别人做了以后总结出经验（最好是系统的无可非议的经验），于是，等，等，等啊等，岁月在等待中流逝。细想一下，实在有些可笑。如果每一个人都"等"，不用说第一台电子计算机创造不出来，就连"抄黑板"也出现不了，因为它也要有人"发明"啊！

语文教学中如何贯彻"三个面向"的精神，不是等待别人去创造，也不是等着去学别人的，而应是靠自己去学习，体会，实践，总结，创造。别人的经验可开阔自己视野，启迪自己思考，但起点主要还在自己的脚底下，要脚踏实地，兢兢业业地干，他山之石再好，也不过用来攻我语文教学之玉，拿来为我所用。

贯彻"三个面向"的指示精神是语文教师的共同任务。但是学校情况不同，学生基础不同，教师各自的条件也不同，要想在短时期内有个"整齐划一"的做法是不可能的。不过，每个语文教师有充分创造的权利，可以根据此时此地此校此班学生的情况，找出影响"三个面向"精神贯彻的症结所在，寻找突破口，进行改革。可以在处理某种类型的教材上突破，可以在某项训练上突破，可以在某种教法上突破，取得经验，提高认识，然后再扩大"战果"。一入手就贪大求全，毕其功于一役，这是不现实的，也是不可能的。城市学校教师有改革的用武之地，农村学校的教师同样有改革的用武之地；重点学校要"三个面向"，大面积的学校同样要"三个面向"。每个语文教师都应有时代责任感，都应有开拓的勇气和实干精神。能勇于开拓和实干，语文教学课时多、收效少的局面就一定会有所改变。

开拓不是凭主观臆想，不是随心所欲，想怎么教就怎么教，而是要深入学生中间调查研究，弄清学生的学习实际，要梳理自己的教育思想、教学思

想，审视自己的教学习惯、教学方法，以"三个面向"精神衡量，明确应发扬什么，改革什么，怎么改革。只有实事求是，从实际出发，语文教学改革才能迈出坚实的步伐。

要改革，要开创，语文教师丝毫不能放松自己的思想建设和业务建设。常言道：打铁要靠自身硬。要能"生产"出现代化的人才，教师自己须思路开阔，执著地追求知识，努力从社会生活中吸取养料，有丰富的精神生活。居高才能临下，只要认真学习，锐意改革，必能在开拓中前进，必能创造出语文教改的新鲜经验。

更新教育观念

今日语文教学的成果是昔日对语文教学规律探讨与认识的表露与检验，要在语文教学领域有新的突破，最关键的是语文教学观念上的更新。现从下面几个方面谈谈我的看法。

首先，了解社会，把语文教学改革建立在对现代社会了解、研究和科学分析的基础之上。

从许多材料获悉，欧美和日本一些国家语文教学观的深刻变化来源于社会的变革和科学技术的迅猛发展。二战以后，各国经济增长，社会和经济的发展对人才的需求量大增。人才主要靠学校培养，于是大家的注意力不约而同地集中到教育上来。1957 年苏联第一颗人造卫星上天，西方世界大为震惊，比之为科学技术领域中的"珍珠港事件"。随之而来的是对本国教育工作的反思，检讨存在的弊病。在这种形势下，各国对语文学科的性质、目的、任务开展讨论，重新认识，各种改革的设想不断涌现并付之于实践。从中我们获得的启示是：教学改革是社会发展的需要，离开了社会发展的实际，改革就成了无源之水，就会迷失方向。

教育事业的发展和政治、经济、科技、文化的发展息息相关，它们同处于社会发展的大系统中，所以，研究语文教学改革必须考虑大背景。例如，从产品经济到有计划的商品经济的变革，从闭关到开放，引进大量的先进的科学技术、先进的设备，信息如潮水般涌现，新技术层出不穷，凡此种种，对人的素质、智力，对人的语言能力等均提出了新的要求，语文教学改革必须适应它，与它紧密挂钩。

语文教学改革当然应该有垂直方向的比较研究，去陈，创新，但也应该有水平方向的比较研究，既植根于本国社会建设的实际，又参照国外的有效改革，消化吸收，创新突破。

其次，研究人。把语文教学改革建立在对教育对象个体和群体深入研究基础之上。教育的对象是活生生的青少年，他们各具其态，各有特征。不在人的研究上有突破，教学质量难以进一步提高。

较长时间以来，我们的教育制度讲究整齐划一，如，统一的教育计划、教学大纲、教材，统一的进度，统一的招生分配，统一的考试升学，这种制度保障了受教育者达到平均的水平，达到基本的要求，但是，也束缚了人的个性、特长的发展，不能多学，也不能少学，难以选择想进的学校。如此，优秀人才、出类拔萃的人才不能脱颖而出。在这种教育制度下，语文教学也是整齐划一。它虽保证了一定的质量，但对文科优异人才的早期培养、行之有效的培养途径，既无有分量的理论上的阐述，又无足够数量的科学实验。如果把人的研究、把对受教育者的研究放在应有的重要的位置上，这些问题的认识与实践必然会有较大的发展。

人是复杂的结合体，了解人、理解人、教育人、培养人是十分复杂而艰巨的系统工程。学生群体有时代的特征，他们对语文的认识、要求、爱好、追求，有共同的一面，抽象出其中的共性深入研究，就为语文教改提供了一个方面的科学依据。各个地区的学生群体又有地域的特点，各个层次的学生群体对语文的要求、对语文能力训练的承受能力又各有区别。就群体来说，研究深入下去，会发现和挖掘出学生学语文的智力富矿。至于个体的研究内容更是丰富。每个学生的内在素质和性格情趣相异，智商强弱不同，爱好与需求有差别，语文教学坚持从他们的实际出发，不迷信"本本"，因材施教，道而弗牵，学生在学习中才能真正发挥主人翁的作用，个性和特长才能得到充分的发展。改革从学生的实际出发，从大面积来说，学生能掌握必备的语文基本知识和基本技能，从部分来说，能出现具有新思想、语文本领过硬的文科英才。

传统教育并非不注意人，但有种种时代的局限性。从事现代教育，当然需要十分重视人的研究，认真调查研究，拿出数据，列出问题，提出方案，切切实实进行改革。由于种种原因，中青年一代过去对"人"的问题很少接触，如今开放，一旦认识到原来还有一个"难以认识穷尽的、充满血的蒸汽的第二宇宙"，能不眼界大开，心向往之？年纪大一点的教师对此虽略知一二，但仍有重新认识的问题。可以说是再思考，也可说是补课。

第三，深入研讨语文教学的任务，使学生具有获取新知识的能力和运用知识于实践的能力。不能只注意学习的近期效果，轻视适应社会的长远需要。须重视学生实际语言能力的培养，指导学生会读、会写、会听、会说、会交际。通过语言文字的学习与训练，扩充对生活的认识能力，发展思考力，丰富感受力。

语文教学的历史发展线索是一条纵线，社会联系是一条横线，两线交汇处就是当今语文教学的位置，以此来确定今天语文教学的任务。当然，随着社会的发展，语文教学应不断地相应发展。在这里不妨对语文教学作一简单的历史回顾。

封建社会里，儿童蒙学以口诀识字和背诵为手段。学生背诵不少书，如《三字经》《百家姓》《千字文》，往往不知其意。这种以背诵为储藏，为的是期望有一天能豁然贯通，但事实上毕竟通的很少而不通的多。到现代社会，经新文化运动，白话文流行了。那时新的识字教科书是"人手足刀尺，山水田，犬牛羊"，很难说比口诀识字有效，但改革一下，教学中死记硬背的因素也有所减少。至于读与写，可读的书范围较过去广泛得多，说和写中间也有了较多的联系。在一个相当长的时间内，语文教学提倡多读多写也并非不好。社会发展，人们往来多了，语言有统一必要，于是就推广国语，虽然效果不大，但也并非不必要。解放后，推行了几批简化字，小学教普通话拼音，都收到了好的效果。语文教学在加强学生理解能力和表达能力培养的同时，又吸取外文教学的经验，重视了听、说能力的培养。当然，学母语和学外语毕竟不尽相同，学生处于祖国语言的氛围之中，随时听说，因此无须像学外语一样，听说领先。听、读、说、写能力的培养，取得了不少成绩，这也是适应社会实际的需要。

随着现代化建设和经济文化交流的发展，内外交往之频繁远非往日可比。交流手段亦日新月异，报纸、广播、电视、录音、计算机等科学仪器运用也越来越普及（英文以一词概括，即 mass media，意思是大众宣传工具）。喷气式飞机的运用，使几千里相隔之地近在咫尺，于是人们说"天下真小"。人们的交往密切了，思想、文化交流更容易，彼此会相互影响，相互渗透。

面对这种社会实际，语文教学应从哪儿改进？我们姑且放眼看看世界。美国高质量教育委员会在《国家处在危险之中——教育改革势在必行》一文中提出了改进建议，对英语教学提出了新要求："中学教的英语应使毕业生具备：①理解、解释、评价和使用他们所阅读的东西；②撰写组织结构严密、有力的文章；③不费力就能听懂并能有见解地讨论一些看法；④了解我们文化遗产与风俗习惯、思想、目前生活的和文化的价值观的关系。"他们很重视英语素养的培养。日本临时教育审议会关于教育改革的审议报告则强调培养创造性思考能力和表达能力，说："面向二十一世纪，能够适应社会变化的需要，所必备的素质和能力就是指创造性独立思考，有主见和进行各种活动的能力。"弗兰茨·海贝尔教授主编的语文教材指出："这套教材的教学任务是指导学生会读、会说、会写、会交际，并且有文学欣赏的能力。"这里提出了"会交际"。哪种人会交际呢？应是能"创造性独立思考、有主见和进行各种活动的能力"的人，应该是思维敏捷，理解力强，表达能力强，知识覆盖面广，有应变能力的人。当然，这一目的并非语文一科包办，但语文方面的培养起相当重要的作用。出于社会内外交往频繁的需要，是否可在听、读、说、写能力培养的同时，加上"交际"能力呢？

第四，创新课堂教学模式和研究语文知识、技能的"核"与"壳"的问题。

目前，课堂教学仍然是学生在教师引导下获得比较系统的基础知识和基本技术的主要途径，也是发展学生智力、培养学生能力的主要途径。当然，课外活动也十分重要，因材施教，能使每个学生的潜能和特长自由地发展。

语文课堂教学模式近几年来有了不少改革，从原先的教师为中心，发展到师生之间交流，又进而发展到教师与学生交流、学生与学生交流的交叉型立体式的教学模式。最佳的当然是不断交叉，积极反馈，课堂传递的信息量大，训练的频率高，师生的积极性充分调动，不时闪现智慧的火花。

要"活"起来，使课堂教学呈现生动活泼的局面，在教学组织形式上，可否采取班级授课与小组教学、个别教学相结合，使这三种形式互相补充。这样，班级教学可促进学生"冒尖"，学习的创造气氛也许更浓。

语文教学要革除烦琐，得弄清楚语文双基中"核"与"壳"的问题。"核"是要求学生掌握的最本质的东西，讲"壳"正是为了弄懂"核"，切实掌握了"核"，能力就强。"核"，往往四十年、五十年不变；"壳"变化快，易老化。

语文教学要教最最基本的。拿字词来说，小学语文教学大纲规定小学六年要完成 3050 个左右的单字教学，由字组词，词汇量是 8600 多个。通常写文章所用的汉字一般不会超过 3000。如：孙中山先生的著作共写了 50 多万字，实际用到的汉字是 2134 个；毛选四卷 66 万字，用到的汉字 2975 个。3000 汉字组成的词汇量是 5 万个左右，实际上文化高的能用 1 万词条，最多是 3000 到 4000。我国向联合国组织公布经过筛选的 3755 个常用字，能用于读懂我国当代出版物的 99.9％。从中可见，小学识字量 3050 个左右足够一个人享用一辈子。事实上，中学语文教学中这个问题也没有切实解决。一定数量的字词及其运用应该属于教学中的"核"，应作科学的研究。其他方面的语文知识和技能也有同样的情况。

语文教学改革要有新突破，还得下点工夫学现代哲学、现代教育学、语言学、心理学、社会学，使我们的教学理论和实践有更多的参照系统，提高理论素养，又要关注文学、艺术上的讨论和进展，从中获得有益的借鉴。

抓好教师队伍建设

学校的质量说到底是教师的质量。教师的师风、师德、师表、师魂，无时无刻不对学生起潜移默化的作用。教师的德、才、识、能，尤其是事业心、责任感应成为学生的榜样。教师如能在学生心目中形成高大的形象，教育教学效果必然良好。

要认真抓好教师个体自身素质的培养。素质修养离不开三个字，那就是：爱，钻，学。教师的事业是爱的事业，只有真心实意地爱学生，才能收到春风化雨、昭苏万物的实效。对学生有没有爱心，是满腔热情满腔爱，还是半心半意，敷衍了事，教育效果迥然不同。把心贴在学生身上，就会慧眼独具，发现学生身上潜在的积极因素，点燃他们智慧的火花；就会理解和体会他们学习的难处，发现各种类型、不同层次学生的特点，千方百计寻找培养他们的有效方法；就会觉得自己学识不够，水平不高，更执著追求，毫不懈怠。爱学生，就要精心上好每一堂课，教到学生身上，教到学生心中。教师要了解学生，研究他们，洞悉他们的内心世界，把握他们在成长过程中的发展与变化，把自己的教育教学工作建立在科学的基础之上，使每个学生在原有的基础上获得充分发展。教师要有钻研精神。要把课上好，功夫在课外。要有钻研教材不明底里不罢休的那股劲儿，要求准，求深，求有自己独特的发现。准确，是教的前提，不准，含糊其辞，必贻误学生。求深，不是难倒学生，而是为了居高临下，游刃有余。教学不能人云亦云，跟着教学参考书转，要独立思考，有所发现。要研究学生，研究怎样教，学生才能掌握、才能发展的方法。孜孜矻矻，不断进取，教学就能进入佳境。学，教师要有拼命吸取知识营养的素质与本领，犹如树木，把根须伸展到泥土中，吸取氮、磷、钾，以及其他微量元素。只有自己知识富有，言传身教，才能不断激发学生求知的欲望。理论学习应放在相当的位置。理论上的模糊必然导致实践中的盲目，教学中的无效劳动往往是由于理论上认识不清，理解上偏颇所致。业务学习应毫不懈怠，深入学，广泛学，视野开阔，功底厚实，才有教好学生的实力。作为一名教师，在学生心目中应该是既"师风可学"，又"学风可师"。教师爱得深、钻得精、学得勤，德、识、能、绩必能全面长进。

要抓教师群体的团队精神。教育工作的特点之一是：教师的个体劳动与教师群体效益相结合。要教好学生，取得教育高质量，不仅教师个体的劳动质量要高，主动性积极性要强，而且群体要拧成一股绳，团结协作精神好。学科之间的互相照应，有机渗透，工作中的相互支持，主动协作，均能产生良好的教育效果。一个班级能实现理想的目标，除了有一名好的班主任外，各任课教师必须个体劳动强，团结协作精神好。一个班级如此，一所学校更是如此。紧密团结，一切以学校大局为重，以事业得到发展为重，以千方百计教好学生为重，教师集体就能形成，就能创造教育效益。

要满腔热忱地培养青年教师，创造机会让他们显露聪明才智。一般地说，当今青年教师的学历水平比较高，但学历水平不等于岗位水平。岗位上的综合能力要靠实践中锻炼，要靠有计划地培养。人不可能自然成才，青年教师也不可能自然成为优秀教师，要在事业心、责任感方面加强锻炼，在业务上、教学能力方面精心培养，要鼓励他们勤奋刻苦，追求卓越，追求在教育这块热土上出类拔萃。青年教师岗位培训应充分发挥中老年骨干教师的作用。中老年教师良好的工作习惯，对学生认真负责的态度是长期磨练而形成的，是学校的宝贵财富，应在教育、教学、教研中充分发挥作用。青年教师是学校事业发展的后劲与希望，不仅须使用得当，更须悉心培养。

百年大计，教育为本，基础教育可说是本中之本。基础教育质量优异，全民族素质就能明显提高，社会上各行各业的建设就能因人才的优势而蓬勃发展。

弘扬人文，改革弊端

一、关键在性质观

眼下，语文质量不尽如人意几乎是众口一词，不少人都怪罪高考地位特殊，认为它指挥了整个中学语文教育，影响所及，甚至到小学低年级。这种责怪并不公平。升学考试从来就是指挥棒，其他学科如此，国外也如此。问题的实质在于，操纵这根指挥棒的是只无形的手，那就是语文教育观念。

教学行为受教育观念支配，群体性的教学行为，往往受到某种思潮形态的教育观念的支配。语文教育观念是对语文教育诸问题的看法，从语文教育性质到目的任务，到教材教法，到师生作用，到质量评估，到考试方法，到课外教育等，构成体系。教育观念附着于教育者脑中，形成心理定势，有意识地或不完全有意识地指挥教学行为。在语文教育观念体系中最为核心的是性质观，它统帅语文教育的全局，决定语文教育的发展方向，由此而引发出目的观、功能观、承传观、教材观、教法观、质量观、测试观、体制观等一系列观念。

作为对"文革"期间语文课上成政治课的一种否定，二十世纪七十年代后期语文教育十分强调工具性，甚至于有些纯工具论的倾向，个别人还宣称"什么时候语文教学进行思想教育，什么时候语文水平就下降"。于是，产生了继六十年代之后的新的文道之争。不过，这场争论并未掀起大波，思想教育不能外加，应渗透于语言文字的教学之中的观点较快地得到认同。多数论者认为，任何一篇课文都是思想内容和语文形式的统一体，思想性是语文的固有属性，它蕴含在语文教材里，贯串在语文训练中。语文学科的思想性与工具性一样，都得到了认可。《九年义务教育全日制初中学语文教学大纲》从不同的角度对这二者先后加以肯定。即："语文是学习和工作的基础工具。语文学科是学习其他各门学科的基础。"在"教学目的"中提出："在教学过程中……培养健康高尚的审美情趣，培养社会主义思想品质和爱国主义精神。"

在特定的社会文化背景下，对语文学科的性质作出以上的理解和判断，无疑是有十分积极的意义的。我曾经乐观地认为，从此语文教育的航向已够清楚明确，只须循章行事便是。然而，现在看来，二十世纪八十年代涉及语文学科性质的讨论，主要是在语文教育界内部，在操作性层面上展开，未能吸引诸多相关学科的共同参与，未能利用国内外语言学、心理学、教育学、人类学、社会学等领域的新的研究成果，未能对母语教育和外语教育进行系统的比较研究，视界不够开阔，学理缺乏底气，若干有价值有新意的理论观点又没有得到充分的论证和及时的整合。在多种因素的作用下，"语文课就是基础工具课"的思潮广泛地支配着群体教学行为。

二、准星发生偏差

按"大纲"的精神，工具性与思想性在语文教育中应是统一体，互相依存，不可分割。可是在阐释与实施的过程中偏线了，正好像瞄准靶子打枪一样，准星发生偏差，当然发出去的子弹乱了套。近些年来，工具性的砝码越来越重，许多文质兼美的文章其思想意义在相当程度上形同虚设，只是寻词摘段，用解剖刀肢解，作为训练语言的例子，学生在知、情、意方面有多少收获要打个问号，与大纲的要求相距甚远。如若不信，请看下面的事实：

1994 年语文高考写作占 50 分，据广东省抽样统计，全省平均为 29.07 分。各项的分率是：内容 51.39%，语文 60%，结构 60%，书写 69%。从统计看，内容项得分最低。考生在作《尝试》这篇作文时，写了学骑单车，学走路，学说话，学煮饭，学炒菜，学洗衣服，甚至学谈恋爱，学做小偷等，不一而足。很明显，文中所反映出来的生活与高中生的实际生活是很不相称的，所表现出来的肤浅甚至丑陋的思想是不可等闲视之的（见《广东语文报》1995 年第 4 期《大声疾呼：语文的思想性》）。于是，作者大声疾呼："作文的思想性，你究竟哪里去了？"

作文的思想性当然不能也不必由语文教育包揽，但是，思想性的失落，与语文教育在导向上的偏差密切相关。

在简单片面的语文教育工具化思潮的冲击下，尽管作文的题型花样翻新，套路一套又一套，但作文教学与往昔比，不是日益发展，日益火红，而是有点萎缩。首先是重视程度减弱。作文是语文能力、认识水平的综合反映，要拿高分不易，须细水长流，难收突击之效，花工夫不上算，考试只要题型对路，就可应付。其次是写得太少。刀不磨不锋利，笔少用必笨拙。一学期写四五次作文，有的只写一二篇，学生怎样练得出过硬的本领？这且不说。学生写，怎么指导，标准是什么，大有讲究。标准似乎越来越低，"读普通文，写普通人"，只要成为"生活工具"就行。学习上有个十分平凡的道理，就是取法乎上。取法乎上，由于种种原因，有时也只能得之于中。写文章总要往高处看，有基本要求，抽去内容或忽视内容讲文字形式、文字技巧，学生学了干什么呢？"诗言志""文以载道"是写诗文的基本道理。凡是经得起时间考验的优秀诗文，无不具有深刻的思想力量，给人以启迪。我们虽不要求学生都能写出优秀文章，但文间要有充实而健康的内容，总是应该的吧。

早在1950年，郭沫若在《文风问答》一文中就明确指出："文章是人写的，因此，首先是人的问题。古语说'文如其人'，这是说什么样的人，就写什么样的文章。文章要写得准确、鲜明、生动，首先要看写文章的人的思想、立场、作风怎样。你的思想正确，态度鲜明，作风正派，那么，你写的文章也就有一定的准确性和鲜明性。这是基本问题。"学生习作重点不在于探讨文风，而在于懂得作文与做人的关系。作文教学训练学生写作能力时应两者有机结合，否则，一手"硬"（指文字技巧，其实并非真硬），一手"软"（指思想内容），质量无法保证。这种情况看来似乎是方法问题，实质上是语文教育性质观在起作用。

作文教学如此，阅读教学呢？"不闻读书声琅琅，但见习题如海洋"恐怕是极形象的概括。好端端的文质兼美的文章被肢解成若干习题，抠这个字眼，抠那个层次，文章的灵魂不见了。有些佳作名篇，学生学过后对文章的脉络、作者的写作意图、文中思想的闪光点竟然不甚了了，脑子里如马蹄杂沓，堆砌了许多字、词、句的零部件，这个知识点，那个知识点，用以备"考"。

肢解也非易事，见段不见文，见层不见段，有些教师实在手不熟，赶不上趟儿，于是种种命题专业户诞生。不管什么文体的文章，都能排出一套套题目以飨师生。你推波，我助澜，一时间遍及城市农村。阅读教学究竟该担负怎样的任务？阅读教学走向何方？许多教师困惑了。

至于语文的听说训练、思维训练、课外教育，也因准星发生偏差而大受影响。

三、究竟怎样定位

语文教育的"位"究竟定在哪儿？有老师发出这样的疑问："语文教学是什么？语文教学干什么？现在仍然在扯皮。把语文教学看做是文学教育，看做是文化教育，看做是美育教育，看做是政治教育，看做是道德教育，看做是思维教育的议论与做法，真是说不清，道不完。"（见《语文教学通讯》1995 年第 2 期《反传统，不在于方法，而在于思想》）

这位老师的想法和情绪是有代表性的。在我看来，这恰恰反映出进一步认识语文教育学科性质的重要性和紧迫性。人类文明发展史上，任何一门科学的成长，总是与"自身到底是什么"的争论相伴随。人文学科中，哲学、文艺学、美学、历史学、语言学、心理学、教育学，有哪个门类不是至今还在讨论定位问题？特别是在一门学科面临突破性进展的时刻，都要对自己的性质进行深入的反思。著名语言学家张志公先生早就提出，现有汉语语法学"基本上不符合汉语特点"（《闲话语言》，《扬州师范学院学报》1980 年第 2 期）；不久前，他向《语文建设》记者发表谈话，指出中学语法难教，"根本原因在于语法系统无论哪个流派哪个学派都是从西方引进的"，"实事求是地说，到现在为止，恐怕还没有任何一部是真正汉语的汉语法"，"语法学乃至整个语言学，是一门应用科学，不是纯理论科学……如果不是为了应用，不是为了提高应用能力，那就不必研究语法，不必教语法，不必学语法"（见《语文建设》1995 年第 2 期）。张志公先生对汉语语法学、语法学乃至语言学的状况和性质所发表的意见，正预示着学科内部孕育着深刻的变革。时处世纪之交，语文教育的社会文化背景变化迅猛，语言环境日趋复杂，语文教育现状不理想，对《大纲》的阐释有歧义，师资队伍和教育对象出现许多新情况、新问题，现代教育技术日新月异……所有这些，都在要求语文教育须对自身性质进行新的探讨。矛盾是回避不了的，分化，综合，再分化，再综合。语文教育学科建设，将围绕以性质观为核心的教育观念的讨论，在多元化的观念和实验的碰撞中，在否定之否定的辩证行程中，赢得螺旋式的上升。

给语文教育定位，先得给语言定位，给汉语定位。长期以来，语文教育界强调语言的工具性，这是无可非议的。然而，语文绝不等同于一般的生产工具，如机器或犁锄，也绝不等同于一般的生活工具，如筷子或拐杖。语言是表达思想进行交际的工具，是思维的物质外壳，是信息的载体。这种工具、外壳、载体，都是只有人类才拥有的符号。在符号的意义上把握语言的工具属性，恐怕较为恰当，问题更在于，"语言是思想的直接现实"（马克思、恩格斯《德意志意识形态》）。各民族的语言都不仅是一个符号体系，而且是该民族认识世界、阐释世界的意义体系和价值体系。符号因意义而存在，离开意义，符号就不成其为符号。这就是说，语文不但有自然代码的性质，而且有文化代码的性质；不但有鲜明的工具属性，而且有鲜明的人文属性。

西方学者把语文看做开启人类社会文化起源和发展奥秘的钥匙（意大利，维柯 1668—1744），认为语文是一种创造性的精神活动（德国，洪堡特 1767—1835 年），不仅视语言为一种文化现象，称语言基本上是一种文化和社会的产品（美国，萨丕尔 1884—1939），还把语言看做文化建设中的一种力量（德国，魏斯格贝尔 1899—1985），认为语言和文化相互塑造，相互渗透，相互从属（美国，沃尔夫 1897—1941）。如果说世界各民族语言都具有人文性，那么，汉语汉字的人文性可说是特别突出。在中国古人看来："人之所以为人者，言也。"（《春秋穀梁传》）"不知言，无以知人也。"（《论语·尧曰》）著名的名实之争，文道之论，言意之辩，在某种意义上，都关涉到汉语人文性的阐发。朱熹说："道者，文之根本。文者，道之枝叶，维其根本乎道，所以发之于文，皆道也。三代圣贤之章，皆从此心写出，文便是道。"（《朱子语类·卷百三十九》）从此类论述中，可以体悟古人是如何把语言同人性、天道、事理联结在一起的。中国现代学者对于汉语的人文性也多有创见。八十年代后期关于中国文化语言学的理论探索和争鸣，论争双方都为如何理解汉语的人文性提供了丰富的思想资料。汉语言文字不是单纯的符号系统，它有深厚的文化历史积淀和独特的文化心理特征。汉语和其他民族语言的工具性和人文性是一个统一体的不可割裂的两个侧面。没有人文，就没有语言这个工具；舍弃人文，就无法掌握语言这个工具。

弄清楚语言的特质，语文教育是什么，具有怎样的性质也就迎刃而解。

法国学者加斯东·米亚拉雷曾指出："学校的语言首先是占统治地位的文化的传播工具。因此，所谓母语教学的问题从来就不是一个纯技术问题——在母语教学中，社会学和政治方面的因素占举足轻重的地位。"〔《世界教育史（1945年至今）》〕人们在给语文学科定位时，使用的"性"超过十个。我想，"人文性"较之"思想性""情意性""科学性""文学性""社会性""政治性""民族性"等，似乎更为合适。语文学科作为一门人文应用学科，应该是语文的工具训练与人文教育的综合。

四、弘扬人文，改革弊端

语文教育人文性是一个古老而年轻的课题。汉语文教育有优秀的人文传统，培育出一代代道德文章彪炳千秋的文人学子，哺育出千千万万的美诗佳文，传播中华民族的优秀文化。今日的语文教育对汉语文的人文性未给予足够的重视，甚至感到陌生。要走出困境，提高质量，须弘扬人文。

不承认语文的人文性，必然是只注重语文形式，忽视语文内容。文化内涵本是语文的固有根基，教材中的任何课文都是思想内容和语文形式的统一体，不可分割。只讲形式，就架空内容，语言形式就失去灵气，失去光泽，变成任意排列组合的僵死的符号。对这个问题，叶圣陶先生从修改文章的角度谈到过："修改文章不是什么雕虫小技，其实就是修改思想，要它想得更正确，更完美。"语言文字是载道明理的工具，"道"与"理"不讲究，这个工具怎能有生命力，怎能完美呢？

忽略语文的人文性，必然只强调语文工具而看不到使用语文工具的人。学语文不是只学雕虫小技，而是学做人。语文教育就是教文育人。语言文字是文化的载体与结晶，教学生学语文，伴随着语言文字的读、写、听、说训练，须进行认知教育、情感教育和人格教育。只强调语文工具，用解剖刀对文章进行肢解，枝枝节节，只见树木不见森林，闪光的启迪智慧的思想不见了，吸引人、凝聚人、感人肺腑的情感被肢解得无踪影了，留下的是鸡零狗碎的符号。

弘扬人文，不是照抄过去，而是在继承的基础上出新，赋予时代精神。今日的语文教育要有中国特色，就要弘扬优秀的民族文化精神，就要有面向新世纪的浓郁的时代进取精神，变语言形式教学的单一功能为知、情、意教育统一的多功能，变低效率为高效率，尊重和发展教的个性与学的个性，探索与现代教育技术结合的途径。

要变语文自我封闭性为开放性，开发语文教育空间，面向生活，面向社会，面向活泼泼的中学生，不是机械训练，消磨学生的青春。

要坚持汉语文教育自身的特点，学西方语言，学西方测试，要在"化"上下工夫。照抄照搬，不仅淡化甚至有悖民族文化精神，而且会把许多语文教师引入误区，进入考试怪圈，拘囿其中，脱身不得。

对语文教育性质观的反思，目的在求得语文教育健康发展，使千千万万莘莘学子深受其益。

强调人文精神要有民族特色

在讨论加强学生人文精神培养之前，必须弄清楚教育的任务是什么。关于教育本身的任务，教育学有多种说法，说到底，就是培养人，把儿童从一个自然的人培养成为一个社会的人，培养成国家的栋梁之材，这就必须有人文精神。人和动物有许多区别，但最本质的就是两条：一是人能制造使用工具，二是人有文明感，有语言，有文字，只要是人，就有人文精神。办教育，就要注重培养学生的人文精神，这是它的天职。

呼唤人文精神，首先是时代的需要。十七世纪意大利文艺复兴时期呼唤人文精神，那是为了从宗教、神那里解放出来。为什么进入二十一世纪的今天，要特别强调人文精神？因为当今世界物质生产飞速发展，物质财富丰裕，在许多国家，精神文明滑坡。精神文明滑坡，则必然给物质生产带来制约。于是，强调人文精神成为许多国家的共识。今天我们的教育中为什么要加强人文精神的培养？这同样是时代的需要。从计划经济转入社会主义市场经济时代，经济多元化，文化多元化，出现了多种观念的碰撞，需要注重现代文明的建设。就教育界本身来说，由于对教育方针理解不够全面，一种急功近利的思想给培养人带来了很多负面影响。特别是八十年代后期，对学生的素质教育往往降格为技能技巧教育，由于高考指挥棒的影响，技能技巧被强调到无穷大的地步。其实，考试本身只是一个检测手段，分数不能检测出一个人的全面素质和全部能力，现在错把手段当成了目标。没有科学精神，进入二十一世纪不能生活；没有人文精神，就不懂得做人的道理。加强人文精神的培养，是时代的需求。

其次，讲人文精神，要有民族的特色。从整个世界来说，做人有共同的特点，但没有民族性，是没有主心骨的。我们培养的是中国人，是现代化的中国人，特别在充满竞争对手的二十一世纪，中华民族要立足于世界民族之林，讲人文精神就一定要立足于中华民族。前不久《报刊文摘》上有则报道，一位学者在大连讲课，有大学生递条子说，大连为什么治理得那么好，是因为日本人管理了好长时间，在"九一八"发生地沈阳，也有类似的情况发生。大学生是学生中的精华啊，竟然连这样最基本的观念都搞不清，我看了如坐针毡。教育要举其要，抓大事，就是要教学生怎么做人。人是要有脊梁骨的，没有脊梁骨就不能行走，爱自己国家是做人的底线，爱国主义是我们中华民族得以生存发展的精神支柱，民族气节是我们的民族魂。我们这个灾难深重的民族之所以经历了那么多的内忧外患还能自强不息，崛起于世界民族之林，就是因为有那么多的志士仁人继承发扬了爱国主义的光荣传统。文天祥被俘后，元朝请他出来做宰相。当宰相的荣华富贵是可想而知的，但"富贵不能淫"，文天祥一身正气，慷慨就义。就义后人们在他衣带中发现一张纸条："读圣贤书，所学何事，而今而后，庶几无愧。"读书就是为了明理，明做人之理，明报效祖国之理。所以讲人文精神必须要有民族特点。

当然，人文精神是开放的，又是广泛多元的，今天讲人文精神，既不是中国古代人文精神的简单回归，也不是外国人文主义的克隆，而是要吸收两者的精华，要有自己的内容。从中国历史来看，最强盛的时期，都是最能够吸收、融化别的民族文化的时期。因此，强调民族性，并不排斥开放，我们既要注重自身的文化积淀，又要吸取他人的精华，博采众长，强壮自身。

第三，强调人文精神，要发挥教育主渠道、主阵地的作用。人文教育的主渠道是学科教育，主阵地是课堂教学。不管是文科还是理科，都有人文精神的内涵，古今中外的科学家、艺术家之所以能在事业上达到高峰，就是把人的利益放在第一位。居里夫人逝世后的纪念会上，爱因斯坦没有崇扬居里夫人在科学上的成就，而是高度赞扬了她的人格力量和为科学而献身的精神。科学家追求真理就是为了对人类作出贡献，如果没有这样一种思想，是很难承受各种艰苦条件的。主渠道主阵地的作用一定要发挥好，通过这个阵地对学生进行点点滴滴的感染。现在我们太重视结论，一考定终身，而教育本身是一个过程，通过这个过程使学生接受信息，发展智力，熏陶感情，形成人格，这个过程非常重要，我们需要把过程、效果、结论结合起来。我们所处的是一个多维的世界，非线性的世界，对学生的培养不能是一个模式，像工业生产的流水线生产产品那样，而是要促成学生的全面发展，使其潜能得以开发。潜能只有通过教育才能变成现实的才能，学生大量时间是在课堂接受学科教育，这是打基础的，基础教育是长效性的，会给人以一辈子的影响，必须加以重视。

开启学生思维的门扉

人们在非议"满堂灌"这种教学方法时，往往把教师的讲解捆在上面，认为教师讲就是"灌"，讲得多就是"满堂灌"，"问"才是启发式，问题越多越启发。其实，这是一种误解。

"满堂灌"的"满"，评价的是一堂课教师讲解所占时间的多少，是数量的问题；而"灌"才是问题的本质。教师教课如着力于"灌"，并且是一堂课从头到尾滔滔不绝地"灌"，把学生作为承受知识的容器，那就压抑了他们求知的积极性和主动性，这样的教学方法当然要不得。以往的旧学堂里，教师常有不管教学对象的实际而一堂课从头讲到底的现象；有的教师往往天马行空地讲一通，学生如堕五里雾中。人们对这种课"医治"的办法，就是提倡启发式教学，在课内设法使学生开动脑筋，积极思考问题。常用的办法是课堂内向学生提问，要学生回答，促使学生动脑子。教师在课内适当地提问或进行其他有效的活动，如演示、实验、练习等，比之一味"灌"，教学效果当然会好得多。此外，人们还强调开展形式多样、生动活泼的课外活动，以资配合，来启发学生学习的兴趣，提高学习效果。

那么，课堂上问答多是否就是进行了启发式教学呢？对此应具体问题具体分析。如果教师教学目的性强，围绕教学目的，从学生实际出发精心设计的问题能启发学生开动脑筋积极思维，学生在教师指导下，通过自己的脑力劳动获取了知识，提高了能力，这当然是启发式教学。如果问题琳琅满目，问问答答十分热闹，但触不到所学知识的实处、深处，好像浮萍一般浮游无根；或者教师一按"电钮"问，学生立刻手举成林，不假思索地简单机械地回答。凡此种种，不仅不是启发式，而且是对启发式的歪曲。

启发式教学必须贯彻和体现教师的主导作用与学生自觉性、积极性相结合的原则。教学是教师的教和学生的学双方面的活动，这种活动是根据教育计划、教学大纲，按特定的要求、特定的程序组织起来的有机统一体，既不能忽视调动学生学习的自觉性、积极性，又不能贬低教师的主导作用，更不能把教与学二者分离开来。教师在教学的各个环节，如复习旧知，引入新课，讲解基础知识、基本理论，进行基本训练，布置作业等等，都须有明确的目的，发挥主导作用，组织、督促、帮助学生学习。发挥主导作用绝不是包办代替，把学生抱着走。教师主导作用发挥得好不好，关键在于是否开启了学生思维的门扉，使他们处于学习的兴奋状态，进入求知的佳境；在于学生是否成为学习的主人，眼看，耳听，口说，手写，心想，能否主动地提出疑难问题，碰到学习上的困难又能否独立分析，并能否提出创造性的见解。如果教师目中无学生，看不到学生内在的学习积极性，取消他们认识主体的作用，只是"灌""注""填"，那就变成只有教而没有学了。

问题很明白："满堂灌"与"启发式"的根本区别是前者把学生置于消极被动的地位，他们的聪明、智慧、才能在学习过程中受到抑制；后者则从学生的思想、知识、年龄、心理等实际出发，组织多种多样的活动形式，激发他们学习的兴趣，诱导启发他们积极开动思维的器官，生动、活泼、主动地吸收精神养料，在吮吸知识养料的过程中，独立思考、独立工作的能力得到培养与锻炼，智力得到迅速的发展。这样，"教"从"学"的实际出发，作用于"学"，"学"又反过来促进了"教"，教师与学生相互作用，共同完成特定的教学任务。

"满堂灌"与教师的讲解是两个概念，不能贸然画等号或画不等号。在学校工作中，课堂教学是基本形式。组织课堂教学，按照不同的教学目的要求，可以采取不同的教学方法，如演讲、讲解、问答、读书指导、演示、实验、练习、讨论等，或几种教学方法结合起来运用。不管采用哪一种或哪几种方法，都要目中有人，进行启发式教学；切不可抽掉问题的实质，用形而上学的观点来断言某种方法是"满堂灌"，某种方法是启发式。讲解是课堂教学的一种重要的教学方法，是教师进行教学的基本功。教师在吃透教材、了解学生实际的基础上，用准确、明晰的语言对教学内容进行科学的、合乎逻辑的、生动活泼的讲述，促使学生紧张地思维，使学生洞开心扉，受到启发、教益，品尝到知识的甘甜。这种科学性与艺术性相结合的有质量讲解是启发式教学，是课堂教学中必不可少的，绝非"满堂灌"。如果脱离学生实际，口若悬河，言不及义，那当然另当别论。至于一听到教师"讲"，就认为是"灌"，就认为是陈腐，不革新，这种条件反射是对教学原则、教学方法缺乏深入学习、深入研究的缘故。

值得注意的是：教师讲解绝不是唯一的行之有效的教学方法。这种方法在什么情况下采用，什么情况下与其他教学方法结合起来，什么情况下采用其他一种或几种教学方法，不能凭执教者的好恶，不能主观臆断，而要从实际出发，因学生而异，因教材深浅难易而异，因教学目的的不同而异。对学生生疏的或全然无知的事情、道理，教师不妨进行讲解，便于学生理解掌握；凡学生自己能理解，或通过提问、讨论等方法可寻求正确解答的，要尽量让学生自己完成，教师不应越俎代庖。一个有经验的教师总是要学会运用多种教学方法来实现教学目的要求，单打一的办法难以收到预期的教学效果。

时代要求我们培养的是一代新人，是社会主义物质文明与精神文明的建设者和保卫者，他们应该有理想，有文化，有自学能力与独立工作能力，有创造精神。从事中小学基础教育的教师必须清醒地认识这一点，在进行课堂教学时下决心废止"满堂灌"，贯彻启发式。

在学科教学中对学生进行高质量的素质教育

　　实施素质教育的根本宗旨是提高国民素质，重点是培养学生的创新精神和实践能力，培养目标是造就有理想、有道德、有文化、有纪律的、德智体美等全面发展的社会主义事业建设者和接班人。学校各学科教学当然都须研究如何从本学科的实际出发，对学生进行高质量的素质教育，语文学科教学更是责无旁贷。

　　语文教育是母语教育，是汉民族统一规范的祖国语言文字的教育。语言伴随着人类社会的形成而产生，又伴随着社会生活的变化而发展。语言在人类社会形成和发展的长河中，经历了千万年，它发生了，成型了，丰富了，冼炼了，发展了，它是一个民族中任何阶级、任何集团都可以使用的一种交际工具。这种交际工具不是独立于人而存在的一种工具，语言与人（身体、大脑）是俱在的，是人类，也只有人类自身才拥有的。北京大学著名哲学家贺麟曾这样说："人与禽兽的区别，虽有种种的说法，但根据科学的研究，却只有两点：一、人能制造并利用工具，而禽兽不能；二、人有文字，而禽兽没有。其实文字亦是一种工具，传达思想、情感、意志，精神上人与人内在交通、传久行远的工具。说粗浅一点，人是能读书著书的动物。"显然，语言和其装载的文化不可分割。也就是说，语言不能凌空存在。我们常说"语言是思维的外壳"，这"外壳"其实是与"内核"不可分离的一个整体。因为语言是人类文化的主要载体，它直接地、全息地记载和传递着人类有史以来的所有思想和活动，只要进入语言"时间隧道"，就能穿越几千年历史的积淀层，认识历史，认识社会，感悟人生。二十世纪人文学科最大的突破之一是语言学的突破。思想、情感、语言是同时发生的。语言不仅仅翻译思想，不仅仅是载体，而且就是意识、思维、心灵、人格的组成部分。

　　语文与语文教学本是两个不同的概念，但又是有着紧密联系的两个概念。只有对语言的属性有了切实而准确的了解，才能谈语文教学。好比数学，离开数字谈数学也就失去了意义。离开了语言文字，怎能谈语文学科或语文教学呢？中小学语文学科是一门基础学科，打文化的基础，是非常实用而且内容丰富多彩的一门学科，人文性很强。语言文字本身装载着文化，民族的文化是民族的根，语言是文化的根。它无声地记载着本民族的物质文明和精神文明，记载着本民族文化的地质层，母语教学必须与民族文化紧密相连。语言和文化在母语教学中不是两个东西，而是一个整体。说语言学科具有人文性，绝对不是排斥它的科学精神；说语文学科具有工具性，也绝对不是削弱它的人文精神。不存在限制这一个、张扬另一个的问题。二者不能割裂，应沟通交融，互渗互促。

语文教学要有更高的起点，更新的观念，更宽的视野。对母语的认识应建立两个基本概念：一个概念是民族的睿智积淀在民族的语言中。母语教学不能如同外语教学中的"商业对话"训练，不是"英语 900 句"，不能老在词句上兜圈子。教母语，同时也在教民族的思想与感情。"先天下之忧而忧，后天下之乐而乐"，寥寥数语，人生观包蕴其中；"两情若是久长时，又岂在朝朝暮暮"，短短两句，爱情观渗透在内。语言多奇妙，它是春风化雨，润物无声。教学中千万不能把语言文字看成是僵死的符号，它是装载着丰富的情和意的，是活泼泼的，有灵性的，有表现力的，有迷人的魅力的。比如"春风又绿江南岸"，一个"绿"字用得多么传神。满眼的绿，生机勃发的绿，那种喜悦，那种对生命的礼赞与讴歌，如果就词论词作机械的讲释，学生不会感悟，不会生发，又叫什么学语文呢？学民族语言，就是要继承和发扬民族优秀文化。与此同时，须广泛阅读世界名著佳作，开阔视野，吸收人类的进步文化。还有一个概念，将来信息网络化，世界变小了，地理区域性特征不再鲜明了，母语仍是维系民族团结的纽带，对内是黏合剂，对外是有力的屏障。说文化是综合国力的一部分，是因为文化这一资产是长期积累的，维护它，珍爱它，一个民族就不会垮。母语学习，从来就是一个民族对其后代的精神哺育。

语文教学要对学生有效地进行素质教育，须在认识和做法上解决"重术轻人"的问题：语文教学的目的在于培养与提高学生正确理解和运用祖国语言文字的能力，具体地说，培养他们具有阅读现代文和浅易文言文的能力、写作能力、口语交际能力和初步的文学鉴赏能力，教会学生掌握学习语文的基本方法，养成自学语文的良好习惯，培养发现、探究、解决问题的能力，为继续学习和终身发展打好基础。在语文教学过程中，还要培养学生具备良好的思想道德、高尚的审美情趣及爱国主义精神，要发展潜能，发展个性，形成健全人格。语文教学当然要培养学生的语文能力，但与人的培养是紧密结合在一起的，目的是教文育人。"重术轻人"，恰恰是只重视语言技能技巧，把一篇篇寓意精辟深邃的佳作、一篇篇声情并茂的美文肢解得鸡零狗碎，震撼心灵的智慧不见了，感人肺腑的感情消失了，语文的生命力荡然无存，原本诗意的、审美的，即以形象思维为内核的语文教学转向了标准化、机械化。语文课人文精神和审美情趣缺失，语言文字表情达意的光彩黯淡了，学生学起来味同嚼蜡。也正由于如此，催发了语文教学的匠化和应试训练的泛滥。加上出版业的利益驱动，"一课一练"之类的本本充斥市场，推波助澜，对语文教学该走什么道路起了负面影响。

语文教学"重术轻人"的最大弊病是学生学语文的主动性、积极性、创造性受到抑制，不能成为学习的主人。阅读教学程式化，作文教学模式化，能力训练机械化，学生常常成为操练的机器，兴趣、爱好、特长、个性的发挥，不能说没有，但确实已凤毛麟角，十分罕见。语文学科是一门最开放的学科，语文与生活同在，应用性极强。把最开放的学科禁锢在考试的小圈子里，把最广阔的天地挤压到一个狭窄的角落里，对其敲门砖的功能放大再放大，学生怎敢越雷池一步？这种被动学习的状况形成的后果与现代社会素质教育要求培养的目标距离甚远。现代社会即将步入知识经济时代，在知识经济时代，知识是最重要的生产力，资本和财富的优势将变得次要。英国哲学家培根提出的"知识就是力量"的名言，再一次得到形象而深刻的诠释，而大量的知识都是以信息的形式出现的。现代社会的人，如果没有独立的、比较强的阅读能力，没有理解分析、判断推理的能力，怎么能适应时代社会的需要？就表达来说，现代社会虽不要求立马可待，但也确实要求人们思维敏捷，反应快速。表达绝不仅仅指学生在学校写几篇文章应考，更重要的是培养他们具备观察生活、认识生活、运用语言文字表情达意的能力。

看问题视野要开阔，不能只看到课堂、考卷和考场。有些情况拿来参照，看一看，想一想，能活跃思路。二十世纪九十年代初，美国劳工部二十一世纪就业技能调查委员会对二十世纪近二十年来美国教育的现状和二十一世纪美国社会对人才素质的需求，进行了全面的调查和深入的研究，提出了二十一世纪全体美国就业人员应具备的五大能力和三大基础。其中，三大基础是能力基础、思维基础、素质基础。能力基础指有较高的读、写、算、听、说的能力；思维基础指能进行创造思维，有决策能力和解决问题的能力，有想象能力、学习能力和推理能力；素质基础指有责任心和自尊心，善交际，能自律，为人诚实正派。显然，这里所说的基础要言不烦，着眼于人的品德、意志、才能等方面的较全面的要求，以适应现代社会的发展。他山之石，可以攻玉，语文教学对学生进行素质教育，一定要把"人"放在首位，让学生真正成为学习的主人。

教育观念要更新。任何一所学校、任何一名教师，不可能在课堂、在学校把学生一辈子需要掌握的知识与能力都教给学生，尤其在科学技术迅猛发展的今天，就是有这种想法也是不可思议的。但是，教他们学会学习，学会做人，学会发展，学会创造，是一丝一毫也不能马虎、松懈的。学生学会了这些，就能心灵丰富，潜能发挥，有真才实学，一辈子受用不尽。语文教学中教学生学会学习，学会做人，意义尤为重要。语文是实践性很强的一门学科，单靠课堂，单靠教师讲授是解决不了问题的。教师的"教"要为学生的"学"服务，比较，辨别，感悟，提高阅读与表达的能力。读写是语文的两翼，读得少，对语文能力的培养来说，无疑是釜底抽薪；笔动得少，鲜活的思想、美妙的语言文字怎么可能奔赴笔端？哪来较好的表达能力？要让学生有充分的自主学习语文的天地，引导学生做学习语文的有心人，广泛开展语文读写活动，练就掌握语言文字的真本领。

当前语文教学对学生进行素质教育有两点尤为重要。一是让学生重视积累，学会积累。文化的积淀靠的是积累，语言文字能力的提高也同样需要积累，不能考过试以后，学生学的就还给老师了。较长时间以来，我们的语文教学重分析，轻积累，有的文章甚至分析得碎尸万段，这不能不说是一种严重的失误。学生腹中佳词美句、佳作美文储存极少，"厚积而薄发"，"积"得很少，又"发"什么呢？我们这样的泱泱大国，需要千千万万素质良好的劳动者。我们培养的学生，不管他将来会从事什么职业，我们总希望他身上具有一些文化的气质，有点文化底蕴，成为现代社会的文明人。这不是一朝一夕所能解决的问题，因为素质不是一种技巧，可以轻松掌握。素质是一种心灵的塑造，在塑造人的心灵过程中，中华优秀文化确实能起到一以当十的作用。如果没有积累，语文能力的提高就是空中楼阁，语言表达上的贫乏、贫穷也就见怪不怪了。当然，良好素质的培养也随之受到影响。二是创新意识、创新精神的培养。语文教学最能给学生以创造空间。只要教学中教师不拘囿于某一模式、某一标准答案，不画地为牢，叫学生就范，学生就能积极思维，开展想象，有独特的感受与体验。教材中的每一篇作品都包含着作者独有的人生经历、思想方式、情感体验，尤其是文学作品，更是各有各的风格，各有各的个性，各有各的语文特色，可说是异彩纷呈。学生解读，可根据自己的年龄特点、知识素养、生活经验，作出多种多样的理解，得出各自不同的感受。《孟子·万章上》中有："故说《诗》者，不以文害辞，不以辞害志。以意逆志，是为得之。"也就是说，在解说诗文时，用自己的认识体会去揣摩作者思想感情。学生阅读、咀嚼、品味、体验、感受，激起求知的欲望，引发对人生的思考，这本身就是一种再创造。在教学中，不能满足于使学生获得知识，更重要的是指导他们掌握学习方法，培养探究精神，探究知识形成的过程，开拓他们的想象力。学生在课堂上主动学习，自主学习，教与学双边多向活动，学生就能闪现智慧的火花。课堂里要善于营造学生积极思维、大胆想象、知无不言、言无不尽的生动活泼的气氛，让学生思想舒展，精神愉快，学有所得，学有趣味。教师在引导和组织学生阅读欣赏、通畅表达时，还须注意非智力因素的培养，注意学生兴趣的激发，情感的陶冶，意志的锻炼。创新教育是素质教育的灵魂，创新能力是一种智力特征、人格特征，是一种精神状态、一种综合素质。学生学语文，与人类的智者对话，与高尚的情操交流，受人文美、语言美的熏陶，感知、情感、想象和理解等各种心理机制都处于活跃的状态下，他们的创造力就会爆发出来，常常在阅读、表达中出现"神来之笔"，超水平发挥，启人深思。

素质教育作为一种教育指向，具有方向性和导向性，但不可能有一个统一的模式。素质教育本身就是开放性的，多元取向的，语文教学中只要认清和牢记培养目标，培养和造就适应现代社会需要的一代新人，明确实施素质教育的重点，从本学科的性质、特点出发，解放思想，深化改革，大胆创造，必能涌现出丰富多彩的成功经验，为大力提高语文教学质量作贡献。

让所有的学生都做课堂学习的主人

课堂教学改革涉及的方面很多，如教师与学生在课堂教学中各自的地位与作用，教学内容的质地与分量，教学方法的选择与运用，教学过程的安排与调度，教学效果的评价与测试等等。但核心问题是学生在课堂教学中必须做学习的主人。做学习的主人，不能局限于对某些学科学习有兴趣的几个或十几个人，而是要全班所有学生都做学习的主人。要启发、引导学生爱学、会学、学会、学好。

要加强改革意识，采用相应的对策深化改革。改革的做法甚多，择其要而言有如下几方面。

转换立足点

长期以来，教师为"教"而"教"的现象比较严重。教师考虑得最多的是教什么，即教学内容。熟悉教材，进行钻研，写好教案，向学生传授知识，就觉得完成了任务。至于怎么教学生才能学懂、学会，相对而言，考虑得少。至于学生学习过程中会碰到哪些困难，怎样才能克服困难，考虑得就更少了。

立足点从"教"出发，课堂教学常常重知识轻能力，重烦琐的讲解，灌输各种各样的现成结论。课堂常常是教师一言堂，是教师的用武之地，教师锻炼口才、锻炼形象思维与逻辑思维的场所。这样的教学，无疑会关闭学生认识的窗户，压抑他们学习的积极性，他们的智力发展，尤其是思维力的发展会受到严重的阻碍。教师要从习惯的从"教"出发的立足点转换到从学生的"学"出发。要充分考虑学生的实际，考虑他们学什么、怎么学，学的过程会碰上哪些障碍，怎样帮助解决，怎样才能使他们发挥学习的积极性，让他们有主动学习的时间与空间，怎样才能挖掘学习的潜能，有所发现，有所创造。"教"为学生服务，"教"不是统治"学"，也不是代替学生"学"。教师的"教"是启发学生的"学"，引导学生"学"。施教之功在于启发、引导、点拨、开窍。教师引导学生入学习之门，为学生会学、学会、学好而教，因为任何教学方案都是为学生而存在、而起作用的。课堂应是学生学习的用武之地，课堂上不改变教师越俎代庖的状况，学生就摆脱不了只当听众的命运。

比如训练学生口头表达能力，有些学生口述能力太差，说起话来断断续续，含糊不清，如果从"教"出发，课堂上就不愿意让他们发言，以免"浪费"时间。但是从学生的"学"出发，就必须让他们多问，多说，多解答。上课不是表演，课不是教给别人看的，要教到学生身上，让他们扎扎实实提高能力。学生有机会多锻炼，教师因人而异，具体指导，坚持不懈，就有效果。

优化课堂结构

课堂教学要面向全体学生，使每名学生学得主动，学得积极，学有收获，须合理地安排课堂结构，改变传统的课堂教学构成。以往的课堂教学构成，基本上是单向型的直线往复：教师讲，学生听；学生质疑，教师解答；学生讲述，教师判断。这种课堂结构必然重结论轻过程，重传授轻探讨；这样的师生交往充其量只能显示教师的学识水平，而学生的聪明才智很难得到展现与锻炼。学生的学习过程往往以"听"和"记"为核心，这样的教学情境难以激起学生智慧的火花，课的容量受到限制，班级教学的优点也难以有所发挥。班级教学要面向全体学生，让每个学生沉浸在浓厚的学习气氛中，学习、思考、讨论、探求，发挥聪明才智，课堂教学结构必须从单向型直线往复转换为网络式、辐射式。

教学过程是个脑力劳动过程，师生共同参与，相互作用，形成一个整体。教师的"教"作用于全班所有的学生，学生积极性极大地调动，既向教师反馈，又与同窗交流，形成思想、情感、知识、能力互相交流的网络，信息量大大增加，传递的渠道通畅。在特定的教学活动中，学生之间不仅可切磋琢磨，而且能充分发展个性与才能。由于生活与学习的储存，在钻研或讨论某些问题时，学生常会用"神来之笔"放出异彩。广泛的知识信息交流常常是触媒剂，促使学生正常发挥乃至超水平发挥。每个学生都可成为"发光体"，把自己的才智辐射到教师及其他同学身上。这样的课堂结构也体现了"能者为师"的特点。教师与学生是伙伴关系，既引导学生"学"，又从学生的"学"中得到启发，验证课前教学设计的正误，收教学相长的效果。这样的合理构成，师生积极性双调动，只要教学内容适度，教学环节安排得当，各层次的学生均可得到培养，单向型的直线往复转换为网络式、辐射型，探讨的气氛浓厚，课堂气氛活跃，学习情境优化。不仅文化程度较好的学生在课堂上有惊人之语，可以发光，程度一般的乃至较差的，只要思想集中，学得深入，同样可把学习所得辐射到同学身上，形成连锁反应。课堂教学双边多向，教与学和谐互动，学生做学习的主人。

诱导学生善于发现

　　知识是人们社会实践的经验总结，也就是人们认识活动的结果。传统的课堂教学重知识的传授、结论的记忆与背诵。其实，知识是认识的结果，更是认识的过程，在教学中诱导学生发现、探求、辨别、判断，能有效地培养学生求知的欲望和独立分析问题、解决问题的能力。苏霍姆林斯基在《给教师的建议》一书中这样说："学习的愿望是一种精细而淘气的东西。形象地说，它是一支娇嫩的花朵，有千万条细小的根须在潮湿的土壤里不知疲倦地工作着，给它提供滋养。我们看不见这些根须，但是我们悉心地保护它们，因为我们知道，没有它们，生命和美就会凋谢。"要培养学生的创新精神，课堂教学中要千方百计地激发与保护学生学习的愿望、追求真知的愿望。由于那些众多的"细小的根须"积极劳动，学生在有意无意中会发现令自己惊喜、惊异或惊讶的问题。此时此刻，学习所获得的快乐会使学生增添自信，增强自尊，增长自豪感，学习会进入佳境。诱导学生善于发现，还要帮助学生树立"宝藏"意识，激发学生探宝的愿望。众所周知，陈景润竭尽毕生智慧与精力攀登解答哥德巴赫猜想的高峰，就是由于在中学时代数学教师启发他树立了宝藏意识。让学生树立宝藏意识，靠说空话是不行的，教师须加以指点，让学生见到"宝",识别"宝",进而主动积极地探求宝藏。探求时,须注意冲破常见的定势,要用眼精细观察,用心积极感受,教师只起指点作用。例如学语文,文章中许多妙笔无须教师一一讲述,应放手让学生阅读、潜思,引导他们发现问题,引导他们交流自己的心得。哪些语句好,就谈哪些语句;哪里写作方法用得巧妙,就谈哪里的写作方法,切不可设个框框,让学生往里跳。放手觅宝,学生就能真正开动脑筋。举例来说,学习《明湖居听书》时,有的学生发现作者刘鹗描写白妞的眼睛特别传神,"那双眼睛,如秋水,如寒星,如宝珠,如白水银里头养着两丸墨水银,左右一顾一看,连那坐在远远墙角子里的人,都觉得王小玉看见我了",于是情不自禁地说:"好,好极了。用'秋水'状其清澈,用'寒星'状其闪光,用'宝珠'状其晶莹,用黑白水银状其明亮,从不同角度刻画眼睛的美,比用'美丽''漂亮'等词修饰高明得多,真是美寓其中,令人不尽地遐想。"边说边得意,沉醉在发现的欢乐中。

创设辨疑、析疑的条件与气氛

思维从发现问题开始,但要不断深入进行,却有赖于分析问题、解决问题的逐步展开。教师激疑、学生生疑后,要注意设置辨疑、析疑的条件与气氛,引导学生谈看法,摆见解,比较,分析,判断,推理。教师千万不能因赶进度而丧失让学生思维的良机。思维可以说是学习的基本功,要培养学生的创新精神,思维能力的发展是基础。学习困难的同学在思维方面往往有很大的弱点,比如提问题,他们不是不想提,而是提不出问题,发现不了问题。不会思考大大阻碍了他们学习的步伐。早在两千多年前,孔子就说过:"学而不思则罔,思而不学则殆。"(《论语·为政》)光学习不思考会迷惘无知。教师要想方设法让不会思考的学生爱思、会思,让爱思考的学生多思、深思,也就是说要不断开启学生思维的门扉,让学生用自己的头脑去思考,辨别,分析,归纳,亲自获得知识。创设辨疑、析疑的条件与气氛方法甚多,如注意调动学生知识小仓库的知识,使其运转,发挥作用;灵活地运用各种比较方法,培养学生良好的思维习惯,通过比较、鉴别,深入认识事物的特点;

提倡采用研究性的学习方法，鼓励学生脑子里呈现构造知识的图景，对知识的理解可以有种种假说、种种解释，大胆发表自己的意见，并借助班级集体的力量加以评论，说是论非。总之，教师的作用是启发学生自主学习，而不是窒息学习。辨疑、析疑时，教师无论如何不能以自己思考问题的范围及获得的结论，给学生"画地为牢"，叫学生"就范"。学生思考问题通常有自己习惯性思路，怎样由感性上升到理性认识，怎样根据种种事实下判断，怎样进行分析，进行归纳，等等。有时由于某些因素的触发，会突破习惯性思维的羁绊，闪发出创造性的火花。教师在教学中要善于把握种种因素，培养和鼓励学生的创造精神。教师须懂得：学生感兴趣的不全在长知识，更在于独立开展抽象思维过程的本身，也就是喜欢长知识和长智慧相互结合的智力活动过程。学生勇于谈看法，摆见解，课堂里就常会闪发火花。

在有限的课堂里开拓学生无限的想象

知识是静止、封闭和有限的，而想象力是运动、开放和无限的，想象力是能动的知识。如果把知识比做"金子"，那么，想象力就是"点金术"，能使知识活化，能进行创造。比如语文教育，它在培养学生想象力方面有着得天独厚的条件。因为语文教材中的佳作名篇蕴含着极其丰富的情感力量，直接诉诸学生的情感体验，教学中千万不能把事先已经准备好的种种知识、结论一股脑地塞进学生的脑袋，捆住他们想象力、创造力的翅膀，而应千方百计使他们在学习、咀嚼、品味的过程中"思接千载""视通万里""情泻江河"，激发他们神思飞扬，处于创造的气氛之中，享受丰富的精神生活。如果把语文学习歪曲为只识记枯燥的文字符号，那就会把学生弄成压干了的花朵。其他学科教学，不管是文字、数字、线条、图像，只要思想重视，方法得当，同样能发展学生的想象力。

想象，就是人们在已有表象的基础上通过头脑加工创造出新形象的一种思维活动。一个想象力丰富的人，他的创造力就强，能够把已经占有的知识重新组合，创造种种新形象或幻想出前所未有的形象。想象力的发展须凭借感知过的种种材料，教学中不仅要注意唤起与调动学生的生活经验与知识储存，而且要善于发动全班学生有意识地提供和交流感性知识，帮助大家积累。想象的"触发点"选得好，学生就会思绪绵绵，脑子里出现种种立体图景，有声有色有形，体味求知的愉快，寻觅创造的欢乐。

教育手段、教育技术的现代化也是课堂教学改革中必须花大气力解决的问题。

总之，课堂教学改革要去烦琐，去死板，去僵化，去机械操练；应充满时代的活水，充满师生的活力，尤其是充满学生的活力。学生主动学习、自主学习、学会学习的同时，必然会更好地受到人类优秀的精神文明的教育与感染，必然能源源不断地创造性地吸收人类的智慧、文化的精粹、高尚的情操，拓宽思路，开阔胸怀，追求美好，自我塑造，成为有理想、有道德、有文化、有纪律的一代新人。

把握学科特点，促进学生主动、生动地发展

　　语文教学难度很大。说它难，一是因为它在发展的过程中，受制约的因素很多，因而常曲曲折折，乃至迷迷茫茫，教师往往有越教越不会教的感觉，认不清语文教育的庐山真面目；二是因为对教师的要求高，不仅要求在语言文字方面有一定的技能技巧，而且要求文化底蕴比较厚，整体素质比较好。

　　《九年义务教育全日制初级中学语文教学大纲》（修订稿）迎难而上，适应现代社会要求，根据基础教育培养学生发展的需要，总结语文教学实践中正反经验，深化改革，正本清源，开拓进取，给人以拨开云雾、耳目一新之感。

　　回顾自己多年来的教学实践，结合对修订大纲的学习，谈一点对语文教学粗浅的认识。

一、以学生为本，着力于语文素养的整体提高

　　教语文，千万不能见文不见人，千万不能"文"是实的，"人"是空的，只重视知识的传授、技能的训练，而忽视对人的培养。教育就是培养人，任何学科的教学都要为培养学生成长、成人、成才服务，教"文"要育"人"。教语文必须牢牢把握两个基本点，一是树立培育现代新人的大目标，二是把握语文学科的性质与功能，以此来指导自己的教学行为。现代社会要求教育为人的发展提供四大支柱：学会学习，学会做事，学会共同生活，学会发展。也就是要培养学习力、理解力强，有个性，有潜能，有创造能力、协作能力，素质良好的各个建设领域的建设者。中学阶段就是要为培养这样的建设者打下扎实的基础。胸中有了育人的大目标，思考问题就能登高望远，就能教在今天，想到明天，以明日建设者的素质要求、德才要求指导和促进今日的教

学工作。如果淡化了或忽视了对学生素质的培养，只在语文某个局部、某些技能技巧上兜圈子，恐怕是小得而大失，与基础教育的长效性相悖，耽误了不少学生宝贵的光阴。

中学语文学科是中学的一门基础学科，它不是文字学、语音学、语法学、修辞学、文章学、文学、美学、写作学、史学、哲学等专门学问的拼盘。尽管研究它的理论，也就是学科理论比较薄弱，尤其缺乏时代气息与中国语言文字特有的深厚的文化底蕴，常受到某些专门学问的左右，但讲究实用，内容丰富多彩，在相当程度上已形成共识。语文是最重要的交际工具，只有人类才拥有。一个民族能够自立于世界民族之林，是由于它有自身许多特征组合成一个牢固的整体，如民族经济、民族文化、民族风俗习惯，还有一个更重要的就是民族语言。民族文化是民族的根，而民族语言不仅负载民族文化，就是民族文化的重要组成部分，是根之根。语言这一工具和它负载的文化、思想不可分割。也就是说，语言不能凌空存在，"语文是思维的外壳"，这"外壳"与"内核"是不可分离的一个整体。

中学语文教学进行的是母语教学，初中阶段的语文教育是语文普及教育，语言和文化不是两个东西，而是一个整体。只强调语文工具，用解剖刀对文章进行肢解，枝枝节节，只见树木不见森林，闪光的启迪智慧的思想不见了，吸引人、凝聚人、感人肺腑的情感被肢解得无踪无影了，留下的只是鸡零狗碎的符号。语文学科由其性质所决定，对学生的教育必然是多功能的，它在培养学生读、写、听、说能力的同时，须进行认知教育、情感教育、审美教育和人格教育等。学生在口语交际、阅读、写作技能方面进行训练，当然有训练功能，但与此同时，还有教育功能、认识功能、情感功能、审美功能等。比如《岳阳楼记》中"先天下之忧而忧，后天下之乐而乐"的我们民族的思想精华哺育了一代又一代的志士仁人，怎么能在文字的排列组合中让它流失呢？又如许多美文佳作中蕴含的自然美、人文美、语言美等对学生良好素质的形成是极好的熏陶。再如阅读古今中外佳作，引导学生认识社会，认识人生，从而使他们感悟到做人的道理，其认识价值也是难以用数据、用标准化试题来衡量的。总而言之，教语文不能单打一，不能以偏概全。学生是学语文的主人，在学习的过程中，由于语文学科多功能的特点，他们的语文素养理应获得整体的提高。

修订的语文教学大纲坚持对学生进行素质教育，立足于促进学生的发展，强调致力于学生语文素养的整体提高。大纲的"教学目的""教学内容和要求""教学中更重视的问题"和"教学评估"等各个部分对此均作了明确的规定和阐述，体现了教育方针的精神，使语文学科教书育人的任务真正落实到了实处。

二、弘扬人文，熏陶感染

修订的语文教学大纲开宗明义指出："语文是最重要的交际工具，是人类文化的重要组成部分。"又在"教学目的"中阐述培养与提高学生语文能力的同时须"进一步激发学生热爱祖国语文的感情，培养社会主义思想道德品质；努力开拓学生的视野，注重培养创新精神，提高文化品位和审美情趣，发展健康个性，逐步形成健全人格"，还在"教学中要重视的问题"中提出："要从语文学科的特点出发，使学生在潜移默化的过程中，提高思想认识，陶冶道德情操，培养审美情趣。"这些都准确而充分地反映了语文这个人文学科的特点，我是极其赞成的。

在长期的教学实践中，我深深体会到，语言文字在民族生命的组合中，对外是屏障，对内是血液，是黏合剂。语言文字这个工具在为民族政治、经济、文化服务的过程中渗进了民族的个性，成了民族的财富、民族的标志。汉语负载着中华民族数千年的文化，有极其丰富的文化内涵，极其辉煌的人文精神，我们是中国人，从事的又是母语教学，怎能把语文的工具性能与它内含的文化、内含的人文精神机械地割裂开来？怎能不有意识地用自己民族的优秀文化和民族精神哺育我们的后代？舍弃人文，无疑是舍掉了语文的灵魂，又怎能担当起培育学生的重任？

有件事令我触目惊心。《报刊文摘》上有一则报道，说写《我所认识的鬼子兵》的作者方军到几所大学去讲课，很不是滋味。讲课中有的学生递纸条提出异议，什么某某城市治理得好，是因为日本人管理过，把这些怪论归纳起来就是四个字：侵略有理。事后与一位青年教师谈及此事，他说对殖民主义要研究，要重新认识。日本帝国主义侵略中国，烧杀抢掠，生灵涂炭，铁证如山，作为有骨气的中国人，无不恨之入骨，竟然有些人要重新认识，重新评价，不能不说是一种悲哀。当然，这样的学生是少数，但这种思想令人忧虑。热爱祖国是做人的底线，是做人的灵魂。爱国主义是我们中华民族赖以生存、发展、兴旺发达的精神支柱，民族气节是我们的民族魂，我们办教育一定要以塑造学生优美心灵、健全人格为核心，千万不能重术轻人，搞缺灵魂的教育，语文学科更应重视这个问题。

从学生作文表达上反映的问题也说明语文教学中弘扬人文的重要。不少学生作文缺"钙"，软得站不起来。文字的功夫且不说，那种青年人的豪情、壮志、精神、骨力实在罕见。青少年学生是树立理想信念、追求崇高、追求完美的关键时期，不创造条件让他们吮吸丰富的精神文明养料，人生观、价值观都会受到很大的影响。从小在学生心田播撒做人的良种，学生一辈子受益不尽。

弘扬人文，注重人文精神的培养，不是脱离教材，架空语言文字，另说一套，而是要充分运用语文教材中这方面的优势，细水长流似的进行滴灌、渗透。文学作品教学中特别要注意文章内在的思想精华和情感魅力，从语言文字入手，仔细琢磨，带领学生整体感知课文，真正体会作者的写作意图。如《藤野先生》中作者弃医从文的主题就饱含了极其凝重的爱国主义思想、强烈的民族自尊心和为改变旧中国落后状况而顽强战斗的精神。要使这个主题得到充分的表露，并以此叩击学生的心灵，教学时对一些重要段落、关键词句应着力推敲。如文章起句"东京也无非是这样"，无生字无难词，学生容易一眼滑过。如果请学生阅读后解答："前面并无句子，这儿为什么用'也'？不用这个关联词行不行？阅读全文以后，请你把文前的潜台词补上，说明这样表达渗透了作者怎样的思想感情。"文章开头看来平实，但作者跨洋渡海寻求救国救民真理的热情，对清国留学生醉生梦死生活的厌恶与鄙夷深寓其中。学生阅读、思考、讨论，不仅对作者离开东京赴仙台的思路能加深理解，而且体会到文字中饱含的爱憎，感受到作者胸中爱国主义感情的激荡。又如文中写的受到日本学生的歧视、包围的情节，帝国主义电影宣传对作者的强烈的刺激等，都不能只从写作材料、写作方法上平面地理解，要让学生充分地领悟其中载的"道",载的"情"。关键段落如"中国是弱国,所以中国人当然是低能儿,分数在六十分以上,便不是自己的能力了……在讲堂里的还有一个我",组织学生反复朗读,仔细咀嚼,认真领会,高尚的爱国主义思想、强烈的民族自尊的感情就会在潜移默化中流入学生的心田。

要发挥教材中语言文字的魅力和育人的威力,我常采用的方法是:娱目,动情,激思,励志。即有计划、有目的地以文学精品娱学生耳目,带领学生由景入情,以情观景,步入课文描绘的优美境地,通过朗读、吟诵,把无声的文字变成有声的语言,使学生脑中展现一幅幅动人画面,从而获得美的享受;努力运用课文佳作中所包含的真挚感情,用准确生动的语言叩击学生的心弦,使他们胸中或泛起涟漪,或掀起波涛,激发他们爱憎分明的感情,同时,使他们感受到语言文字的表现力与生命力;从学生的实际出发,运用文章精要之处开启学生思维的门扉,不停留在对课文的表面理解上,而能逐步由表及里,深入到事物的本质,在理性认识上有所领悟,心灵中就会镌刻上永不磨灭的印痕;充分运用教材中卓有建树的人物的思想言行,施以良好影响于学生,激励他们树立远大的志向,启迪他们培养坚忍不拔的意志和奋斗不息的精神。娱目,动情,激思,励志,均着眼于把人文精神渗透到语言因素的教学之中,力求做到水乳交融,使学生思想上受教育,感情上受陶冶,文化品位与审美情趣、理解与运用语言文字的能力均获得提高。

熏陶感染讲究一个"润"字,"随风潜入夜,润物细无声",只要教师怀着对事业、对学生满腔热情满腔爱,就能锲而不舍,精心浇灌,促进学生主动发展,引导学生逐步形成健全人格。

三、拓展学生创造思维的空间

修订的语文教学大纲多处强调要注重培养学生的创新精神,"对课文的内容、语言和写法有自己的心得,能提出看法或疑问","鼓励有创意的表达",语文课外活动"应充分发挥学生的主动性创造性","要重视学生思维能力的发展……发展他们的观察、记忆、思考、联想和想象的能力,尤其要重视培养学生的创造性思维"。这些要求不仅体现了语文学科教学以学生为本的指导思想，而且适应现代社会要求，充满了时代的气息，与以往大纲比，有很大的突破。

课堂是谁的用武之地？长期以来，教师的滔滔不绝占领了时间与空间，学生常常是被动承受的容器，学习的主动性、创造性受到压抑。问题不在于教师讲得多与少，而在于是否让学生真正做学习的主人，去读，去想，去写。"教"不是统治"学"，代替"学"，而是启发学生学，引导学生学，点拨，开窍，为"学"服务，为学生学习过程中闪现的创造思维的火花吹氧。

课堂教学要面向全体学生，使每名学生学得主动，学得积极，学有收获。这就须合理地安排课堂结构，把课堂教学的构成从单向型的直线往复转换为网络式、辐射型的。也就是说，上课不是教师讲、学生听或学生问、教师答的直线往复，而是教师的"教"作用于全班所有的学生，学生积极性极大地调动，既向教师反馈，又与同窗交流，形成思想、知识、情感、能力交流的网络，信息量大大增加，传递的渠道通畅。在特定的教学活动中，学生之间不仅可切磋琢磨，而且能充分发展个性和才能。广泛的知识信息交流常常是触媒剂，能使学生在学习中正常发挥，乃至超水平发挥。师生互动，和谐发展，能者为师，每名学生力争成为学习的"发光体"。这样做既能活跃课堂气氛，又能充分调动学生的主观能动性。

要重视学生思维能力的发展。在现代社会从事语文教学，不能采用嚼烂了知识喂给学生的陈腐办法，要学生死记硬背；不能用"零售"的办法把"散装"的字、词、句、篇送给学生，使学生难以捉摸规律，把思维方面应有的锻炼"转嫁"到记忆上。重要的是要千方百计地开启学生思维的门扉，让不会思考的学生爱思、会思，让爱思考的学生多思、善思、深思。孟子讲"心之官则思"，心的功能就是思考，学语文不思考，读，有口无心；看，浮光掠影；说，不得要领；写，内容干瘪，词不达意。不会思考，大大阻碍了学习语文的步伐。要培养创造精神，首先要在思维能力的发展上下功夫。传统教育有其合理精华，但重结论轻过程，重传授轻探讨，重记忆轻创造是其明显的弊病，因而要大胆改革。教学过程实质上就是教师有目的有意识地使学生生疑、质疑、解疑，再生疑、再解疑的过程。在此过程中，思考，探讨，发展，创造，不但要让学生理解并掌握现成的结论，更要为他们拓展足够的思维空间，懂得形成结论的过程以及怎样去掌握结论，评价结论。从静态的维度看，知识是人们社会实践的总结，是人们认识活动的结果；从动态的维度来看，知识是认识的结果，更是认识的过程，是探求知识形成的过程。学生学语文，必要的知识是必须掌握的，但更要强调发现知识的过程，独立解决问题的能力和主动探求的精神。要引导学生学会读书，也就是对读书有感觉，有自己的看法与思考，对语言文字有感受能力，包括语音感、语义感、语境感、语艺感等，即对语言的形象、意蕴、情趣有所领悟。语言材料、佳文美作在脑海里形成的立体画面，所蕴含的丰富的深刻意义，所包含的情感与趣味，不是靠教师的讲解就能奏效，而是要靠学生积极思维，主动发现，赏析琢磨。

要鼓励学生发现问题。学源于思，思源于疑，疑是思之始，学之端。发现问题的能力是逐步培养起来的。我曾用三看一想一查的办法培养学生质疑的能力，即看课文，看注释，看文前的提示与文后的思考问题，想一想哪些懂哪些没懂，还有哪些问题，然后查工具书，查资料。从最简单的字入手，到篇章，到思想内容，到写作特点，然后跟生活联系起来思考，跟课外阅读联系起来思考。坚持引导学生动脑筋阅读，产生的疑问就逐渐增多。有时，学生对一篇课文就能提出很多有质量问题，可见学生有思维空间多重要。教师还可以在学生不易生疑处设疑，或抓住课文本身的矛盾以及学生理解过程中所产生的种种矛盾，激发学生思考。学生生疑，质疑，教师要注意设置辨疑、析疑的条件与气氛，引导学生谈看法，摆见解，比较，分析，判断，推理，培养良好的思维习惯，发展思维能力与语言能力。

要拓展学生创造思维的空间，教学中须注意想象力的培养。一个想象力丰富的人，创造力就强，能够把自己已有的知识重新组合，创造种种新形象，或幻想出前所未有的形象。从这个意义上说，想象力确实像活化知识的酶。教语文，不能把事先已经准备好的种种知识、结论一股脑地塞进学生的脑子，捆住他们想象力、创造力的翅膀，而是应千方百计使他们在读写过程中"思接千载""视通万里"，激发他们神思飞越，处于创造的气氛之中，享受丰富的精神生活。学生在阅读中驰骋想象，调动知识储存和生活经验，对语言的理解、辨析能力可加强，对课文内容会产生种种精彩的看法。有时由于某些因素的激发，会突破习惯性思维的羁绊，闪发出创造的火花。从教学实践中，我常常体会到教学大纲中反复强调创造性思维、创造性精神的培养是极其正确的。

四、加强实践，重视积累

语文学科是一门最开放的学科，语文与生活同在，实践性、应用性极强。把学生框在教室里，拘囿于语文教材，在题海里翻滚，远离实践，缺乏积累，又怎能有效地提高语文教学的质量？语言和生活紧密相关，离开了生动、鲜活的社会生活，语文的生命力何在？教语文，忽视生活活水，忽视引导学生对生活观察、认识、体验、积累、实践，抓住课内一小块，放弃课外一大片，那无疑是沙上建塔，底气极差，虽煞费苦心，但终难见效。修订的语文教学大纲强调"联系现实生活，加强语文实践"，强调"教学过程应突出学生的实践活动"，要"生动活泼地开展课外阅读、写作、参观访问、专题研究等活动"，强调"重视创设语文学习的环境，沟通课本内外、课堂内外、学校内外的联系，拓宽学习渠道，增加学生语文实践的机会"，这些要求都切中时弊，作了一些方向性的变动，如能认真贯彻实施，语文教学质量，学生的语文素养、文化底蕴必有明显的提高。

语文读写能力、口语交际能力的培养综合性很强，单打一的机械繁琐的练习无法替代，因而，教师要抓住两个板块不放松。一是课内要放手让学生自己读，自己说，自己写，教师千万不能越俎代庖，削弱他们的语文实践；二是课外阵地绝不能放羊，放羊的结果往往是放弃。课堂教学要抓在点子上，起举一反三的作用，课外要延伸，扩展，演化，充分发挥学生自主学习的积极性。

读写是语文的双翼，读得很少，读得不得法，无疑是对语文教学釜底抽薪，怎么可能有效地培养学生独立的阅读能力？勤习作，勤修改，方能体会表达的甘苦，写得很少，又模式化，怎可能有效地培养表达能力？没有一定的数量很难说有一定的质量。修订的大纲规定阅读与写作的数量，并推荐古诗背诵篇目和课外阅读的书目，这是实打实地抓学生的语文根基，文化根基，克服了教学中的随意性，又给教材编者和任课教师留下积极推荐的空间。这一举措将使学生终生受益。

课外活动要生气勃勃，一须培养学生读书的兴趣与嗜好，二须开掘生活的宝藏。嗜好读书的感情不是天生的，要从提高认识入手，在激发求知欲上下功夫，辅之以及时的鼓励与表扬：俄罗斯小说家尤里·瓦西里耶维奇·邦达列夫说："一个人打开一本书，就是在仔细观察第二生活，就像在镜子深处，寻找着自己的主角，寻找着自己思想的答案，不由自主地把别人的命运、别人的勇敢精神与自己个人的性格特点相比较，感到遗憾、怀疑、懊恼，他会笑，会哭，会同情和参与——这里就开始了书的影响。所有这些，按照托尔斯泰的说法就是'感情的传染'。"这段话十分精彩，把读书对人的影响力，对人的熏陶、感染、塑造作用表达得淋漓尽致。课外不花大力气阅读，等于关闭了第二生活的窗户，关闭了第二生活的大门。学生逐步懂得了这个道理，要改变自己视野狭窄、知识贫乏、积累甚浅的状况，就会挤时间觅书、读书，就会迷进去，乐在其中。当然，教师要认真推荐，具体指导，组织交流，这样，学生的阅读热情就长盛不衰，阅读效果也就与日俱增。读万卷书，行万里路，一方面从书报杂志中获得知识，锻炼思想，一方面要从生活中汲取养料，提高认识生活的能力。这是学好语文的必由之路。写文章，也就是写生活。学写文章的学生，要在生活这一关上认真下工夫。要指导学生对生活关心，了解，参与，发现，寻觅，感受。对接触到的人和事有浓厚的观察兴趣，又懂得观察的方法，不仅用眼睛等感觉器官去观察，更重要的是用"心"，用"心"去听，去想，去感受，采集自然的、社会的信息越多，见识就越广，心灵就越丰富，写作的素材也就源源不断。实践出真知，学生在语文实践中知识、能力、思想、情感得到综合锻炼，个性也会获得健康的发展。

重视积累，该背诵的要一丝不苟地背诵，腹中就不会空空，语言就不会干瘪无味。学生有了点文化底气，课堂上学习起来就生动活泼，常有神来之笔，也常沉浸在优秀文化氛围之中。如学习朱自清先生的《春》时，我对学生说："一提到春，你们脑中会立刻涌现出怎样的图景？请用一个诗句来描绘。"学生兴奋极了，从口中滔滔滚滚流出"万紫千红总是春""千里莺啼绿映红""吹面不寒杨柳风""百般红紫斗芳菲""春潮带雨晚来急""两个黄鹂鸣翠柳，一行白鹭上青天""春色满园关不住，一枝红杏出墙来"等等，平时没有上百首诗词打底，一时就难以脱口而出。积累不仅是指背诵一些诗文，积累语言，更重要的是积淀文化，积淀精神。比如"富贵不能淫，贫贱不能移，威武不能屈""人生自古谁无死，留取丹心照汗青""天之将降大任于斯人也，必先苦其心志，劳其筋骨，饿其体肤，空乏其身，行拂乱其所为，所以动心忍性，曾益其所不能"等名句都是中华民族长期奋斗的精魂所在，年轻时记诵在胸，刻骨铭心，身体力行，一辈子受用不尽。

修订的教学大纲中"教学评估"部分也是力除积弊，努力创新，以求更符合语文教学自身的规律，更有利于促进教与学质量的提高，这里不再赘言。

总而言之，修订的语文教学大纲切实贯彻国家的教育方针和全国教育工作会议精神，深化教学改革，推进素质教育，顺乎广大师生的期盼与心愿，不仅认识上有时代的高度，而且可操作性也很强。依此认真实践，中学语文教学必能展现勇于创造、令人鼓舞的新局面。

每一节课都会影响学生的生命质量[1]

"师者，人之模范也。"什么叫老师，老师就是榜样，是模范。老师是非常特殊的职业，要做老师，你的智慧就要像泉水一样喷涌而出，你的思想言行要能够做别人的榜样。这个分量很重。用现在的话说就是：德才兼备。

我想，做老师，首先是传承优秀的中华文化，不管教什么学科，这是非常重要的。中华优秀文化有很多方面，但基本精神是"人文精神"。中华文化的第一个特点是"尊重人"，"急功近利""立竿见影"思潮的影响，对技能技巧非常重视，对"人"这个本体，缺乏深刻的领会。

人为本体、核心，是我们中华文化十分重要的特点，这也就是"人文精神"。

我当了一辈子教师，最忧心的是只看到技能技巧，育分不育人，求学不读书。这是对孩子的坑害。

中华文化的第二个特征是对人的修养的重视。人成为"君子"是需要"修炼"的。中国的优秀文化就是要重视人的修养。传授知识是教师的应有之义，但是，在传授知识的同时，一定要融入做人的道理，这是中国教育的特点，中国文化的特点。

作为教师，必须清醒地意识到，要传承中国优秀文化。传承中国优秀文化，用现在的话说，怎样成为一个不辜负国家期望、不辜负人民嘱托的人民教师。《易经》中有两句话很重要："天行健，君子以自强不息。"天道运行刚劲雄健，君子应自觉奋发向上，永不松懈。第二句是"地势坤，君子以厚德载物"，人要有宽广的胸怀，厚德才能载物。

---

[1] 本文发表于《黄浦教育》2009年11期，节选自于漪老师在上海市"双名"工程徐崇文教心基地"提升人文素养，促进专业成长"研讨会上的发言。

二十一世纪的教育变了没有？不管是什么样的市场经济，教育任务还是没有变。教育是什么，教育就是培养人。有时候我们就是把"人"忘掉了，只看到分数，只看到技术技能。知识、技能技巧只是攀登精神世界的阶梯，不是终结的目的，终结的目的是人。当前首先是培养有一颗中国心的人，现代文明人。我们对中华文化有所认识，对事业的价值和意义就会有很深刻的领会，就会激发对事业热爱的感情。

我是语文老师，语文与志士仁人联系在一起，我要感动学生，首先要感动自己，只有发自肺腑的感情才能感染学生。教学课文《文天祥》，深深感到"爱国主义是中华民族精神的支柱""民族气节是民族魂"。人没有脊梁骨就不能站立行走，如同动物，没有精神支柱就不能成为真正的人。人最重要的是要有一口气，那就是志气，浩然正气。

三尺讲台，是联系着学生的生命的，你讲什么，教什么，传授什么知识，培养怎样的能力，给予怎样的思想熏陶，给予什么价值观，将来都会反馈给你。现在学习，会影响学生一辈子生活。所以，我一刻不敢懈怠，因为我的每一节课都会影响学生的生命质量。在知识的传授和能力的培养中，融合了情感和价值观，培养他学会学习，懂得怎样求知，这是一种立体思维。

什么是成长，教师必须与学生一起成长。教育的生命力就在于教师的成长和发展；教师的真正成长与发展，在于教师内心的深度觉醒。内驱力来自哪里，只有当自己平凡的日常工作与国家、民族的命运紧密联系在一起的时候，才会站得高，看得远，才会看到自己的工作是多么有意义，有价值。休戚与共，血肉相连。今日的教育质量，就是明日的国民素质。

民族的语言是民族的生命[1]

我对语文学科受冷落的现状见怪不怪。为什么？现在几乎都把教育变成功利的手段、谋生的目的，受此影响，作为人文学科落入这样的困境毫不奇怪。

长期以来，部分家长，某些教育部门，对教育的本质是什么很少深入思考，眼里只看到分数、升学率。教育变异了，不是"育人"而是"育分"！过去说"有钱就是娘"，现在是"有分就是娘"——实质都一样，分的背后就是钱。可悲复可叹！

本来（高考给部分竞赛获奖者）加分只是手段。获得加分的同学最后有没有成为专门人才？不见得。以往大学可录取有特殊才能但个别学科考分不理想的学生——如钱钟书、臧克家等，都能进大学，后来成为某一方面的大家。那时录取并不加分。今天的加分政策真正能培养出某一方面特有潜力的人吗？举例来说，我们从小学开始就办无数的"奥数班"，一些学生参加的目的是通过数学竞赛获得加分，而不是真正热爱数学。通过竞赛加分的有多少成为数学人才？对数学不是有深厚的兴趣而只是为了分数，这样，学习的目的就"歪"了。这难道不值得反思吗？

说得不客气点，我们现在在有意无意地培养残缺人——不是生理上的，而是心理、情操上的残缺，做人上的残缺。如果我们培养的人连方向、追求、信念都是模糊的，甚至是颠倒的，那我们的教育不值得反思吗？

民族的语言是民族的生命，是民族文化的根，伴随人的终身。现代的中国人要有文化，要有一定的文化修养，应当珍爱自己的语言、文字，努力学

---

[1] 本文发表于《当代学生》2008年5期。

好语文，尤其在青少年时代。哪个民族不重视自己的母语文化？不重视岂非自己糟蹋自己！而我们母语教育在课程里所占课时的比例不高。打开国门看世界，俄罗斯、法国、美国等母语教育所占课时的比例都比我们高，我国台湾、香港课时也比大陆多。

什么时候，教育返璞归真，回归"育人"而非"育分"，我们母语受冷落的现状才会从根本上得以改变。

教学中开发创造潜能举隅[1]

当前语文课程教材改革十分注重学生创造精神的培养和创造潜能的开发。教育部制定的全日制义务教育语文课程标准（实验稿）中多次提出这个问题。如，在课程总目标中提出："在发展语言能力的同时，发展思维能力，激发想象力和创造潜能。"又如，在教学建议中提到："语文教学要注重语言的积累、感悟和运用，注重基本技能的训练，给学生打下扎实的语文基础。同时要注重开发学生的创造潜能，促进学生持续发展。"在课程标准的其他部分也屡次说到。上海的语文课程改革这方面的内容与要求相似相仿。

语文课程应该是开放而富有创新活力的，语文教师的作用在于创造性地理解和使用教材，组织学生的学习活动，引导学生学会学习。阅读教学中特别要鼓励学生进行探究，对课文的内容、文字，涉及到的人、事、景、物，要大胆地发表自己的意见，评头品足，论是说非。

一、提倡采用研究性的学习方法

课程改革的重要内容之一是充分激发学生的主动意识和进取精神，倡导自主、合作、探究的学习方式。自主、合作、探究的学习方式与有意义的接受性学习相辅相成，而鼓励学生探究，有利于创造精神的培养。

苏霍姆林斯基在谈到怎样组织少年的脑力劳动时说了一段很有趣的话，这就是："学生不仅从我手里接过知识的砖头，不仅考虑把它们垒到哪里去，而且还仔细地端详这究竟是些什么样的砖头，它们是不是用那种构筑一座坚固的楼房所必需的材料制成的。"这段话清楚地告诉我们，学生在学习过程中

---

[1]　本文发表于《杨浦教师进修学院院刊》2009 年 1 期。

绝不是承受教师讲解的容器，而是要能独立思考。教师并不能满足于把现成的结论告诉学生，而是要求学生对学习采取研究的态度。学生脑子里应该呈现构造知识的图景，对知识的理解可以有种种假说，种种解释。然后经过比较、分析，特别是借助班级同学集体的力量加以评论，就可获得正确的结论。在这种情况下，知识也好，能力也好，不是消极地掌握，而是靠脑筋积极获取的，其中不乏有创造的因素。

例如学习《藤野先生》时，学生提出一系列问题进行研究。有些问题似乎并不在本次教学考虑的范围之内，学生提出了，且很有道理，教师就要灵活地调整计划，尊重学生的创造精神。

有的同学说：文章开头一句"东京也无非是这样"，"也"是关联词，前面没有句子，关联什么呢？有的学生认为，这正是绝妙的地方。作者身处大清帝国，政治腐败，官府乌烟瘴气，民不聊生，实在痛心疾首。东渡日本留学，为的是寻求救国救民的道理，没想到东京的清国留学生也是如此腐败。有的学生认为，"也"好在前面有许多潜台词，如果把国内情景写出来，岂不累赘？学生拿了"也"这块砖头，而且知道放在哪儿，起什么作用，教师原先未考虑到。

有的学生认为：作者记住"日暮里"，记住"水户"等地名，表现了作者的爱国主义精神。由此引发了一场争论。一方认为"水户"是明朝遗民朱舜水客死的地方，可以此表露爱国主义思想感情，而前者难以解释，拉扯不到爱国主义思想感情上。一方认为，"日暮"象征着国家的衰败，作者东渡日本留学，目的在寻求救国之路，可是到了东京看到清国留学生如此醉生梦死，感到前途茫茫然。旅途中一看到"日暮里"这个地名，触景生情，故而记得。因此，记得这个地名同样是表露鲁迅先生爱国主义的感情。双方争执不下时，一位学生陡地站起来说："别争了，你们不能望文生义，鲁迅先生自己说：'不知怎地，我到现在还记得这名目。'你们比鲁迅先生还知道吗？"学生这一说很有见地，学习要研究，不能凭臆断。教师肯定了学生畅所欲言，同时指出：考证事物应注意本证，不能牵强附会。鲁迅先生说"不知怎地"是最可靠的证明。推论要有根据，不能建筑在主观臆断的基础上。然而，"不知怎地"必有其具体内容，有兴趣的课外可查阅资料，深究一番。

二、爱护闪发出的创造性的火花

学生辨疑、析疑时，教师无论如何不能以自己思考问题的范围给学生"画地为牢"，叫学生"就范"。学生思考问题通常有自己的习惯性思路，怎样由感性认识上升到理性认识，怎样根据种种事实下判断，怎样进行分析，进行归纳，等等。有时由于某些因素的触发，会突破习惯性思维的羁绊，闪发出创造性的火花。教学中教师要善于把握种种因素，培养和鼓励学生的创造精神。

学习《记念刘和珍君》时，有学生提出："我向来不惮以最坏的恶意来推测中国人的'，前面又说，'有限的几个生命，在中国是不算什么的，至多，不过供无恶意的闲人以饭后的谈资，或者给有恶意的闲人作流言的种子'，作者用了三个'恶意'，似乎太多了。显然，它们的含义不一样，容易混淆，反倒不好。即便再好，'以最坏的恶意'来推测中国人也不应该，中国人不都是坏的。"学生把文中前后的语句联系起来思考，学得积极主动。经过这位同学提问的触发，学生十分活跃，辨别，讨论，认为"有恶意""无恶意"的"恶意"是指坏心思，坏心眼，而"以最坏的恶意"的"恶意"是指最坏的设想，最坏的估计，并不是对中国人有恶意。鲁迅先生是横眉冷对千夫指，俯首甘为孺子牛的人，怎可能对所有的中国人有看法呢？显然，作者"推测"的"中国人"是指那些"下劣""凶残"到使他难以预料的反动派及其走狗，以此来揭露它们远比自己推测还要坏得多的嘴脸。如果改成"来推测有些中国人"就合适了。不过，文章的味道就不一样了。这是气愤到极点悲哀到极点喷出来的话，读者能看懂，能领会。

这种阅读心得是有个性的，有自己独特的体验，教师须立即鼓励。这种闪烁的火花又引发了其他同学的思考。有同学认为，向来不惮以最坏的恶意来推测中国人，是鲁迅先生思想的真实表露。他生活在旧营垒之中，看到的丑恶现象太多，愚昧状况太多，包括妇女在内的人民群众，推测他们落后、软弱、冷漠、无知，而今，三一八惨案使他觉醒，"中国的女性临难竟能如是之从容"，从这一点说，他有自责的意思，从另一角度，歌颂中国女子的勇毅和伟大。

学生十分可爱，教师要理解他们。他们感兴趣的不全在长知识，更在于独立开展抽象思维过程的本身，也就是喜欢长知识和长智慧相互结合的智力活动过程。学生勇于谈看法，摆见解，课堂里就常会闪发创造火花。

三、满足学生"吃不饱"的要求

学生学习语文过程中常有"吃不饱"的感觉，教师对学生这一心理特征常常缺乏认识，总觉得这个水平不理想，那个差错也不少，对学生语文的总体水平和潜在能力估计不足，于是，就出现讲得偏多偏浅的情况，学生能理解的还不厌其烦地教。这样，学生思维活跃不起来，创造性思维更是受到抑制。

教课时，针对学生"吃不饱"的要求，多鼓励他们积极探求，不仅是课文本身，也可以拓展到课外。学生情绪高涨，内心喜悦，往往课堂上会出现"神来之笔"。

例如学习契诃夫《装在套子里的人》，学生被别里科夫这个可悲、可鄙、可恶、可憎的形象所吸引，提出：小说刻画人物先从衣、住、行、待人接物、精神状态、语言习惯、社会影响等等方面做一般性描述，然后把他放到"爱情"这件事中作具体描绘的。显然，二者不并列，前一部分是概况介绍，后一部分是具体刻画，以印证前面的介绍。但仔细推敲，又觉得不对劲。别里科夫逢事必讲："千万别闹出什么乱子。"事情大到差点儿要与柯瓦连科的姐姐华连卡结婚，倒反而没有一句这样的话，似乎不合情理。再说，柯瓦连科、华连卡那么活泼、好动，单是骑自行车就够吓死别里科夫了，他怎么不怕"闹出什么乱子"来呢？

学生居然能看出这一点，这是教师始料未及的。教师在肯定这个看法的同时，趁势拓开，请大家就结婚这个问题想一想别里科夫会有怎样的心理活动，怎样的语言。学生根据课文中人物的语言描写、心理描写，展开想象，有声有色地加以补充。在学生热情叙说的基础上，教师把删节的有关部分告诉同学。"别里科夫曾说过这样一段话：'不成，婚姻是终身大事，应当先估量一下马上要承担的义务和责任，……免得以后出什么乱子。这件事闹得我六神不安，我现在通宵睡不着觉。'"学生煞有兴趣地记录了下来，感到了一种满足，而提问题的同学更露出几分得意。

鼓励学生的创造精神，学生的求知欲望倍增，语文能力、认知能力往往超水平发挥，推动教学往纵深发展。

以上仅是教学中开发学生创造潜能一鳞半爪的做法，如若坚持不懈，持之以恒，学生创造意识必然增强，创造精神获得有效的培养。

话题四

提高综合能力

　　《2010—2020 年教育规划纲要》明确指出：坚持以人为本，全面实施素质教育是教育改革发展的战略主题。核心是解决好培养什么人、怎样培养人的问题，目标是培养德智体美全面发展的社会主义建设者和接班人，重点是提高学生的社会责任感、创新精神和实践能力，推进思路是坚持德育为先，能力为重，全面发展。

　　任务光荣而繁重，教师必须有担当意识。要创造性地为教育改革发展作贡献，须自觉地积极地提升自身的德、才、识、能，提高综合能力。综合能力的提高，是在教育实践岗位上努力锻炼的结果。就当前而言，有些能力的提升尤为重要。如：

　　解读文本的能力。由于较长时间对教学参考书的依赖，对考试纲要的信奉，独立解读文本的能力欠缺。要培养学生的阅读能力，教师自己就须练出阅读的真功夫。既要深入进去，又能走得出来，反反复复咀嚼推敲，概念、定理、定律了然于胸，字词句篇及其承接的情和意脑中激荡。整体、局部、细部；纵向知识的来龙去脉，横向的比照、关联，梳理得清楚明白。尊重作者的写作意图，而不是故作高深，胡编乱套，以博廉价的喝彩。解读文本贵在老老实实，以真懂为目标，绝非是歌星作秀。

　　走进学生世界的能力。口说"以学生为本"容易，要真正做到是思想的升华与感情的净化。潘懋元教授说得好："为师的至高境界，是发现'人的价值'，发现学生的价值，尊重学生的选择，方能发挥他们的创造力。"不仅要进入学生的知识世界，也要进入他们的生活世界和心灵世界。知心才能教心，要通过真情、真心、真诚拉近与学生的距离，成为他们的好朋友和贴心人。耐心倾听他们的心声，尊重、理解、宽容，敬畏他们的生命，教育就会循循而诱，具备感人的化育的力量。

　　处理课堂内外突发事件的能力。课堂教学预设与生成的能力的不断提升是教育实践中应有之义。由于时代的急速发展，学生所处的条件差异，性格、个性又各不相同，有些棘手的事件不期而至，突然爆发。此时，教师特别需要沉着、冷静，对事件原委、对人际的关系均要仔细调查了解，辨明是非，依靠自己的智慧和相关的力量妥善解决。处理的水平实际上是对教师综合能力的检验。

终身学习的能力。当今做教师身上要有时代的年轮，跟随着时代奋勇前进，否则，无法适应时代赋予教师的要求，难以担当立德树人的重任。比如，教学科研的能力就须学习、锻炼。在教学实践中不仅要掌握"教什么"和"怎么教"，而且要研究"为什么要这样教"，追根穷源，弄清利弊得失，掌握其中规律。又比如，信息技术、网络资源掌握的能力。既要学习技术，有一定程度的精通，又要严格筛选，择善而从，反对乱用、滥用。再如，心理辅导的能力，给学生以心理慰藉与温暖，等等。

综合能力提升无止境，以身相许是妙招。

教师要对任教学科情深似海

中学语文教学伴随着伟大祖国二十世纪末叶创建的辉煌成就步入了新世纪。新的开端，新的气象，新的希望。

在新的世纪，特别是前二十年，中学语文教学将如何深入改革，在全面实施素质教育培养学生成为现代新人的重任中自觉地发挥极其重要的、其他任何学科难以替代的积极作用？如何以适应时代要求的新教育思想、新教育观念展现在学生面前，开创激动人心的局面，大面积、大幅度地提高质量？每想到这些，我这站在讲台上从事语文教学数十载的老教师，就热血沸腾，激情满怀。母语，不是一般的技能技巧，它是每个中国人生命的一个组成部分，与每个中国人血肉相连。只要是中国人，不分年龄，不分性别，都有权利更有义务学好母语，求学时代的青少年更应努力学习，熟练掌握。母语教学，伴随着祖国的日益强大，民族的伟大复兴，前景应该灿烂，也必然灿烂。前景万分美好，要靠人来创造；语文教学的美好前景，当然首先要靠广大语文教师齐心协力来创造。

在迈开矫健的步伐跨越新世纪门槛的幸福时刻，我情不自禁地想对亲爱的同行们说几句心里话。

语文教师对语文学科要情深似海。"情"是语文教学事业得以长足发展的根。教学生学语文，难度大，要求高，常听到种种非议；学生由于其他学科操练任务重，也有意无意把学语文不能立竿见影的软任务挤在一边，搁在一边，这又给语文质量的提高形成障碍。然而，再艰难，也要勇往直前。语文不是一般的技能技巧，教师也不是匠人，只教学生掌握某些雕虫小技。汉语文负载着几千年的中华民族优秀文化，是文化的地质层，渗进了民族的个性，民族的睿智，有极其丰富的文化内涵、极其辉煌的人文精神。只要穿越时间的隧道，就可领略到自然美、人文美、艺术美、语言美等等的无限风光，以如入山阴道中，美景目不暇接为喻，是不能形容一二的。进入语文织就的"宝藏"，能开阔视野，提升精神，净化感情，增添智慧，认识社会，品尝人生，其中快乐，难以言表。

语言文字的魅力不仅在于忠实地记载文化，传播文明，给人们以传承的天地，更在于它能紧扣时代，不断丰富内容，加以发展。传统文化民族性强，地域性强，而现代文化像信息全球化、经济一体化的发展趋势一样，往往超越地域，超越国家，用文字记录的现代文明反映科技发展的最新成果，人类认识世界的最新观念，其中精彩者不乏成为人类共同的精神财富。因此，教学生学语文的有志者永远跟随着时代前进，精神养料非常丰富。语文学科有如此博大、深厚的内容，怎不令我们教师为之倾倒，为之神往？教师对这个学科有感情，有热情，有激情，对它满腔热情满腔爱，才有力量排除种种干扰，才能坚守阵地，移情于学生，才会越教越聪明，在语文育人阵地上创造辉煌。

教师对任教的学科、任教的学生有真挚的情、炽热的情，就会有不懈的内驱动力，但是，"情"还须转化为"行"，扎扎实实不辞劳苦地干，才会卓有成效。

这里所说的"行"，是指深化语文教学改革的实践。社会已进入新的世纪，新时代对建设者的要求与过去比，更高，更全面。比如工业社会对人的培养自上而下，创新意识、创新精神只是少数人的事；信息社会新信息新科学新技术如潮涌，创新再不是少数人或者个别人的事，而是人人都应该有创新意识，在自己的岗位上努力创新。新时代要求的人不是简单的操作工、熟练工，更不是书口袋、书橱，而是能独立思考、思维活跃敏锐、素质良好、有合作精神、有创新精神的建设者，能适应社会的发展，更能自身不断的发展。以过去的以"教"为中心，画地为牢，让学生在其中转，不能越雷池一步，是不可能培养出上述的新人的。

教育的本质是以未来社会的发展要求教师，要求学生。不了解、不研究时代特征，离开了时代大背景，离开了具体的历史条件从事学科教学，必然会不自觉地陷入刻舟求剑的尴尬境地，不合时宜，徒劳而无功。改革是时代的需要，除旧布新，学科教学就有生气，就有活力。深化语文教学改革更是学生自身发展的需要。当今时代，科学技术飞速发展，社会面貌日新月异，新事物层出不穷，在学校学习的有限的知识远不敷日后工作的需要，必须终身学习，接受终身教育。因而，当今的学校教育切不可短视，企望毕其功于一役，奉分数为神灵，而是要为学生的明日考虑，要考虑今日他们学什么，怎么学，打怎样的基础，才能在日后的工作中、日后的竞争中立于不败之地。也就是说要教在今天，想到明天，以明日建设者的要求指导今日的教育教学工作。一定要站在战略的高度，面向现代化，面向世界，面向未来，才对学科教学的意义和价值看得深，看得透，才会豪情满怀投入改革的浪潮中，不为种种杂乱看法所左右。由此可见，教育观念的转变在改革中的重要性居于首位。认识高了，有深度，有广度，思想通了，激情涌了，人就会聪明起来，办法也多了。

改革的具体做法举不胜举，每位教师可以根据自己的特长，发挥自己的优势，不拘一格地创造。但是，核心问题是要让学生做学习的主人，学会认知，学会学习。就学语文而言，要学会自主阅读，学会自主写作，学会口语交际等。长期以来，教师精心研究的是教法，研究如何教懂学生，教会学生，这是无可非议的，但与新时代的要求比，又是远远不够的。好的教学方法总是从学生的实际出发，有的放矢，然而，这种"实际"考虑得较多的是学生的知识基础、智力水平，对学生自己怎么学，采用哪些学习方法，效率如何，效果怎样，未放到应有的重要位置上思考、研究。教师在课堂上教会学生的知识是有限的，而学生充分发挥积极性创造性，具备学会学习的能力，一辈子可学的本领是无限的。要根本改变学生被动学习的局面，须以此为突破口，展开研究，寻找规律，而只有深入到学生世界之中，才能获得生动的、鲜活的材料，取得指导学生学法的发言权。教法与学法不矛盾，其中无不可逾越的鸿沟，但教师更要研究学生，充分尊重学生的学习主人的地位，对他们语文整体素质的提高起引导作用，辅导作用，促进作用。

教师教学要面对全体学生，而"全体"是由一个个组成的，教师的职责是不仅与学生一起共同参与教学活动，还要着力于了解、熟悉每个学生的特点、个性，因材施教，促进他们每一个人发挥潜能，促进他们个性的健康成长。教学中如果拘泥于、满足于一般要求、共同标准，就无创造精神可言。所谓创造，一定是充满个性色彩的，对所读的文章有自己独特的想法，而这种想法是非常规推理的，有跳跃性的，有灵气的，乃至有灵感的。写作也一样，四平八稳，在写作模式化里跳舞，写不出优秀文章。过去我们太醉心于"一刀切"，太醉心于"统一步调"，比如朗读，从小学到中学，"齐读"的做法屡见不鲜，仔细想来，"齐读"，学生怎样动脑筋？怎样品味语言，领悟思想？放开手脚，让学生自由朗读，乃至摇头摆尾进入角色地读，有什么不好？创新意识、创新精神的培养对学生的发展来说，是起灵魂作用的，而这种培养绝不是空喊口号或什么几步法、几步式所能奏效的。这种培养应贯穿语文教学的全过程，充分利用语文"思接千载、视通万里"的广阔时空，鼓励学生思想翱翔，鼓励学生爆发思想火花，收随风潜入夜、润物细无声的效果。

改革的任务艰巨而繁重，为了莘莘学子今日的语文基础和做人素质，为了他们明日的继续求知和长足发展，我们语文教师应义不容辞地倾注心血，发挥聪明才智，在新的世纪中谱写语文教学新篇章，创造新的辉煌！

做德才兼备的中学教师

　　新时期中学语文教师肩负教文育人的重任，应当德才兼备，成为塑造学生优美心灵的工程师。要精心地塑造学生，首先须严格地塑造自己。新型的中学语文教师要有坚定正确的政治方向自觉地同社会主义现代化建设事业、同社会主义教育事业同呼吸，共命运；要有高尚的道德情操，在为人处世、求知好学、行为举止等方面成为学生的榜样；要加强政治理论修养，学习建设有中国特色的社会主义的理论、路线、方针、政策，认识教育发展与社会的政治、经济、文化发展的相互关系；要加强教育理论修养，掌握语文学科的基本理论和基本知识，学习和了解与语文教学有关的其他学科知识：具有扎实的语文基本功；有独立钻研教材、驾驭教材、选择教法、驾驭课堂的教学能力；能从教与学的实际出发，选择研究课题，开展实验，积累资料，探索提高语文教学质量的途径与方法，并勤于笔耕，撰写论著；要有自我教育的主动性和积极性，不断增进新知识，更新知识结构和教育观念，勇于改革创新。在教学实践中积极锻炼，使自己成为一名受学生欢迎的合格乃至优秀的中学语文教师。

　　《中华人民共和国教师法》第一章总则中第三条明确规定：教师是履行教育教学职责的专业人员，承担教书育人，培养社会主义事业建设者和接班人，提高民族素质的使命。教师应当忠诚于人民的教育事业。

　　语文教师担负着教文育人的重任。由于语文学科教学的特点，教师在传授语文知识、培养学生语文技能的同时，在晓之以理、动之以情方面更能触动学生的心灵。语文教学质量说到底是语义教师的质量。语义教师要在教学上取得成功，在学生心田切实播撒知识和做人的良种，须在德才方面严格要求自己，加强自身的修养。

　　社会主义现代化建设波澜壮阔，新时期的语文教师要善于审时度势，使自己的教学工作适应现代化的发展需要；要使自己从事的语文教学勃勃有生气，学生能深受其益，就须认真抓自身的思想、道德、文化、业务的建设，做到日有长进，月有长进，年有长进。

中学教师的修养

教师是太阳底下最神圣的职业。崇高的职业要求每一个教师都具有良好的修养。修养表现在诸多方面，德、才、识、能，构成中学语文教师修养的基本内容。德，指思想品德；才，指语文专业知识及其他相关知识；识，指教学见识，能发现问题，独立思考，有创见；能，指教学能力与研究教学的能力。

一、政治思想修养

思想、政治素质是教师整个素质结构中的统帅，在很大程度上支配着教师职业活动的目的、方向和动力，对学生的成长有着深远的影响。

（一）坚定正确的政治方向

作为灵魂工程师，应当高举马克思主义的、社会主义的旗帜，用自己的文章、作品、教学、讲演、表演、教育和引导人民正确地对待历史，认识现实，坚信社会主义和党的领导，鼓舞人民奋发努力，积极向上，真正做到有理想、有道德、有文化、守纪律，为伟大壮丽的社会主义现代化建设事业而英勇奋斗。"教师应当是人类灵魂工程师，通过自己的言传身教，教育和引导学生正确地对待历史，认识现实，坚信社会主义和党的领导。社会主义精神文明建设的根本任务是培育有理想、有道德、有文化、有纪律的社会主义新人，提高中华民族的思想道德素质和科学文化素质。人的素质是历史的产物，又给历史以巨大的影响。

新时期的理想是什么？新时期的理想就是社会主义现代化。把坚定正确的政治方向放在第一位，就是坚持把社会主义方向放在第一位，把社会主义现代化放在第一位。我国实行改革开放，取得了巨大的成就，同时也带来了许多新情况新问题，例如资产阶级自由化思潮就是消极因素。资产阶级自由化，崇尚西方资本主义国家的"民主""自由"，否定社会主义。四项基本原则的核心就是坚持共产党的领导，而资产阶级自由化的核心恰恰就是反对共产党的领导，二者截然对立，水火不相容。资产阶级自由化思潮在学校教育方面的反映，集中表现在否定党对教育的领导，否定思想政治教育，否定教育为社会主义现代化建设服务。因此，每一个有革命责任感的教师都必须旗帜鲜明地反对资产阶级自由化。美国现在有一种提法：打一场无硝烟的世界大战。所谓没有硝烟，就是要社会主义国家和平演变。帝国主义搞和平演变，是把希望寄托在后几代人身上。学校不是世外桃源，而是激烈争夺年轻一代的前哨阵地。教师对国际资产阶级对待社会主义国家的战略要有清醒的认识，对资产阶级自由化思潮的危害性有高度的政治警惕，对西方文化有正确的鉴别力，才能对学生的思想进行有效的指导，才能培养出社会主义事业的建设者和接班人。

（二）高举爱国主义伟大旗帜

语文教学中德育的主旋律是爱国主义精神。

爱国主义就是对于祖国的热爱，就是"千百年来巩固起来的对自己的祖国的一种最深厚的感情"。爱国主义是中华民族数千年来赖以生存、发展的精神支柱，它在中华民族悠久历史文化的基础上产生，随着历史的发展而发展，又反过来给中华民族的发展以重大影响。爱国主义在维护祖国统一、维护民族团结、抵御外来侵略和推动社会进步方面，发挥重大作用。

爱国者在社会发展的不同阶段、不同时期有不同的具体内容。在当代中国，爱国主义与社会主义本质是统一的。社会主义是中国人民的历史选择，符合我国国情，是中国走向现代化的必由之路。只有社会主义能够救中国，只有社会主义能够发展中国。新时期的爱国主义集中表现在团结各族人民搞社会主义现代化，着眼于振兴中华民族。新时期的爱国主义特别要强调树立高度的民族自尊、自信、自强精神。我们要认真学习和吸收世界各国人民创造的优秀文明成果，但绝不崇洋媚外，屈服于任何外来压力，搞全盘西化。中国人民有自己的民族自尊心和自豪感，以热爱祖国、贡献全部力量建设社会主义祖国为最大光荣，以损害社会主义祖国利益、尊严和荣誉为最大耻辱。我们必须发扬爱国主义精神，提高民族自尊心和自信心，否则就不可能建设有中国特色的社会主义。

广大教师有爱国主义光荣传统，总是把祖国和人民的利益放在第一位。教师担负着传递中华民族爱国主义光荣传统的伟大使命，尤其是语文教师，要发掘语文教材中极其丰富的爱国主义宝藏，给学生以强烈的熏陶感染，教师本身应具有深厚的爱国主义感情。教师只有真正被民族精神、民族文化、民族语言所感动，才能用出自肺腑的真情教育学生，使爱国主义成为学生的精神财富。

（三）学习马克思主义理论

语文教学大纲规定"语文教学必须以马克思主义为指导"，这就要求语文教师必须努力学习马克思主义理论，并用马克思主义的基本原理指导教学。

马克思主义世界观建立在辩证唯物主义和历史唯物主义基础上，是一个科学的思想体系，它包含马克思主义哲学、政治经济学和科学社会主义三个部分。教师要努力学习并逐步掌握其基本原理，树立马克思主义的世界观和革命的人生观。理论上的无知往往导致实践中的盲目，理论上的糊涂往往导致政治上的动摇。要努力掌握马克思主义的立场、观点，系统了解社会发展的规律，认识建设有中国特色的社会主义的理论、路线、方针、政策，认识社会主义的本质特征，认识教育发展与社会的政治、经济、文化发展的相互关系。

革命人生观的核心是坚定社会主义、共产主义信念。发扬全心全意为人民服务、大公无私、艰苦奋斗精神，正确对待权利与义务、贡献与索取、集体与个人、苦与乐等问题。语文教师应树立革命的人生观，在学生中起表率作用。

学习马克思主义、毛泽东思想，要注意联系语文教学的实际，要对语言观、文章观、文艺观、美学观等方面有正确的认识与理解。要树立正确的思想方法，运用唯物辩证法处理教与学、语文知识与语文能力、能力培养与智力开发、语文训练与思想审美教育之间种种关系，提高教学质量。

二、道德情操修养

教师对社会文明的承前启后起着重要的作用，是人类科学文化知识的传播者，理应一身正气，为人师表，道德情操高尚，堪为学生的楷模。新时期的教师道德是建立在社会主义生产关系之上，适应改革开放和教育面向现代化、面向世界、面向未来新形势的教师道德体系，教师高尚的道德对学生良好的道德品质形成起十分重要的导向作用。

（一）热爱学生，献身语文教育

教育的事业是爱的事业。师爱超越亲子之爱，友人之爱，因为它包蕴了崇高的使命感和责任感。教师肩负着祖国的期望和人民的嘱托，挑的是关系千家万户、千秋万代大事业的重担，怎能不为之倾心，不一往情深呢？

学生是祖国的未来，要把他们培育成社会主义现代化的建设者，须对他们的心灵精心雕塑。对学生只有丹心一片，才能心心相印。热爱学生，就是要为每个学生着想，教好每个学生。教师对学生不能有偏心。对一部分学生热情，对一部分学生冷淡，会伤害学生的心灵，是教育工作中的大忌。学生的文化基础、智力水平、成长环境等有差异，有时差异还比较悬殊，但他们都是我们的后代，都应花精力、花心血培养。教师千万不能用一成不变的目光来看待学生，每个学生都是"变数"，在发展，在变化，教师对他们情深似海，加温到一定程度，他们会开窍，会飞快进步，茁壮成长。当然，爱不是姑息，不是迁就，爱是"严"的孪生兄妹。没有规矩，不能成方圆。教书育人，要有严格的要求，要以党的教育方针为准绳，以语文教学大纲为规矩，不能凭主观臆造。"爱"是"严"的基础，爱是对事业的忠诚，是对莘莘学子的无限期望，有了爱满天下的胸怀，"严"才会有效果。"严"要严在"理"上，"爱"中有"严"，"严"中有"爱"，学生就会健康成长。

教师对学生要满腔热情满腔爱，对所教的学科同样要满腔热情满腔爱。语文是工具，是学习其他学科和从事各项工作的基础工具，要教会学生正确理解和运用这个工具表达情意，其中艰辛难以言表。要做到坚持不懈地对语文教学探索、追求，必须对学科倾注极大的爱心。对祖国语言文字有深切的爱，对语言文字宝库中无数瑰丽璀璨的名著佳作心向往之，才会有钻劲，才会有持久的内驱力，也才会真正体味到其中的甘甜。

奉献，是教师的天职。教师应把对社会主义祖国的热爱倾注到所教学科和所教学生的身上，发扬献身语文教育的"泥土精神"。鲁迅先生在《未有天才之前》一文中说："譬如想有乔木，想看好花，一定要有泥土；没有土，便没有花木；所以土实在较花木还重要。"又再《三闲集·〈近代世界短篇小说集〉小引》中说："只要想培育一朵小花，就不妨做做会朽的腐草。"这种"泥土精神"正是语文教师所需要的奉献精神。甘为泥土育春花，应该是当语文教师的信条。

（二）遵纪守法，情操高尚

新时期的教师绝不是只教书不育人的"教书匠"，而是共产主义思想和道德品质的传播者。邓小平同志在《一靠理想二靠纪律才能团结起来》一文中说："教育全国人民做到有理想、有道德、有文化、有纪律。这四条里面，理想和纪律特别重要。"教师必须树立革命的理想，为培养青少年成为革命后代而奋斗终身。然而，有了理想，还要有纪律才能实现。纪律和自由是对立统一的关系，二者不可分，缺一不可。纪律中很重要的一条是法制。而法制是社会主义现代化建设的重要保证，是社会安定团结的重要保证，因此，教师必须认真学习国家制定的有关法律，做遵纪守法的模范。

学校不是真空地带，也会有不同程度、不同形式的反映。作为教师要弘扬中华民族的传统美德，弘扬社会主义道德风尚，一身正气，为人师表，敢于批评和抵制歪风邪气，排除社会上不良影响对学生的干扰。孔子在《论语·子路》中说："其身正，不令而行；其身不正，虽令不从。"教学质量的高低与教师在学生心目中形象高大与否成正比，教师言行一致，表里如一，堂堂正正，温文尔雅，学生就崇敬，就信服。"桃李不言，下自成蹊"，教师良好的道德、良好的言行对学生起潜移默化的作用。情操高尚与审美情趣是否健康高尚有十分密切的关系。语文教学目的中规定要培养学生"健康高尚的审美观"，教师自己当然就要有健康的审美情趣，要区别真、善、美与假、恶、丑，区别高雅与庸俗，区别健康向上与低级趣味。语文教师对社会上的人、事、物，对教材中的各类文章，对形形色色的书报杂志、电影电视等等，有正确的审美观点，衡量美丑、好坏的尺子把握得十分准确，就能从美好的事物中不断吸取营养，陶冶情操，成为脱离低级趣味的人。

（三）团结协作，互相尊重

任何一个学生的健康成长都离不开教师群体的智慧和指导。一个班级语文教师再出色，也离不开其他学科教师的支持与帮助。正因为如此，语文教师要具备尊重别人，善于与别人团结协作的道德。

要善于团结教研组里的语文同行，共同探索语文教学的规律；要善于团结班级教学中的各学科任课教师，互相支持，齐心协力搞好工作。要做到团结协作，提高教育质量，须做到：

（1）明确奋斗目标

学校最大的事就是按照国家要求把学生培养成为素质良好的社会主义现代化的后备军，语文教师和其他教师一样，为了这共同的目标走到一起来，有责任有义务做教师集体的向心力。

（2）尊重别人，以诚相待

每个教师性格、习惯、觉悟程度、业务水平、教学能力不完全相同，相处时要有相容性，取人之长，补己之短，形成合力。要善于联系学生家长，与他们团结协作，相互配合，教育学生成长。学生的进步是学校、家庭、社会共同教育的结果。语文学习有相当的难度，不易见到显著的成绩，语文教师要争取家长的理解和支持，克服认识上、做法上的不一致，互相支持，互相配合，共同教育学生，提高学生语文水平。学生家长尽管职业不同，教养不同，教育孩子的指导思想和方法也不一样，但都要尊重他们，认真地听取他们的意见，千万不能因某个学生语文学得不符合要求而埋怨家长乃至训斥家长。对家长不尊重，或暗示家长惩罚学生，都是缺乏师德的表现。

三、学术修养

扎实的知识功底，良好的学业修养，是语文教师从事语文教学必备的基础。学识浅薄，浅尝辄止，教起课来必然干瘪无味，捉襟见肘状况会时有发生，甚或错误迭出；学识丰富，源头活水汩汩流淌，教学就会有声有色，带领学生在知识的海洋中扬帆远航。

语文教师学业修养包括三个方面，即：语文专业修养，教育专业修养和文化科学修养。

（一）语文专业修养

专业知识是从事学科教学的基础，一名教师如果不熟悉、不精通自己所教的学科的基本理论和基础知识，其结果必然是误人子弟。语文学科是一门综合性很强的学科。从知识来说，有字、词、句、篇、语法、修辞、逻辑知识、文学常识等；就能力来说，有听、读、说、写。语文教师要掌握语文业务，努力提高业务水平，教学时才能游刃有余。

语文专业知识范围广阔，语文教师要着力学习的有：

（1）现代汉语

语文教师须具备现代汉语的系统知识，懂得普通语音学，熟悉汉语的声、韵、调，掌握汉语拼音方案和普通话语音系统；学习语言学概念，了解语文的产生、性质、结构及发展规律。

学习文字学，了解汉字的起源与发展，掌握汉字与形、音、义的构成，熟悉汉字的笔画、笔顺与各种结构，掌握简化汉字，掌握查检汉字的各种方法，掌握识字法、正字法和写字法。

学习词汇学，懂得词的构成和组合规则，了解词的基本意义、引申意义、比喻意义之间的关系，掌握辨析词义的方法，把握词语的感情色彩，熟悉词汇的发展变化。

学习汉语语法学，了解常见的语法体系。学习《中学教学语法系统提要》，掌握语文结构的规律，掌握短语、句子、句群组成的规律。学习汉语修辞学，懂得规范修辞、积极修辞与词语修辞的作用与基本要求，熟悉并掌握常用的修辞手法，了解并熟悉连用修辞法、兼用修辞法以及兼连综合修辞法，明辨种种修辞方法在用词造句组段谋篇中的表达作用。

学习逻辑学，懂得概念、判断、推理的结构以及它们之间的关系，掌握形式逻辑的同一律、矛盾律和排中律等基本规律；了解反映事物的联系和发展的辩证思维的形式及其规律、方法，熟悉思维形式如何反映客观事物的运动变化，如何反映事物的内部矛盾、有机联系及转化，掌握唯物辩证法的最根本的规律——对立统一规律。

懂得标点符号是书面语言中不可缺少的组成部分，熟悉标点符号使用规则，正确使用标点符号。

（2）古代汉语

学习古代汉语，具有较为系统的古汉语基础知识，掌握常用的古汉语的实词、虚词及词法、句法上的特点，熟悉古今词义的变化，把握一定数量的文言通假字，了解古代重要的字书、辞书，并会查检使用，略懂一点音韵学和训诂学知识。

（3）文章学和文学

文章是客观事物的反映。客观事物既包括宏观，也包括微观；包括自然界，也包括人类社会。中学语文教学的大量内容是文章的读写教学，因此，中学语文教师必须学习与精通文章学。

要掌握文章本身的构成规律，熟悉文章的主旨、质料、结构、表达方式等要素，了解它的内部联系。学习阅读学，研究文章的阅读、分析和鉴赏。掌握各种实用文章的阅读方法，熟悉各种阅读方式，明确各种阅读方式的目的要求，研究阅读的反应过程和训练方式，懂得阅读与写作的关系。学习写作学，掌握写作基本理论及常用文体知识，对内容与形式、素材与题材、思想与思路、语言与文风等有深刻的理解，能作切实而有效的指导。

中学语文教材中有相当数量的中外文学作品。要教好这些文章，教师须认真学习文学理论、中外文学史，了解古代文学、现代文学和当代文学的基本内容，熟悉各个时期主要的作家与作品，涉猎世界文学宝库，对驰名世界的作家作品特色有所了解。学习美学理论，懂得一点美学知识，懂得结合语文教材的特点进行审美教育的方法。懂得一点文艺创作和文艺批评的基本理论，提高对文学作品，艺术作品分析、鉴赏的能力。民间文学、儿童文学的形式、内容与发展也应掌握。

为了教好文言文，对古代一些典章制度要有所了解。

（4）语文教育史

读一点语文教育史，了解语文独立设科以前的教学状况，了解语文学科独立设科以后发展的历史进程，包括教育目的和教材内容的演变、教学方法的改革等，了解语文教育发展进程中讨论的重大问题。对发展、演变的情况弄清楚，有利于提高认识，吸取经验教训，改进当前的中学语文教学。

（二）教育专业修养

语文教学是科学，也是艺术，它是一个复杂的系统工程。它不仅要向学生传授语文知识，培养读、写、听、说等语文能力，而且要结合语文教材的特点开发学生的智力，陶冶学生的情操。面对综合性如此强的十分复杂的教学实践，语文教师必须用教育学、心理学、语文学科教育学的理论武装自己，才能做到既懂得教什么，又懂得怎样做，才能取得教学上的成功。

学习教育学，比较系统地了解教育的本质，教育的方针，教育的目的、过程、内容和方式方法；学习比较教育学，了解中外名家教育思想，从中获得借鉴；学习教学论，懂得教学方法论的理论基础，学习现代教学论，开阔视野，从中吸取有益的养料。

学习心理学和教育心理学，了解在教育过程中学生的心理特征和个性差异，了解学生心理品质的形成及发展的规律，应用心理学中感知、注意、想象、思维等规律指导语文教学，提高语文教学质量，培养学生优良的心理品质。

学习语文学科教育学，懂得中学语文学科的性质，掌握语文教学的目的、要求、过程、原则、方法；熟悉语文教育的对象，研究他们的共性与个性，掌握在教学全过程中根据语文训练特点实施德育和美育的规律。

要学以致用。学习教育学、心理学、语文学科教育学，须树立正确的观点，树立正确的教育观、学生观、质量观。

（1）教育观

教育观是人们对教育问题的根本看法。它的核心问题是怎样看待教育价值标准。社会主义的教育应体现工具价值标准与理想价值标准的统一。工具价值标准指的是：教育要主动适应经济、社会、政治、科技发展的需求，为社会主义现代化建设服务。价值标准指的是教育本体的价值标准，要使受教育者德、智、体、美、劳全面发展。两个标准统一的教育功能是：教育为社会主义现代化建设服务，培养德、智、体、美、劳全面发展的社会主义事业建设者和接班人。基于这样的认识，必须克服片面追求升学率的倾向，必须面向全体学生。教育思想端正，语文教学才能大面积丰收。

（2）学生观

教学是教师与学生的共同活动，教师的教学活动和学生的学习活动是以教学内容为中介的。教师是教学任务的实现者，传授文化学科的基础知识与基本技能，组织教学活动，引导学生学习；学生在教师的指导和启发下，充分发挥学习主动性、积极性，由不知转化为知，由知之较少变为知之较多，由知之不完善到知之较完善，体现教学质量、教学效果。

从整个教学过程来说，教的主体是教师，教师是矛盾的主要方面，应起主导作用；学生是教的客体，在教师的主导作用下，积极地进行学习。主客体这对矛盾相互依存，不可分离。但认识的主体是学生，学生是学习的主人，学生由未知、未能转化为知和能，必须通过自身的努力方能实现。教师的教对学生来说，是外因，是学生学好的一个极重要的条件；学生是学习的主体，是内因，是学好或学不好的根据。教师的教要通过学生的学来起作用。教师的主导作用就是设法提供和创造良好的条件，促进学生的发展。教学的最终目的是"教为了不教"，是"教会学生自己学习"，是"教会学生独立地去发现，去创造"。

学生是学习的主体，学习的主人。教师在教学中要十分重视学生的主动性，千万不能把他们作为知识的容器，向他们灌输，要他们死啃书本，不能包办代替，越俎代庖，把他们当做听众、观众。学生是具有从事实践和认识活动能力的人，教师要千方百计激发他们的求知欲，启发他们积极思维，促使他们自觉地积极地获取知识，训练能力，发展智力。树立正确的学生观，语文教学中就能摆正教与学的位置，学生能生动、活泼、主动地学习，教学可取得良好效果。

（3）质量观

评价教育质量用什么标准？我国教育的培养目标是使受教育者德、智、体全面发展，成为社会主义现代化事业的建设者和接班人。因此，衡量教育质量，应该遵循全面性原则，从整体上抓教育质量的全面提高，不是重视一点，忽视其他；应遵循长效性原则，着力对学生思想品德素质和科学文化素质的根本性的提高，而不是一时一事，满足于短期行为；应遵循客观性原则，以客观性的社会价值标准衡量教育质量的高低，不是凭主观经验。把升学率作为评价教育质量的主要目标乃至唯一目标的质量观，违背了教育方针，远离了培养目标。树立正确的质量观，语文教学的教文育人才能落到实处，才可避免高分低能的弊病。

（三）文化科学修养

良好的思想政治修养、高尚的道德情操，需要以相当的文化科学修养为基础。由于语文学科工具性、综合性的特点，语文教师除具备专业知识修养外，须具备广博的知识修养。教师知识面越宽，视野越开阔，教学时就能内容充实，厚积而薄发，左右逢源。

（1）自然科学知识

现代社会中缺乏科学意识、对科技知识一无所知的人几乎寸步难行。语文教师虽不直接向学生教授系统的自然科学知识，但无论如何不能是"科盲"。小而言之，要教好语文教材中有关介绍自然科学知识的说明文，就必须弄懂文中所介绍的有关科学知识，如宇宙学、气象学、物候学、生物学、建筑学、物理学等等；大而言之，我们要培养二十一世纪在世界上有竞争能力的建设者，从小就要培养很强的科学意识，对科学技术有浓厚的兴趣，有积极参与的愿望和行动。课内启发，课外阅读推荐，在学生心灵深处播撒科学的种子。语文教材中涉及的自然科学知识很广，可说是上自天文，下至地理，包罗万象。语文教师当然不可能通晓各门科学，但是读一点科普读物，关心与了解现代科学技术的迅猛发展，读一点科技发展史，对某一门或某几门科学知识了解稍多一些，是应该的，也是必要的。

（2）社会科学知识

语文教材有广泛的社会内容，教学时要把文章的思想内容和语言形式有机地统一起来，使学生学有成效。语文教师除须有很强的理解语言的能力外，还须有丰富的社会科学知识，才能准确地把握思想内容。

要熟悉我国的国情，学习中国历史，尤其是近代史，现代史；学习经济学，了解社会主义市场经济的本质与特点；学习法学，尤其是有关教育的法令、法规；学习文化学，了解中华文化的形成与发展，中外文化的比较；学习民族习俗、风土人情，学习人际交往等等。总之，要博览群书，以百科知识丰富自己，做知识富有的人。

语文教师"精"于语文专业，"博"于文化科学知识，能以正确的教育理论指导教学，居高临下，学生必能学有所得，受益终生。

四、语文能力修养

语文教师不仅要具有良好的学业修养，在语文能力方面尤其要刻苦锻炼，达到较高的水平。

传统教育的一个重要特征是重知识的传授，轻能力的培养，语文教学也是如此。现代社会要求语文教师能进行创造性的劳动，面向现代化，面向世界，面向未来，开发学生的智力，培养学生具有较强的读写听说能力，以适应经济建设和社会发展的需要。学生能力的强弱和教师能力的高低有密切关系。要有效地培养学生的语文能力，语文教师自身须有较深的语文能力修养。

语文能力修养包括听说读写基本能力、语文教学能力与语文教研能力等。下面着重讲讲语文教学能力与语文教研能力。

（一）语文教学能力

语文教学能力是一个复杂的综合体，它包含众多因素，众多系列，既可分解，又可综合。从语文教学过程看，有钻研教材的能力、设计教案的能力、驾驭课堂的能力、测试考评的能力。要使教学井然有序地进行，须有制订语文教学计划的能力。从语言文字来说，有阅读教学能力、写作教学能力、听话教学能力、说话教学能力、语文基础知识教学能力。这些能力又各自形成系列，纵横交错，相辅相成。语文教学能力不仅表现在课内，而且表现在课外，如课外阅读指导能力、语文课外活动组织与指导的能力等。

语文教学能力是一个立体结构。中学语文教师要练就多项本领，在教学中综合运用，充分发挥，才能取得理想的教学效果。

（1）制定语文教学计划能力

语文教学须有目的、有计划地进行，切忌随意性。学生在一定的阶段完成一定的学习任务，教学缺少切合学生实际的计划，就会顾此失彼，贻误学生学业。中学语文教师要重视语文教学计划的制定，并提高制订的能力。

学习和深入理解语文教学大纲，把握阅读、写作、听话、说话及基础知识等方面的教学要求，理清读、写、听、说训练的具体内容，弄清基础知识的具体内容，把要求和内容按由易到难、由简到繁的顺序分解到各个年级，既循序渐进，又适当重复，增强训练效果。训练的项目要与课文对应，寻求最佳的载体。语文教材中的课文按单元编排，每个单元须有明确的教学目的要求。

制定语文教学计划要从学生的实际出发，要研究学生语文的实际水平、学习语文的主要心态、学习语文的方法与能力，以此来调整教学要求的高低，调整训练项目的难易，调整教学的进度。初中义务教育阶段三年是一个整体，根据学生语文程度，可采取先慢一点、后快一点的做法，也可匀速发展。不管怎样安排，读、写、听、说应各自形成系统，有明显的坡度，又相互渗透，相辅相成。

年级语文教学计划、学期语文教学计划须认真制定。在把握三年总体要求的情况下，分年级、分学期制定的教学计划应目的明确，内容具体，重点突出，线条清晰，可操作性强。

制定的教学计划不是一成不变。在主客观条件的影响下，可作适当的增删，可作部分的调整，目的在有利于教学，取得良好的效果。

（2）钻研教材的能力

教材是教学的依据。语文教师能否正确地掌握语文教材，关系到语文教学大纲能否得到贯彻，语文教学质量能否提高。掌握教材是提高教学质量的基本条件，要切实掌握，须有独立钻研的能力。

一是从总体上把握。对语文教材的编写意图、体例安排、知识结构、范文特色，梳理得一清二楚，做到心中有全局。通晓全套教材的思路，脑中就会有教文育人的大框架。

二是把握单元组合的规律。在通读全册教材的基础上，弄清楚每一单元的内部组合以及单元与单元之间的关系。研究单元的内部组合，要正确把握读、写、听、说的知识点和训练点；研究各单元之间的关系，要妥帖地把语文知识和读、写、听、说能力的训练分别联点成线，做到纵线清晰，横向能有机联系。

三是把握课文的个性。一篇课文写什么，怎么写，为什么要这样写，须透彻理解。要从语言文字入手，探究思想内容，又从思想内容的高度推敲语言文字的表达；反复琢磨，领悟作者遣词造句、谋篇布局的匠心，剖析语言文字独特的表现力，洞悉课文的个性。共性寓于个性之中，写文章的内在规律在一篇篇具体课文中有各自不同的特点，语文教师要善于用慧眼识特点。《庄子·列御寇》中说："千金之珠，必在九重之渊而骊龙颔下。"语文教师对课文的钻研要能由表及里，见人之所未见，把握到细微之处，须具有入深渊探取骊龙之珠的勇气和劲头。

四是正确查阅资料。涉及课文中的种种知识，要查阅各类工具书，查阅有关书籍，力求准确无误，力求真正弄懂。切不可搞教学参考书搬家。钻研教材的过程，应该是教师精读课文的过程，广泛学习的过程，应该是教师自觉提高教学业务的过程。在独立钻研的基础上借鉴他人，才有真提高；照抄别人，只会在原地踏步，体会不到获得真知的快乐。

（3）设计教学的能力

吃透教材是教学的第一步，同时，必须了解学生，研究学生。教学须有的放矢，有很强的针对性；只从教材出发，忽视学生实际，不可能收到良好的教学效果。

教学，就是教学生学，教学生学会，教学生学好，因此，设计教学必须对教学对象作认真的了解与研究。当代中学生与过去比，在年龄、生理等方面有共同之处，但在思想、心理、习惯、追求等方面有许多明显的区别。要了解和研究当代学生的特点，他们的理想、志趣、爱好、性格特征，他们的语文基础、学习方法，他们的可塑性等等，在课内外做有心人，眼看，耳听，心想，让一个个活泼泼的学生形象印在脑子里，既能抓住他们的共同点，又了解他们各自的个性特征。

从教材实际和学生实际出发设计教学，应包括以下一些内容：

① 确定教学目的。不管是单元教学目的还是课文教学目的，不管是新授课还是复习课的教学目的，都应体现语文的性质，语文的工具性、人文性、实践性和综合性的特点。教学目的不能"泛"，要紧扣课文或单元的特点；不能面面俱到，要集中又单一；不能任意拔高，要切合学生的实际水平。"准星"定得准，教学就不会偏离。

② 确定教学重点、难点：根据教学目的确定教学重点。不管是知识点还是训练点，不能平均使用力量；突出重点，兼顾一般，教学目的才能真正达到。难点的确定一是视教材本身，如某篇课文的某个段落、某些词句难以理

解；二是视学生实际水平，大部分学生感到困难的地方。难点可能就是重点，但也不一定就是重点。教学设计时要注意剖析难点，化难为易。

③ 安排教学程序。教学思路不等同于写作思路，要根据教学目的、教学重点、难点和学生学习心理安排教学程序。先教什么，后教什么，教师如何引导，学生如何学习，均要妥善筹划，力求取得最佳教学效果。各个单元在每册教材中的地位和作用不相同，各篇课文有各自的体裁，各自的特色，学生学习各类课文的兴趣、学习方法不尽相同，因此，安排教学程序不能拘泥于一个模式，要有效果第一的观念，要有创新的意识。

④ 选择教学方法。方法是实现目的的桥梁，选择怎样的教学方法受教学目的的制约。讲述法、讲读法、问答法、讨论法等等，各有优点，也各有局限性。教学设计时，要根据教材特点、学生实际加以选择。教学方法不宜单一，应根据教学目的选择多种教学方法，加以优化组合。不管选择怎样的教学方法，有一点应特别注意，就是：设计启发学生积极思考、深入思考的问题。语文教学中难度最大而又必须切实解决的，是如何使学生开动脑筋，主动积极地学习语文知识，进行读、写、听、说能力的锻炼。"问题"是学生通往阅读课文、深究课文的铺路石子，设计得精彩，学生就会兴趣盎然，求知欲旺盛，举一而反三。

⑤ 设计作业。语文作业的设计不能只理解为新课结束以后的作业和课外的作业。语文作业的主旋律是语文能力的培养，因此，在教学全过程中应该在适当的教学环节里安排能力的训练。设计语文作业应着眼于突出重点，落实教学目的；应有启发性，避免机械操练，抑制学生的创造性；应着眼于素质教育，力克进入应试误区；应形式多样，开发学生智力；应分量适当，避免学生过重负担；应具有弹性，使各个层面的学生均能得到提高。

⑥ 设计板书。板书是教学的重要手段之一，它对学生的学习起提示、启发、强调作用，帮助学生理解课文，加强记忆。板书大致可分两种情况，一种是就课文、就单元复习进行总体设计的；一种是随写随擦的。前者重提纲挈领，重醒目；后者往往是生字、难词，须说明的，须强调的。板书可用不同色彩的粉笔，但忌五彩斑驳，使学生眼花缭乱。成功的板书源于对教材的深刻理解，对学生的了解、熟悉，源于教学思路的清晰、新颖。

教学设计行之于书面，就是教案。教案根据教师教学经验是否丰富，根据教学实施的需要，可写详案，可写简案，可部分详，部分简。教案须眉目清楚，教学步骤明确，教师的"教"与学生的"学"两个方面均有所反映。书写力求规范，第二遍、第三遍，乃至多遍教的课文，应根据学生不同的情况及教师自己理解的程度而做修改、补充，乃至重写，体现改革精神，以求逐步完善，精益求精。

（4）驾驭课堂的能力

以班级为单位的课堂教学，是语文教学的主要形式。教学设计的蓝图能否有效地实现，决定于课堂教学中教师主导作用发挥得如何。要使所有的学生在课堂上思维积极，主动进行语文训练，须着意提高以下几种能力。

① 组织能力。语文教师是学生学习语文的组织者和指导者，面对班级几十个学生，如何把他们组织到教学过程之中，调动每个学生的学习积极性，这是科学，也是艺术。教学过程在是师生共同参与的一个脑力劳动过程，教师的脑力劳动应当跟学生的脑力劳动相结合而最终目的是激励学生开展积极的脑力劳动，因此，教师和全班学生在课堂教学中应该有合理的关系。这种合理关系就是：教师的"教"作用于全班所有的学生，学生积极性极大地调动，既向教师反馈，又与同窗交流；课堂里形成思想、知识、情感、能力交流的网络，传递信息的渠道通畅；在特定的教学活动中，学生之间不仅可切磋琢磨，而且能充分发展个性与才能，能者为师。这种合理关系的主导者是教师。语文教师要善于组织这种辐射式的教学网络，创造活跃的课堂气氛，优化学习情境。驾驭课堂的组织能力不能误解为只有课堂起始阶段的集中学生注意力，只是为了维持良好的课堂纪律，它应该贯串一节课的始终，为实现教学目的服务。

② 应变能力。课堂教学是教与学的组合体，在教学进程中，教与学的矛盾、教师与教材的矛盾、学生与教材的矛盾、教学内容与教学时间的矛盾等等时有发生，语文教师要善于调控，妥善处理多种矛盾，使教学秩序井然，教学目的实现。其中尤以教与学的矛盾为多，教师须具有教育机智，善于应变。学生学习积极性调动，思想高度集中，会对教材的思想内容与语言文字提出种种疑难，会对教师的讲解、同学的看法持不同意见。教师应充分认识到这是课堂教学中闪光的所在，应把握时机，充分肯定正确的意见，把学生

组织到讨论的热潮之中，促使学习深入，促使课堂教学的质量提高。应变能力强不强，受以下几个因素的影响：一是对教材熟悉的程度，理解的程度；二是反应的灵敏度，能及时组织学生开展讨论，及时综合来自众多学生的正确意见，去粗取精，去伪存真，能及时调整或修正自己的看法，使学生信服；三是有相当的知识储存，并能信手拈来为我教学所用。摆脱照本宣科的死板教学，加强教学的针对性，使课堂教学活起来，取决于教师应变能力发挥得如何。

③ 语言能力。教师的教学语言在课堂教学中起重要作用，它与学生交流思想，沟通感情。教师语言不是蜜，但可以牢牢吸引学生的注意力，对课堂教学起凝聚作用。语文教师语言要活泼、生动、流畅，能悦于耳，入于心，对学生产生说服力与感染力，产生春风化雨般的魅力。语文教师语言要善于激趣，要新鲜，优美，风趣，要深于传情，要传真情，要亲切，要向学生传递健康的、高尚的、积极向上的情；要工于达意，要准确无误，简明，严谨，词汇丰富；要巧于启智，善于点拨、引导启发。教师语言规范，能对学生正确理解和使用祖国语言起榜样作用，教学效率会大大提高。

驾驭课堂的能力是教师教学的重要的基本功，课堂教学能否闪发光彩，教学质量能否提高，关键就在于此。这种能力的培养靠精心的探索研究，靠长期的持之以恒的磨砺。

(5) 处理作业的能力

学生的语文作业在一定程度上检验教与学的质量，它帮助教师发现教学中的经验与问题，促使教师改进教学。正因为如此，处理学生作业不能停留在只判断正误，只打分数上，要做到：

① 明确学生作业是教学的有机组成部分，是课堂教学的延伸和反馈，不过，方式是学生独立操作，独立训练，以巩固或加深理解课内所学的内容，处理时要加强目的性，了解学生掌握的情况，重视反馈教学质量的信息。

② 对不同类型的作业，如口头的、书面的、单项的、综合的等等，采用不同的处理方法，可分别处理，可集体讨论，可互批互改。无论采用什么方法，都要落到实处，使学生一步一个脚印往前走。

③ 批改作业要以正面鼓励为主，积极引导为主，千方百计树立学生的信心，激发他们克服困难的勇气，切忌横加指责。对错误与不足要说得具体，

指引修改的路子。

④ 因材施教。对不同的学生可采用不同的方法，如对有的学生的作文可面批面改，重点帮助。从学生的实际出发，有目的分阶段地采用不同方法处理，以求得最佳效果。

（6）组织语文课外活动的能力

教师组织和指导学生学语文，要树立大语文的观念，不能封闭在课堂小天地里。从大语文的观念看，可探讨的问题很多，这里不赘述，但作为语文教师，必须有这样的意识。

要在思想上重视，明确语文课外活动是语文教学整体中的有机组成部分，纳入教学计划。

语文课外活动内容要具体，形式要多样，要有助于激发学生兴趣，开阔学生视野。语文课外活动应有相对的独立性，不能搞课堂教学的延伸，不能以规定的作业束缚学生，加重他们的负担。

要让学生做语文课外活动的主人，培养他们的组织能力、主持能力、实践能力。教师当参谋，充分发挥学生的聪明才智。组织活动时，应积极争取学校、家庭和社会有关方面的支持。

语文教学能力表现在众多方面，上面仅仅就几项主要的加以简述，其他如考核学生语文程度的能力、对教学评价的能力、运用教具的能力等，也都应该积极锻炼，不断提高。

（二）语文教研能力

作为一名合格的语文教师，不仅应具备比较强的教学能力，而且应具备一定的教学研究能力。语文教学研究不仅仅是语文研究机构中研究人员的事，也是广大语文教师的事。语文教师不仅要掌握教什么，怎么教，还要懂得为什么这样教，怎样教可以提高教学效率和教育质量，这就需要认真研究，探索语文教学规律。

语文教学规律是客观存在，它反映语文教学的内在联系。发现它，认识它，就能遵循它施教，就能取得良好效果。怎样才能发现？当然要研究；怎样才能深入地认识，当然更要研究。

有一种误解，认为教学研究高不可攀。其实不然。语文教师是教学第一线的实践者，有教学正反两个方面的经验，在教学过程中经常会遇到各种各样的问题，经常思考有关问题，寻求解决的途径与方法，提高到理论上来认识，就是进行研究。语文教师在这方面有足够的发言权，应该成为教学研究的主力军。

中学语文教师为了提高教学研究能力，应在以下几个方面积极锻炼。

（1）选题的能力

选题是教学研究活动的开端。课题一旦选定，研究的目标与方向、研究的对象与范围、研究的主要方法与步骤等等也随之在某种程度上被决定。

语文教学研究的课题是指语文教学领域中具有普遍意义的特定问题，有明确而集中的研究范围、目的、任务和题目。所谓普遍意义，是指教学中有规律性的，能解决某一层面的，反映某些本质的；所谓特定问题，是指目标明确，讨论的对象和范围清晰。

选题就是寻找研究语文教学问题的突破口。语文教学十分复杂。要探索其客观规律，必须有确定的着手点和突破口。先在一个方向上，通过一个具体课题突破，逐步扩展，逐步深入，才能对语文教学规律有越来越深的认识。

选题要角度小，有价值，有新意。

要根据语文学科性质、目的、任务，先搭选题的框架，形成选题网络，然后由总到分，纵横交错，找聚会点，找熟悉点，确立课题。

（2）收集资料的能力

围绕课题收集资料，力求范围广一点，内容实在一点。一是检索古今中外的文献资料，做摘记、笔记、卡片；二是开展调查。常用的调查方法是：①问卷调查。面可宽些，取得数据，作定量分析。②开座谈会。口问手写，取得具体的材料。③访谈。抓住典型，作较细致的了解，资料是研究的依据，越具体，越典型，越有研究的价值。

资料收集后须排列梳理，归类集中；须剖析材料意义，分清主次；须认真筛选，选取最有意义的。

（3）撰写教学研究论文的能力

语文教学研究论文是语文教学研究的结晶，撰写时要遵循几条原则：①论证要以事实为依据。研究论文中列举的数据和例子，应该是千真万确的。

②内容的阐述要有逻辑性。论文内容的逻辑性是研究思路逻辑性的必然反映。③语言要准确、明白，不能含糊其辞。④引用文献资料要注明出处。

教学研究论文有论述性的，有描述性的。如果是开展教改实验以后形成的报告，那就是实验性研究报告。

研究论文一般由以下几个部分构成：①论题，即论文题目。②引论。③本论。④结论。文前可加"内容提要"，文中可加注，文末可说明写作时间。

初稿完成后，应反复琢磨，认真修改。

进行语文教学研究是语文教师提高自身理论水平和教学能力的必由之路，是揭示语文教学规律、提高语文教学质量的必由之路，语文教师要克服畏难情绪，勇于在这条路上迈开大步。

中学教师自身的提高

教学的生命力在于教师不断提高自己。中学教学是高难度的教学，要有效地提高教学质量，当然可以借鉴别人的经验，但最为根本的还在于抓自身的提高。根深才能叶茂，居高才能临下。教师基础牢靠扎实，源头活水汩汩流淌，就能因教材、因教育对象的实际情况而充分发挥自己的特长，在广阔的教学领域中导演出一幕幕精彩的育人戏剧。

一、教师的自身提高是一项长期的工作

教师要永葆教学上的青春，必须自身不断增强内驱力，那就是坚持自我教育，把自我教育作为终身的任务。自我教育的积极性、主动性从何而来？

（一）对自己的教学业务有清醒的认识

语文教学任务繁重，要求教师知识全面，读、写、听、说全能，要求教学技艺纯熟，教学方法多样。以这样的标准来衡量，教师总会有这样那样的不足和缺陷，认真弥补，才能逐步合乎要求。即使没有明显的缺陷，也有功底深不深的问题，视野开阔不开阔的问题，在教学改革上能不能开拓进取、善不善于开拓进取的问题。讲到教学技艺，课上能不能撒得开，纵横自如，

能不能收得拢，聚意点睛，这些都应认真反省。

清醒地认识自己，就会虚心。"虚"才能容物，主宰自己的眼睛去看，主宰自己的耳朵去听。否则，眼睛、耳朵总像蒙上了障碍物，不是视而不见，听而不闻，就是看走样，听走音。"虚心"是鞭策自己前进的动力。

（二）身上要有时代的年轮

语文教师的政治、业务素质的提高与整个社会有密切的联系。作为一名语文教师，应该具有相当程度的职业敏感，要跟随着时代奋力前进。

人类社会已经跨越了十九世纪的蒸汽机动力时代，今天，科学技术已经发展到了一个全新的信息时代。时代对教育提出新的要求，语文教师要学会认识时代的特征，关心国内外大事，善于接受来自各方面，尤其是教育、科学、技术方面的新信息，使自己思考问题、从事教学实践具有时代的气息。

当前，我国人民所面临的最为重要的任务是建设有中国特色的社会主义。建设有中国特色社会主义理论的核心是发展生力，精髓是解放思想，实事求是。发展的强大动力是改革，发展需要有稳定的政治局面。现代社会的发展又是一个动态的系统工程。改革开放的深入推进，特别是社会主义市场经济目标的确立和它的蓬勃发展，必将引起人们生活方式和思维方式的深刻变化。生活在现代社会的语文教师，对国民经济和社会发展的一些基本理论要有所了解，并以此武装头脑。

教师的政治水平、业务水平应随着社会的不断发展而提高，思想观念也应及时更新。比如教育思想观念的更新，内容就十分丰富。教育体制问题、学校内部管理机制问题、素质教育问题、社区教育问题等等，均应关心，了解，加深认识。

（三）坚持不懈，必有成效

"十年树木，百年树人"，教育工作具有长效性。正因为如此，作为教育学生的教师就须不断自我完善，自我提高。教师思想、道德的完善，学业、能力的提高，绝非一时一事所能奏效，要靠日积月累，细水长流，持之以恒。

"恒"，是进步的法宝。只要坚持不懈地努力学习，积极进取，必能跟上时代的步伐。"恒"来自对教育事业的无限忠诚，对青少年学生的无限热爱。

高度的事业心和责任感是自我教育的不尽的动力。

二、提高的途径

　　教师自身提高是一项长期的工作，提高的途径虽因人而异，但也有一定的共性。主要的途径是：

（一）阅　读

　　教师的一生必须是学习的一生，在现代社会，这应成为包括语文教师在内的所有教师的共识。

　　学习是接受外界信息、开阔眼界、增长见识的过程。当今时代新思想、新知识、新技术、新观念层出不穷，只有孜孜以求，不断学习，才不落伍于时代。要获得知识的增进与更新，阅读是最重要的手段。

　　从书里，可以迅速汲取人类几千年进化所积累的知识，使智力的发展一日千里；可以超越时间空间的局限看到世界，使视野的广阔度增加千倍万倍；可以超越独自思维的单信道联系，从几辈人中获得大量信息。读书使人聪慧，使人明理，对人的德、识、才、学等方面有深刻的影响。语文教师对阅读的重要性有深刻的理解，就会自觉阅读，把阅读作为须臾不能缺少的活动。

　　阅读的内容很广泛，须注意的是：

　　（1）认真学习重要的理论

　　建立在辩证唯物主义和历史唯物主义的基础上的马克思主义世界观，是一个科学的思想体系。语文教师应逐步掌握其基本理论、立场、观点和方法，系统地了解社会发展的规律，正确对待客观与主观、必然与自由、理想与现实之间的关系，正确认识和理解社会主义阶段的现行政策。

　　以历史唯物主义基本原理来说，恩格斯的《在马克思墓前的讲话》里，用一个长句加以阐述，列宁的《卡尔·马克思》一书中对此又拎出了两个要点：①以往的历史理论，至多是考察了人们历史活动的思想动机，而没有考究产生这些动机的原因（物质生产发展的程度）。②过去的历史理论恰恰没有说明人民群众的活动，只有历史唯物主义才第一次使我们以自然史的精确性去考察群众生活的社会条件以及这些条件的变更。这样反复学习，就可有所领悟。对马克思主义基本原理的理解，读原著十分重要，读其他书籍也会有所帮助。比如刘心武的长篇小说《钟鼓楼》，其中有两段文字对历史唯物主义的基本原理阐述得精辟、透彻，用形象化的语言表述，与理论对照阅读，更可加深理解。

对教育教学理论的学习也是如此。如叶圣陶主张"教是为了不需要再教"，反复学习，就会懂得不能误解为"少教""不教"。"教"是教师今日的任务，"不教"是明日的目标，今日的"教"，要达到明日不需要教的目的，其中有个过程。自学能力的培养非一朝一夕，靠的是科学的步骤与方法。如果把目标和过程混淆起来，揠苗助长，其结果是禾苗枯死。

（2）深入学习语文业务

要真正弄懂一点知识，就要深入学习，认真钻研。既要深入，就要锲而不舍，因为一锹两锹是掘不出宝物的。比如诗歌，每学期都要教，围绕它，阅读有关的书，可发现其中许多有趣的学问。诗中有方位、色彩、数字，在诗人笔下各有奥妙。如语文教材中有《木兰诗》，诗中有"东市买骏马，西市买鞍鞯，南市买辔头，北市买长鞭"句子。紧扣方位词的运用，可在《楚辞·招魂》中找到"魂兮归来，东方不可以托些……魂兮归来，南方不可以止些……魂兮归来，西方之害……魂兮归来，北方不可以止些……"，可在曹植的《游仙诗》中见到"东观扶桑曜，西临弱水流，北极玄天渚，南翔陟丹邱"的诗句。同是东西南北，有的是写到处奔波为准备出征购买物品的繁忙；有的是写四方不可留，希望死者灵魂归故土；有的是写诗人自己受到曹丕、曹叡的猜忌，郁郁寡欢。同是在诗中用方位词，表达的情意却很不一样。学知识如汲深泉之水，越学越能品尝到其中的甘甜。

（3）广泛学习，开阔视野

语文教师不仅要学习马克思主义理论，学习党的方针、政策，学习教育学、心理学、教学法的基本理论，攻读专业著作，而且要博览其他各方面书籍，尤其是文化方面、文学方面、艺术方面的。语文教师在知识修养上应当是"杂"家，知识面广，视野开阔，容易触类旁通。

教师要有拼命吸取的素养与本领，犹如树木，把根须伸展到泥土中，吸取氮、磷、钾，乃至微量元素。只有自己知识富有，言传身教，才能不断激发学生求知的欲望。

语文教师工作量大，负担重，要想有大块时间阅读不大可能。为此，锲而不舍的精神尤为重要。把零星的宝贵的时间有计划地用上，天长日久也是可观的。

（二）进　修

教师要切实做到日有长进，月有长进，年有长进，须不断以精神养料滋养自己，自觉地接受终身教育。进修是接受教育的一条有效途径。

教师职后教育的特点是针对性强，时效性强，实用性强，研究性强。语文教师参加职后进修，对增进知识、完善知识结构、提高语文教学质量起重要的促进作用。要使进修有成效，应做到：

（1）思想上重视

认清时代对语文教师的要求，认清担负的任务与自身的条件之间的差距，增强进修的紧迫感。

（2）课程上选择

从自己的实际出发，选择最需要的课程学习。可选择语文学科内各门有关的课程，可旁及其他学科的有关课程。或弥补不足，或意在提高，或开展研究。

（3）时间上保证

要下决心挤时间。不论是业余进修还是脱产进修，都要千方百计克服困难，坚持学习，切不可三天打鱼两天晒网或半途而废。

（4）方法上讲究

一线语文教师有实践经验，要取得良好进修效果，须理论联系实际，采用科学的方法。避免死记硬背，不能懒于思考。

（三）实　践

实践出真知。一名成熟的语文教师总是经过大量教学实践的锻炼。然而，无可讳言，有的语文教师教了半辈子，乃至一辈子，却讲不出多少教语文的道理。应该说，他们教学是辛苦的，精力也花得不少，为什么会出现这样情况呢？关键在于缺乏理论指导，教学实践有很大的盲目性；在于不注意及时总结，让有价值的经验与教训和时光一起流逝；在于缺少潜心研究。

要在教学实践中使自己切切实实获得提高，须在以下几方面努力：

（1）教学实践要有正确的理论指导

教师学政治理论、学马克思主义哲学、学教育理论等等，不是为理论而理论，学习的目的在于以正确的理论指导教学实践，减少盲目性，提高有效性。

教育要三个面向，面向现代化，面向世界，面向未来。这是当代指导我们教育教学的重要理论，用这个理论指导语文教学实践，从教学内容、教学方法到测试考评，有一系列问题可探讨研究。教学时要有明确的指导思想，而不是想怎么教就怎么教，有很大的随意性。语文教学大纲中"教学中要重视的问题"提出的观点，是从长期语文教学实践中总结提炼出来又被实践证明是正确的认识，从不同角度反映语文教学的规律。教学时有目的有意识地以这些观点为指导思想，在实践中加深认识，探索规律。

（2）重视总结，善于总结

教师在教学实践中常常有这样那样的点滴体会，如果不重视总结，这些体会也就流失得无影无踪。

一步一陟一回顾。要做好任何工作，都要重视走过的足迹，看是否离线离轨，是否步履坚实。回顾过去，目的在吸取经验教训，使今后的路走得更好。

教学总结是对教学工作的总鉴定，作用在于把浅的、零星的、表面的、感性的认识上升到本质的、系统的、全面的、理性的认识。通过总结，可以在复杂的教学现象中找出事物的内在联系，在个别中找出一般，在个性中找出共性，在特殊中找出普遍性。语文教师重视总结教学中的经验教训，认识就能符合语文教学规律。

总结要"勤"，懒于思考，懒于动笔，认识就总是在原地踏步，教学也就裹足不前。人总是要"逼"自己，教师尤其如此。为了肩负的育人使命更好地完成，教师要自觉地"逼"自己。教学实践中勤于思考，勤于动笔，习惯成自然，也就不以为苦，不觉得难了。

总结要善于选角度，善于在内容上剪裁。一开始写洋洋乎大观的文章当然比较难，要选感受最深、最有体会的写。面面俱到，蜻蜓点水，达不到通过总结提高认识指导教学的目的。

（3）潜心研究，着力改革

语文教学要改革，改革才能摆脱长期存在的效果不理想的困境。改革不是少数人的冥思苦想，也不能只是少数教师探索实践，而要靠广大的语文教师。语文教师处在教学实践的第一线，掌握丰富的第一手材料，根据提高教学质量的需要，根据自身的条件，完全有可能也完全应该就某些方面的问题开展实验，进行研究，着力改革。开展实验，进行改革，要制定实施方案，安排实施步骤，先定实施方法，检测实施效果。改革前要进行调查研究，实施方案要目标明确，步骤清楚，切合实际，可操作性强。实施过程中可根据具体情况调整方案。

（四）积　累

《后汉书·列女传》中说："一丝而累，以至于寸；累寸不已，遂成丈匹。"对语文教师来说，这种积寸、积丈匹的精神十分重要。

一是知识的积累，广泛阅读，随读随记，收集整理。

二是教学资料的积累，自己的教学资料、同行在书报杂志上发表的有关教学资料，择其善者收集起来，供参考、研究。剪贴、做卡片、装订成册等方法皆可用。

三是教学经验的积累。"教后记"是一种有效的积累方法。上完课把教学中值得思考，值得研究的问题记几笔，有教的，有学的，有经验，有教训，久而久之，就会从中找出规律性的东西。总结教学经验，撰写教学论文也是一种积累方法。

改革开放呼唤人才，人才呼唤教育，教育的关键是教师。每个热爱祖国、热爱青少年学生的语文教师应振奋精神，加强修养，加强自我教育，在学生心目中树立起光彩照人的形象。

愿你的语言"粘"住学生

有人把语文在人们交际中的作用形容得十分形象，"不是蜜"但是可以粘东西"。确实如此，语言是一切思想的外衣，是人类最重要的交际工具，准确而熟练地运用它，就能充分传递精邃的见解，丰厚的感情，粘住读者和听者，牢牢吸引他们的注意力。

对于教师来说，掌握语言工具，有效地发挥它"粘"的作用，尤为重要。教师向学生传授文化科学知识，培养良好的道德情操，训练分析问题、解决问题的能力，发展他们的智力，一刻也离不开语言。我们常常见到这样的情况：教师知识水平相仿，教育对象相近，教学内容相同，但教学效果却迥然有异：一者情趣横生，课堂气氛活跃，学生兴趣盎然；一者平板乏味，课堂沉闷窒息，学生昏昏欲睡。课堂效果的好坏虽然受多种因素的影响，但教师的语言修养、运用语言的艺术往往起特别重要的作用。教师必须具备良好的口语表达能力。这种能力不仅是增强教学效果的有力手段，而且能给学生以熏陶，使学生在潜移默化之中理解语言，提高使用语言的能力。教师要把课上得有感染力、说服力，达到预期的教学效果，须下苦功学习语言，锤炼教学用语，讲究语言艺术。从哪些方面来锤炼呢？

一、清楚明白，不含糊其辞

用清楚明白的语言传授知识、启发思维是教课的基本条件；含含糊糊，闪烁其词，杂乱无章，学生就会如堕五里雾中，得益甚微。要做到清楚明白，一要积极训练自己的思路，力求清晰通畅；二须有意识地清除自己语言中的杂质。

　　语言是否清楚明白，很大程度决定于思路是否清晰，是否符合逻辑。心里清楚，说出来才明白。对所要传授的知识不"烂熟于心"，未认真思考，讲述时就会东一榔头西一棒，枝叶蔓生。如何有条理地表达？教师课前对要讲述的问题、要进行的种种能力的训练，均应作认真的构思，在"序"上下工夫，比如：先说什么，后说什么；怎样开头，怎样过渡，怎样结尾；如何先总说后分说再总说，分说时从哪些方面、哪些角度，又按怎样的顺序排列；如何运用归纳的方法由具体事实概括出一般原理，又如何采用演绎法由一般原理推出特殊情况下的结论。凡此种种，都须再三琢磨，训练思维的条理化。思路井然有序，讲解就会条分缕析。心明，言才明；锻炼"心明"，可以促使"言明"。

　　要有意识地清除自己语言中的杂质。教师应讲普通话，力戒掺杂方言土语。语言上的混杂、不纯净，不仅影响听的清晰度，而且影响学生运用规范化的语言思考的能力，影响他们语言的发展。啰嗦、重复，"这个""那个""唉"等等口头禅，也是清楚明白的大敌，它使语言芜杂，拖泥带水，犹如良莠齐生，把该表达的思想感情淹没在莠草之中，大大降低表达效果。着力清除口语中的这些杂质，净化语言，努力做到吐字准确，声音响亮，语句完整，语言精练，"丰而不余一言，约而不失一词"，学生听起来就愉快，接受起来就方便。

二、通俗易懂，不诘屈聱牙

　　要教学生学懂、学会，再深奥的知识，教师也要善于用通俗的话讲出来。口头语言和书面语言有区别，前者作用于人的听觉，瞬息即逝，后者作用于人的视觉，读的人遇有艰深之处，可反复阅读，仔细咀嚼，思索理解。因而，口头语言较之书面语言来说，通俗易懂更为重要。教师讲述概念、定理、定律，讲述文章尤其是议论文中所阐述科学道理，常运用诠释性的语言加以说明。如何运用诠释性的语言很有讲究。如果照本宣科，照搬课本上的书面语言，照搬现成的条文，从概念到概念，从抽象到抽象，就失去口头讲析的意义，徒然浪费极其宝贵的课堂时间；如果教师充分占有与教学内容密切相关的材料，对教学内容的重点、难点、关键了如指掌，懂得抓住哪个节骨眼儿一点就通，注意选用浅显的语言，讲述就会具体易懂。唯其深入，才能浅出。要能把所教的知识、道理通俗易懂地表达出来，关键在于一个"透"字。透彻理解，融会贯通，就能深入浅出，讲到精要处，说在点子上。

语言是否通俗易懂，还有赖于遣词造句的功力。要善于从同义词、近义词、反义词中选用最恰当、最鲜明、最常见、最易听懂的有关词语表达情意，深者浅之，难者易之，生僻的、容易引起误解的少用或不用。组织教学用语时，要注意长句化短，繁句化简，多用短句，少用复句。意思比较复杂的可用几个短句剖开来说，不搞修饰语、限制语的堆砌，拗口的、不符合中国语言习惯的外来语句式尽量少用或不用。

三、优美生动，不枯燥干瘪

教师讲课所用的语言虽属日常口语，但又不同于"大白话"，应该是加了工的口头语言，与随想随说的日常交谈有区别。要注意语言提炼，炼字炼句。教学用语里既要有人民群众经过锤炼的活泼的口语，又要有优美严密的书面语言，教课时让学生置身于语言美的环境之中，受到教育与感染。

教师要掌握大量的词汇，善于用同义词、近义词转换，善于运用专业词、成语、俗语。汉语的词汇丰富如海洋，它反映中华民族数千年的悠久的文化，又吸收了各民族与外来语中语言的精华。它反映客观事物、表现思想感情的精密程度，同义词、近义词之间的细微差别，在世界上是罕见的，平时广为采撷，认真储存，教课时就会源源涌入脑际，根据教学需要，信手拈来，脱口而出，大增语言的风采。如果自己词语仓库里的物品极少，阐述问题、剖析事理时总要翻来覆去用那几个词语，颠来倒去那几句话，教学效果就可想而知。语言贫乏干枯，学生是不会欢迎的。

须熟练地掌握和运用各种修辞手法，句式要富于变化，增强语言的形象性。善于运用语言的作家十分注意语言的形象性，他们借助形象化的语言，在文中绘声绘色绘景绘情，使人有身临其境之感，触动读者的心灵。教师的语言虽不等同于作家的文学语言，但要悦学生耳，吸引学生的注意力，要使学生听得津津有味，孜孜以求地在学海中泛舟远航，非得讲究形象生动不可。贴切的比喻能启发学生联想、想象，精当的设问、反问能造成悬念，启发学生深究底里，气势流畅的排比能激发学生感情的波澜，适时的反复、强调能加深学生的印象。所有这些，教师课前应运筹帷幄，成竹在胸。课上，语言的闸门一打开，伴随着语言的知识就会如清泉之水汩汩地流入学生的心田。

为了加强表达效果，还须注意句式的变化。重复用一种句式，不加变更，必然单调无味。根据教学要求、教学内容的需要，可用单句，可用复句，可长短句交错，可用陈述句，可用判断句，可用疑问句等其他句式。即使用得较多的陈述句，其中词序的排列也很有值得推敲之处，哪些前置，哪些倒装，都要从效果出发，妥加安排。句法参差有致，听起来就自然和谐。

优美生动的语言必然有和谐的节奏。抑扬顿挫、高低起伏处理得恰当，能给学生以美的享受。音量要控制，过响会震耳，过轻听不清，以传送到课堂每个角落、每个学生能清晰地听到为宜。要注意音质音色，频率过高，尖声刺耳，频率太低，沉闷欲睡。妥善控制，改善音质，学生听起来就愉快舒适。讲课的语言必须有抑扬起伏，视不同的教学目的，有时舒缓徐慢，有时高亢激奋，有时停顿间歇，有时一泻千里，创造课堂气氛，牵动学生思绪，叩击学生心弦。如果只在一个平面上移动，如果只是等速度地流淌，容易对学生起催眠作用。教学语言要做到优美生动，除了知识素养、语文技巧之外，还必须倾注充沛、真挚的感情。情动于中而言溢于表，只有对所教学科、所教对象倾注满腔深情，教学语言才能充分显示其生命力，熠熠放光彩，打动学生的心，使学生产生共鸣，受到强烈的感染。

作家阿·托尔斯泰在一次讲话中曾这样说过："我们不仅能够把思想、概念，而且还能够把最复杂的、色彩最细腻的图画用语言表达出来。可以这样说，在人的大脑里好像有着成千上万个，也许还是成百万个键子，一个正在讲话的人，就好像是用无形的手指在大脑这个键盘上弹奏一样，而讲话人所奏出来的那支交响乐也就在知音者的头脑里回响起来。"这段话十分精要地道出了语言艺术对作家的重要。从中我们可获得深刻的启示：一位教师必须锤炼教学用语，研究语言艺术，使自己用语言所弹奏出来的交响乐能在知音者——学生的头脑里回响激荡，收到良好的教学效果。

　　语言的锤炼不是一朝一夕的事，须靠长期的积累与实践。要多阅读中外优秀文学作品，多学习人民群众的生动活泼的语言，吮吸其中有益的养料，提高语言修养。要广泛地涉猎社会科学与自然科学有关读物，丰富自己的知识，增长见识，提高洞悉事物的能力。要加强语言实践，平时多锻炼，教学时注意反馈调整，根据学生的反应调整音量、语调、节奏、速度、句式、表达的方法，经常总结经验教训，使教学语言日趋完美。

　　愿教师用语言"粘"住学生，上出一堂堂学生欢迎的、思想正确、知识丰富、情趣横生的使人入迷的课！

用充满魅力的语言开启学生智慧之门

无数事实证明，能在学生心中树立起光彩照人形象的教师，教育效果总是比较理想。这里所说的"光彩照人"，绝非指名位的显贵，名声的显赫，而是指在平凡的工作中能在人格上、学识上给学生以巨大的吸引力和感染力。身教具有榜样的力量，言教具有感人的魅力。这里且不说身教在培养学生健康成长中的重要作用，仅就教师在言教中如何发挥语言的魅力以取得良好的教育效果谈一点浅陋的认识。

教育家苏霍姆林斯基有这样一段名言："在拟定教育性谈话的内容的时候，你时刻也不能忘记，你施加影响的主要手段是语言，你是通过语言去打动学生的理智与心灵的。然而，语言可以是强有力的、锐利的、火热的，也可以是软弱无力的。"作为一名教师，要想打动学生的理智与心灵，须悉心琢磨自己的语言，坚持不懈地训练自己的语言。语言是人们交际的工具、表情达意的工具，师生之间交流思想、沟通感情应认真而有效地使用这个工具。语言不是蜜，但可以粘东西；教师语言不是蜜，但可以牢牢地粘住学生的注意力，引导他们在知识的海洋中扬帆远航，引导他们追求生活的真谛，奋然前行。

教师的语言要能对学生产生吸引力、感染力，产生春风化雨般的魅力，在以下几个方面可多作探索：

一、善于激趣

站在我们面前的，又亟待培养教育的，是活泼的青少年学生。他们朝气蓬勃，精力充沛；他们好奇地想了解大自然的万千气象，想探索人类社会的幽深奥秘。这种求知的欲望是他们成长的内驱力。教师不仅在感情上要千百倍地爱护，更要用语言步步引导，激发求知兴趣，带领他们不断进入求知新境地。

为什么语言要在激趣上下工夫呢？早在两千多年前，孔子就说过："知之者不如好之者，好之者不如乐之者。"学生学各门学科要学有成效，非爱好、非以此为乐不可。教师语言要善于启发学生"好"，激发学生学习的乐趣。干瘪无味的语言遏制学生的求知欲，情趣横生的语言能叩开学生闭锁的心扉，知识的甘泉就会不停息地流入学生的心田。善于激趣的语言往往具有新、美、趣的特点。

语言要新鲜，陈词滥调听了发腻，学生会产生厌恶感。青少年学生具有好奇、好新鲜的特点，新异的刺激物能引起他们的定向探求活动，语言新鲜，能有效地激发学生进行新的探求活动，保持与发展旺盛的求知欲。例如要求学生练笔，题目自拟，但必须与"一"组合。如果用干巴巴的语言向学生提要求，学生必然兴味寡然。我采用了这样的教学语言："一"是个奇妙的数字，它有极强的生长力，有了一，就有二，一生二，二生三，三生万物，"一"是数的起点，是一切事物的开端；它又有极强的组合力，几乎可与万事万物组合，一道彩虹，一泓清水，一片落叶，一场拼搏，一部小说，一曲颂歌……不信，请同学们开动脑筋用"一"与你熟知的人、事、景、物组组看，看谁组得多，组得好，说得快，说得响亮。话音刚落，全场活跃，用"一"组成的练笔标题如潮水一般从学生口中涌出。学生思路打开，写出了不少有趣的短文。一名学生写一篇"一"，几十名学生写了几十篇"一"，学生懂得了不可小看生活中的"一"，从个人说，一可生二，生三，生万，从群体说，"一"已生"几十"，趣味无穷。

语言要优美。爱美是人的天性。爱迪生说过："最能直接打动心灵的还是美。"自然美、人文美能打动学生心灵，教师优美的语言更能直接打动学生的心灵。美的语言悦耳动听，学生不仅兴趣盎然，而且容易入心。优美的语言诉之于听觉，应该音量适度，语速恰当，语调和谐，应该遣词造句比较讲究，文学气息浓一点。例如在单元教学的起始阶段，可用一段优美的语言，激发学生的兴趣，把学生引入单元学习的轨道。在教某一写景单元文章时，我是这样说的："继米开朗基罗之后的法国大雕刻家罗丹曾这样说：'美是到处都有的，对于我们的眼睛不是缺少美，而是缺少发现。'我们人总要和大自然接触，大自然的美可以说是无处不在。它不同于巧夺天工的工艺美，也不同于绕梁三日的音乐美，更不同于充满青春活力的人体的健壮美。然而，它似乎又是各种美的综合。尤其是我们伟大祖国的锦绣山川，真是美得令人陶醉，它在春、夏、秋、冬不同的季节展现不同的美姿。现在我们要学习的这个单元是一组描写四季景物的散文，情文并茂。我们要反复吟诵，分析比较，仔细推敲，理解它们高超的艺术手法和表现的情境美，培养我们用双眼观察美的能力，陶冶我们的情操。"一个单元教学的起始，教师引用有关发现美的名言，描述大自然的美，描述祖国壮丽山川的美，学生耳听，心想，愉快而又颇有兴味地步入了课文的学习。

语言要风趣，富于幽默感。教师不应该板着面孔上课，满口严肃的话。如果这样，学生就会如芒刺背，学习起来七折八扣。笑是感情激流的浪花，课堂里常有笑的细流在潜动，师生感情融洽，课堂气氛活跃。要能出现这种和谐、愉悦的气氛，教师要善于用风趣的语言开导学生，讲究幽默，把情趣和理趣结合起来。教育家斯维特洛夫讲过："教育家最主要的，也是第一位的助手是幽默。"教师的语言寓庄于谐，以情寓理，效果往往比直说、比严厉批评好得多。一次，学生抄袭作业，怎么教育呢？课上我说了这样一段话：天工造物真是无比奇妙，即使是同一种同一类的物也会有千差万别，人们不是说，天底下绝对没有完全相同的两片叶子吗？可这一次我们班却出现了一个奇怪的现象，批改作业时我发现不少人的面孔一模一样，比如这个嘴角往下歪，那个嘴角也往下歪，孪生姐妹也没有像到这个程度呀。请你们帮助我解答这个问题。学生先是煞有兴趣地听，接着表情有点紧张，最后大声笑着说："抄。"毛病由学生自己诊断，教师只要顺势而下，指点良药就行。学生在学习过程中回答问题、分析问题乃至质疑问难，常有这样那样的差错，这是完全可以理解的。此时此刻，指责、批评，定会把事情搞砸，会挫伤学生的积极性，而一两句风趣的、富于幽默感的话，是安慰剂、定心丸，能消除学生的窘态，帮助他们跳出困境。例如学生回答偏离题意，教师如果说："你全错了。"那无疑是往他头上浇一盆冷水，使他在同学面前难堪。有时我这样说："只可惜，准星偏离了几厘米，如果校正一下，准星一瞄准，必然百发百中。"风趣，幽默，不可滥用，恰当的场合、恰当的时机运用，可催化感情，深化理智，达到教育的目的，与油嘴滑舌截然不同。

二、深于传情

语言不是无情物，教师的语言更应该饱含深情。因为教育的事业是爱的事业，教师对学生满腔热情满腔爱是通过两个基本途径来实现的，那就是语言和行动。

情是教育的根，"感人心者，莫先乎情"。教师的语言要能拨动学生的心弦，在学生心中弹奏，就要善于传情，善于注情。语言抽去了情，就成为干枯的符号，挤走了血肉，只剩下几条筋，对学生无说服力，无感染力。带着感情教，满怀深情说，所教的课、所讲的道理就能在学生心中引起共鸣，从而，师生心心相印。

语言要传真情。"不精不诚，不能感人"，教师语言要能使学生真正有所领悟，有所感动，不能只追求语言的技巧，重要的在于有真实的感情。对学生丹心一片，由衷地希望他们健康成长，教师的语言对学生就会产生感召作用、激励作用，增添他们前进的动力。"十年动乱"期间我曾教过这样一名学生，由于享乐思想的腐蚀，他偷窃扒拿，旷课逃夜，聚众斗殴。我花了九牛二虎之力，把他安排到课堂里学习，并逐步校正不轨行为。但由于积习较深，常有反复。有一次他又逃学了，好不容易才找到他，我要带他回家，他不肯，对我说："我好不了了，要改那么多坏东西太吃力，你不要管我，我总是枪毙鬼了。"尽管我和同学因找他整整跑了一天，累得要命，但我相信精诚所至，金石为开，责备无济于事，这个时候他需要的是温暖，是勇气，是力量。我对他说："我还没有丧失信心，你倒没有信心了。你能知道自己不行，承认身上有不少坏东西，分清是非的能力已大大提高。这是改过的实实在在的基础，也是进步的开始。我理解你的苦处，你想和同学一起学习，一起前进，可总有只看不见的手拖着你，要你跟他做坏事，你要摆脱它，又没有力量摆脱，苦得很。我们一起帮你摆脱，我们班级有几十个人，力量大，肯定敌得过那只无形的手。最最重要的是你自己要有信心，你不是已经改了不少坏脾气了吗？"这位学生哭了，他泣不成声地说："老师，我对不起你，我知道你为我好，我改，我一定改。"教师语言传递的应是真挚的感情，如果是虚情、浮情，那就会"强哭者虽悲不哀，强怒者虽严不威"，是苍白的，无力的。

　　语言要亲切，和学生站在平等的位置上娓娓而谈，用商量的口吻，探讨的口吻，谈认识，谈感受，谈体会，以求得心灵上的感应。和学生谈话如有居高临下的傲气，盛气凌人的霸气，师生情就遭到破坏。娓娓而谈在教学中也是常用的。比如教《听潮》一文时，我是这样和学生交谈的："同学们，你们看到过海吗？听到过有关海的故事吗？回忆一下你们在电影、电视、书刊中看到的海的形象，列举一些词句来形容它的情状。（放手让学生说）我也说一点自己的感受。海，无边无际，辽阔壮美，神秘莫测，变化无常。有时它平静温柔，海鸥掠过水面，在海空盘旋翱翔；有时它汹涌澎湃，浊浪排空，怒吼咆哮。生活在海边的人，目睹海的情态，耳闻海的呼啸，熟悉海的脾气，热爱大海；远离海边的人，读描绘海景的佳作，也会有身临其境之感，感受到海的壮观。作家鲁彦的《听潮》，着力描写了海潮涨落的情景，让我们一起认真阅读，仔细体味。"学生是学习的主人，尊重学生，平等交谈，是师，是友，感情交融，学生迅速进入学习佳境。

　　激情铸言言意浓。语言要能深于传情，须激情横溢。对学生进行教育要动之以情时，教师的语言必须有感情的冲击波，这种感情的冲击波是肺腑心声的吐露，能叩开学生的心扉。如教《最后一次讲演》时，先介绍讲演的前前后后，说明在李公朴先生追悼大会上，李夫人讲述殉难经过时悲痛得泣不成声，而场内特务竟然谈笑抽烟，无理取闹，极为嚣张。闻一多先生见此情景，怒不可遏，拍案而起，怒对凶顽，作了这篇即席讲演，到会者一千多人深为感动。接着，我满怀激情地说："这篇讲演是庄严的宣言，动员的号角，讨伐国民党反动统治的檄文。它像一团炽热的火焰，从肺腑中喷射出来。它没有作词句上的修饰，但句句话像投枪，像匕首，直刺敌人的要害，使敌人招架不住，躲闪不及。这篇讲演距今虽已四十多年，然而那鲜明的立场，爱憎分明的感情，一泻千里的气势，慷慨献身的红烛精神仍然深深地叩击我们的心弦。"教师自己动情，才能以饱含激情的语言激发学生动情，情动于中而言溢于外，以情激情，学生充满感情地朗读，掌握节奏，掌握气势，将热烈歌颂与愤怒斥责的语句读得泾渭分明。

　　充满激情的语言可以是语调高亢的，抑扬顿挫的，一气呵成的，感情显露的；也可以是语调舒缓的，感情含而不露的。如讲评学生作文《课余》时，我用了这样一段导语：在我们国家，欢乐是生活的主旋律。同学们这次写课余生活，笔底下涌现的都是欢和乐。我在批改的时候，常常被你们文章里跳动着的喜悦、兴奋、快乐所感染。我改着改着，有时忍不住地笑出声来，或者用你们作文里的话来说，叫做"捧腹不已"。这几句话无半点激昂慷慨，也没有一个感叹词，但热爱生活的激情寄寓其中，激情来自对生活的热爱与思考。教师的语言要善于向学生传递健康的情、高尚的情、积极向上的情，给学生以熏陶感染。

当教师对自己所教学科内容与要求的深刻理解和育人的崇高职责紧密相撞的时候，心中感情的冲击波就会倾注于语言，就会情深意浓，妙语连珠，产生教育的能量。

三、工于达意

教师对学生"传道、授业、解惑"，必须做到使学生听得懂，明白所说的意思。《论语·卫灵公》中说："辞，达而已矣。"言辞，要把意思表达得清楚明白。根据教学的具体内容、教育的具体要求，运用恰当的语言，把意思准确、鲜明、生动地表达出来，是教师语言训练中最为重要的基本功。如果语言晦涩，或拖泥带水，学生就会如堕五里雾中，教育效果大为削弱。

教师在课堂上教课，直接诉之于学生的理智与心灵，且不说大段的讲解分析须表达得清楚，透彻，也不说三言两语的概述须简明，清晰，就是一个提问、一句铺垫、一句过渡也要认真推敲，把意思说得明明白白。

语言要准备无误，忌辞不达意。教课要使学生"信"，就要讲究科学，不能走样，语言上一字之差，意思就会截然不同。学数学的都知道"除"和"除以"是完全不同的概念。语文教学中稍不留意，就会用词出差错。有一次教欧阳修的《卖油翁》，讲到课文第二节的时候，我随口说了一句："下面有一段精彩的对话。"不料，马上就有一位学生不以为然地笑了一声。从这笑中，我立刻感到自己的语言有不妥之处，请这位同学发表意见，他说："下面的话不精彩。"我欣然接受，说："你说得对，用'精彩'不妥，应改为下面有一段'发人深思'的对话。"事情虽不大，但说明教学用语要准确无误，并不是轻而易举的事。用词分量的轻重、范围的大小，感情的褒贬以及句式的选择等，都要仔细思索，不能掉以轻心。

　　语言要简明，力求一语中的，要言不烦。啰嗦重复，颠三倒四，会搅乱学生的思维。对所要传播的知识能洞悉底里，对所要阐述的道理能透彻把握，语言就可提炼得简明，精练。言简而意明，言简而意赅，言简而意丰，学生容易接受，便于记忆。教师语言最忌不得要领，讲解问题如果像围城，一直打外围战，学生必然越听越糊涂。教师要学会挤去语言中的水分，去除废话，提高语言质量，做到分量厚实，不飘浮，不晦涩。例如教《荔枝蜜》一文探讨蜜蜂精神时，如按照课文描述，可说一大堆话，如"蜜蜂一年四季都不闲着，酿的蜜多，自己吃的可有限……它们从来不争，也不计较什么，还是继续劳动，继续酿蜜，整日整月不辞辛苦"，如"蜂王可以活三年，工蜂最多活六个月……对人无所求，给人的却是极好的东西"，等等，学生不易记忆，提炼成一句话——"辛勤酿就百花蜜，留得芬芳在人间"，学生不仅易记，而且为之动情。

　　当然，"一语中的"并不是只限于说一句话，关键在于如何抓住问题的本质，用恰当的语言挑明。如教《聪明人和傻子和奴才》一文，对奴才奴性进行剖析，如果把奴才爱诉苦，爱为悲惨生活唉声叹气，爱自我安慰与不知反抗、不想反抗搅和在一起，学生认识容易模糊，因为"诉苦"常会发生效应。教师语言如一语破的，阐明奴才本性在于对主子卑躬屈膝，俯首帖耳，不思反抗，不敢反抗，反对反抗，学生就能正确理解。自己想得十分清楚的问题，讲起来简明扼要；自己理解不透，讲的时候废话最多，学生如在云里雾里，模糊一片。

　　语言要严谨，一层意思扣住一层意思，有逻辑性，有说服力，忌漏洞百出，上下不连贯。要把某件事、某个物、某个人、某个场景、某个观点说出来，绝对不能东一榔头西一棒，应该是井然有序。用词要恰当，不切实际地用大字眼，任意拔高，虚张声势，教育效果适得其反。如某位同学做了一件好事，教师表扬说："你真了不起！"又如某位同学回答某个问题时抓住要点，条理清楚，教师立刻表扬说："你聪明绝顶！"我坐在课堂里听，颇有毛骨悚然的感觉。语言的可信度在于真实，不真实谈不到严谨，表达的不是真意。语言严谨还要抓住两个要点，一是"序"，二是关联。先说什么，再说什么，最后说什么，要纹丝不乱。不管是先总后分，或先分后总，不管是由现象到本质，或由本质再追述现象，也不管是从一般到个别，或从个别到一般，等等，都要按一定的"序"，千万不能跳来跳去，前后矛盾。从这一层意思说到另一层意思要注意关联，注意过渡。根据说话的具体内容选用恰当的关联语句，如可顺接，可反接，可递进，可假设等等。运用过渡方法，选用关联语句，能给学生以提示，好比上台阶，提示学生这儿要跨步了，那儿要抬腿了。如教《孔乙己》一文时，请学生阅读回答：文中哪一句话形象而概括地刻画了作品主人公的特殊身份？这是一种怎样的特殊身份？学生发表意见后，教师归纳的语言要力求言而有序。我是这样归纳的："文中'孔乙己是站着喝酒而穿长衫的唯一的人'这句话形象而概括地刻画了作品主人公的特殊身份。'站着喝酒'，说明经济拮据，生活贫困，与'短衣帮'同处于社会底层的经济地位；'穿长衫'，为的是要摆读书人的架子，显示比'短衣帮'高贵。在他身上，显现出了与常人不同的十分明显的特征，使人一看，印象深刻。作者用了'画眼睛'的方法写出人物的基本特征，做到了'以一目尽传精神，以一斑而窥全豹'。请注意：这是贯通全文的点睛之笔，这个形象一出现就展示出悲剧的兆头。"略加分析可知：第一句话回答第一个问题，答句和问句相对应，语句要完整，不能没头没脑。第二、三、四句话回答第二个问题，先分说，后总说。分说用二者并列的句式，总说略加扩展，指出刻画得精彩由于用了"画眼睛"的方法。最后一句是深入，阐明这个刻画主人公特殊身份的句子在文中的作用。由于是深入一步，所以用"请注意"提示。

语言要丰腴。词语贫乏，像个瘪三，激发不起学生的求知欲。教师要重视词语的积累，掌握相当数量的同义词、近义词、反义词，相当数量的成语、俗语、典故，信手拈来，能够织锦成文。教师在课堂上传授知识、训练能力、发展智力要表达的"意"常常同中有异，千差万别，要能准确、鲜明地表达出细微之处，语言上就要有辨微析毫的本领。即使所要表达的"意"是相同的，也要考虑多角度、多方位来表达，既然是殊途同归，"殊途"就需要各具特色的词组合。比如指导学生用文字进行景物素描，学生须在观察上下工夫。要让学生懂得其中道理，可告诉学生观察是智慧的最重要的能源，可引董其昌的话"识得真，勘得破"；懂得要把事物写活，写得有神气，须认识得真切，观察得深入，可引王夫之的话"身之所历，目之所见，是铁门限"；懂得要把景物写得逼真，亲身经历，亲目所睹最为重要，可告诉学生如何囊其概貌，如何察其细微，如何远看，如何近觑，如何静观，如何动察，如何从平常的事物中看出不平常的东西来，等等。教师语言丰富，就能打开学生思路，学生能从中品尝到语言的甘甜。

教师语言要做到工于达意，还须花气力去除语言中的杂质。口头禅，不恰当的关联词、粗俗、不文明的语言，都与所担负的育人任务格格不入。语言中杂质不清除，犹如在马路中间设置种种障碍物，阻碍车流、人流的畅通，要表达的意思一堵再堵，断断续续，疙疙瘩瘩，大大影响听的效果。

四 、巧于启智

教师语言不是一次性消费的物品，有些得当的、精彩的语句能对学生产生长效作用。这并不是指学生会背诵你的话，而是指这些话语富于启发性，犹如开启智慧的钥匙，促使学生开动脑筋，积极思维，探求解决疑难的途径，能举一反三，触类旁通。

教师如果都是直通通地一听见底的话，对学生的思维很难产生撞击作用，也难以使学生爆发出智慧的火花。教师的语言如果像酶一样，能活化学生的知识，启发学生思考、思考、再思考，对学生就会有吸引力。

施教之功在于点拨、引导、启发。教师语言要着力激发学生在求知过程中产生疑问，有所发现，要注意设置辨疑、析疑的条件与气氛，点拨和引导学生自己寻求正确的答案，还要鼓励学生积极思维，敢于发表自己的独特见解，鼓励创造精神。在教育教学实践中，教师开启学生智慧、开发学生智力的语言应贯串全过程。

教师提问的语言常能开启学生思维的门扉。教师不仅要善于有疑而问，而且要善于无疑而问，在学生不易产生疑问处设疑，启发学生动脑筋。如教《孔乙己》时，我问学生：这篇文章的主人公姓甚名谁？请回答。学生愣了，因为一掠而过，不认为是问题，经过阅读思考，懂得了："孔乙己"是绰号，不是姓"孔"名"乙己"。孔乙己三字出自旧描红簿，因为他姓孔，别人便从描红纸上的"上大人孔乙己"这半懂不懂的话里替他取下这个绰号。一个人活在世上，连姓名都不知道，可想而知这个人物的命运不佳，是一个悲剧性的人物。这个问题促使学生思考，学生很快联想到阿Q、小D，举一而反三。

教师要善于用语言点拨学生，为学生思考问题解答疑难铺路搭桥。《二六七号牢房》中有这样的叙述："挂在门口的号牌上的名字，从两个换成三个，又从三个换成两个，然后又是三个，两个，三个，两个，新的囚犯来了又去了。只有从来就一直住在二六七号牢房的我们两个——'老爸爸'和我，仍然没有分离。""可是怎样来描述呢？这是一件不容易的事。两个人，一间牢房，一年的生活。"要求阅读后讨论回答：为什么在这段话中相同的数量词反复出现？为什么用三个偏正武名词短语排列成这样一个特殊的句子？一位学生回答得不得要领，我首先激发他进一步思考，说："是这样吗？请再读一读，想一想。"然后我作了一个小铺垫，朗读"从两个换成三个，又从三个换成两个，然后又是三个，两个，三个，两个"语速稍快一点，读完问："我这样读你们有怎样的感觉？"有学生脱口而出："囚犯换得快。""理解得对。三个、两个数量词的反复出现表露了作者怎样的感情？"我进一步铺路搭桥。学生讲述数量词的反复出现饱含作者复杂深沉的感情，有对离去战友的怀念，有对牺牲者的哀悼，更充满了对德国法西斯残害革命者的愤怒与憎恨。学生回答得很好，我再追问一句："你说饱含了这么复杂深沉的感情根据何在呢？你能紧扣数量词作一点具体分析吗？"促使学生较深入地思考，领悟语言是用情铸成的道理。解答了第一个问题，我用激励的口气说："懂得了语句背后包含的潜台词，下一个问题必然能迎刃而解。哪位同学先说？"学生七嘴八舌，弄明白"两个人，一间牢房，一年的生活"三个短语的组合更是表达了千言万语难以言表的思想感情。在短暂的时间、有限的空间里，共同的命运，地狱的风风雨雨，生死的朝朝暮暮，两个人凝结的无限深厚的战斗友情。这些语句似乎一读就明白，因为无生字难词，其实，含蓄深邃，教师只有用语言点拨，学生才能从中识得神气，吸取教益。

开启学生智慧不局限于思维力的发展，教师用语言引导学生在想象的天地里遨游，学生同样深受其益。如教《一件小事》，课文中的"我这时突然感到一种异样的感觉，觉得他满身灰尘的后影，霎时高大了，而且愈走愈大，须仰视才见。而且他对于我，渐渐的又几乎变成一种威压，甚而至于要榨出皮袍下面藏着的'小'来"，要今日的学生来理解半个多世纪以前作品中"我"在车夫高尚灵魂对照下内心的感动与觉醒，难度很大。我先抓住一点来开启学生想象，说："车夫的后影霎时高大，而且愈走愈大，请大家充分想象，大到什么程度，你们尽可以用各种各样的比喻来形容。"学生开展想象，说像高山，像青松，像巨人……随即又自我否定，说都不像，还是文中的描写好。在学生充分发表意见的基础上，教师小结，就能叩击学生心弦。按观察事物的常规，近大远小，作者用一反常规的视觉形象刻画"我"心灵的震动。如用比喻就把车夫的形象束缚住，限制住了，显示不出他本质的光华，而"愈走愈大，须仰视才见"，运用了连续摇动的特写镜头，留给读者丰富的想象余地，感染力极强。

能不能用语言开启学生的智慧，关键在于教师对事物、对所教学科有无真知灼见，是否设身处地为学生着想。如果二者兼备，语言就能起魔棒的作用，一个个学生就能眼看，耳听，口述，手写，心想，学习潜力获得开发，在人生道路上迈开坚实的步伐。

教师语言应多功能，集激趣、传情、达意、启智于一体，有感情，有色彩，有智慧，有哲理。说理，高屋建瓴，无懈可击；表情，或淋漓尽致，慷慨激昂，或委婉曲折，娓娓而谈。教师的语言应变化有致，因学生、因场合、因事物的不同而相应改变，但万变又不离其宗，遣词造句、语调、节奏等无论怎样变化都要围绕一个目的，那就是有效地培养学生，塑造学生优美的心灵。

锤炼语言看似容易实艰辛，绝非一日之功。乍看是口头表达，实质是学识与修养。文如其人，言如其人，就是这个道理。

语言也是千古事，得失只有寸心知，从教师语言应具备吸引力、感染力，应具备魅力来说，自己只是极其幼稚的小学生。

提高内在素质，奠定语言功底

  革命前辈老教育家徐特立对教师的人格问题有十分精辟的论述。他说："教师是有两种人格的，一种是'经师'（因为中国过去教经书中的知识的称经师，现在是教科学知识，为了容易记，所以仍袭用这个名称），一种是人师，人师就是教行为，就是怎样做人的问题。经师是教学问的，就是说，除了教学问以外，学生的品质、作风、生活、习惯，他是不管的，人师则是这些东西他都管。我们的教学是要采取人师和经师二者合一的。每个教科学知识的人，他就是一个模范人物，同时也是一个有学问的人。"

  显然，从这段话中，我们清晰地意识到教师肩负着经师和人师双重任务，而这二者又要有机地结合起来，既要教书，又要育人，一时一刻也离不开言传身教。教师的言教，相对来说，用文字的比较少，大量是用口头语言，因此，在职的教师和未来的教师——师范生有计划有实效地进行口语训练就非常必要。口语是教师从事教育教学的基础，关系到教育质量的高低，坚持不懈地训练，就能掌握语言的技能技巧。马卡连柯在《论共产主义教育》中说："只有在学会用十五种至二十种声调来说'到这里来'的时候，只有学会在脸色、姿态和声音的运用上能做出二十种风格韵调的时候，我就变成一个真正有技巧的人了。"娴熟的口语技巧是经过长期训练，积累丰富的经验而形成的，对学生的教育起无可估量的作用。然而，教师口语是否规范，生动，娴熟，是否有说服力和感染力，绝不是纯技巧的问题，而是与语言的内在素质密切相关。教师应该抓内在素质的提高，促口头语言的表达；抓口头语言的锤炼，促内在素质的提高。言为心声，言为表，心为里，二者双锤炼，就能获得双提高。

  从现时的教坛来看，教师教育教学语言准确、生动、优美、流畅屡见不鲜，但也不乏有常见的毛病。如语言贫乏，干瘪无味；平淡如水，缺少光彩；啰嗦重复，逻辑性差。如果就语言训练语言，只是治标，难以收到理想的效果；如果探求这些毛病的内在因素，标本兼治，效果就不大相同。现摘其要说几点。

（1）在学识、文化上打功底

语言贫乏，干瘪无味，是教师口语的大忌。翻来覆去用那几个词，说来说去那几个句式，总觉得意思没能充分表达，但又苦于找不到恰当的言辞。这种情况貌似语言问题，实质是受到学识与文化的制约。可能对要讲述的事物有某些认识某些了解，但往往局囿于表层，既无深度，更谈不上旁征博引。因此，表现在语言上就干枯，可听性差。

教师作为文化人，是人类创造的精神财富的传播者，理应广泛学习，以知识的清泉滋养自己，不断积累词汇，丰富语言，阐述道理透辟深刻，令人折服。在这方面可资我们学习的榜样很多。……

鲁迅先生语言的威力来自他丰厚的学识，崇高的人格。

闻一多先生的教学语言富有魅力，得益于他学识渊博。

……

中华民族的优秀传统文化，是中华民族几千年文明中所创造的宝贵财富，是一座丰富的宝藏。在全世界科学技术日新月异的今天，作为教师，既要有本民族几千年优秀传统文化的修养，又要学习现代科学文化知识。而且，人类创造的精神文明应该择其精华而吸取。因此，还须花一定的时间学习外国文化。学习不学习大不一样，经历一定时间的检验，语言上文野之分、雅俗之分、丰腴与贫乏之分就十分明显。

例如，指导学生作文，讲观察的重要性，三次五次，总是说，要仔细观察，观察要仔细，学生味同嚼蜡。如果这次说："眼睛是通向心灵的窗户。扑入眼帘的东西要看仔细，脑子里转一转，刻下痕迹，切不可浮光掠影，视而不见。"下次说："要看仔细，识得事物独有的特征，要体察入微，辨毫析厘；要深入底里，识得神气。"再下次说："反复观察，巨细不漏，细微处尤其看真切;多角度观察,看出层次,看出多种形态;边观察,边联想,使静物'活化'。"然后又可说:"记人、写景、状物,要识得真,勘得破。"与学生谈的是一个问题.但在不同的场合又有些细微不同的变化,不重复同一句式同一词语,学生有新鲜感,易于接受。

(2)在思想、情操上锤炼

平淡如水,缺少光彩,是教师口语的二忌。语言上没有什么差错,可听起来总觉得是缺了点东西,听的人感动不起来。课堂上平淡无光的语言,学生注意力难以集中,学习效果受到影响。苏霍姆林斯基曾这样说:"教师的语言修养在极大的程度上决定着学生在课堂上脑力劳动的效率。我们深信,高度的语言修养是合理地利用时间的重要条件。"三尺讲台方寸地,教师语言发挥的作用往往能超越时空,在学生心中弹奏经久不衰。能否达到这个境地,关键在语言里是否有"魂",是否有光彩。

伟大的民族精神是中国魂,正是这种民族精神,使得中华民族在几千年的风风雨雨中,百经挫折而不屈,屡遭坎坷而不回,披荆斩棘地开辟道路,奋然而前行。这种民族精神是炽热的爱国精神和自强不息的奋进精神的综合。教师是要有点精神的,教师语言的"魂"就是来自于这种精神。

情动于中而言溢于表。语言的闪光来自于思想的深邃,语言的激昂慷慨来自于胸中感情的激荡。不断地锻炼自己敏锐的目光和洞察事物的能力,不断地陶冶自己的道德情操,是提高语言修养,克服平淡无光的有效途径。

这一点我有深切的体会。哪怕是提一个问题,不以真情浇灌,语言也会平板黯淡,碰不到学生学习的兴奋点。如教王愿坚的《七根火柴》中无名战士牺牲的场景时,我打算问:"这儿对无名战士进行了怎样的语言描写和动作描写?"多么平淡!在写作术语上打转,置身于旁观者的立场,问得苍白无力,我立刻自我否定了。我教学生学英雄,自己同样是学习者,想到这一点,心情开始不平静了。于是我改为这样问:"无名战士牺牲前说的什么话,有怎样的动作,表现了他怎样的思想?"然而我又立刻自责起来,我觉得自己十分笨拙,找不到恰当的语言引导学生深入阅读,咀嚼体会。此时此刻,我突然想到了天安门，想到了人民英雄纪念碑，耳畔国歌声响起，眼前是一幕幕为缔造新中国而前仆后继的悲壮的波澜壮阔的场景，我热血沸腾，口中跳出了这样的话："无名战士留给人间的最后话语是什么，留给人间最后的动作是什么？这些语言和动作显现了他怎样的心灵，怎样的精神？和一般人相比，他伟大之处在哪儿？"众所周知，一首激情洋溢的歌曲，主旋律一出现，就会把人的心抓住，把感情"吊"起来，欲罢不能。关键之处也应如此。要把学生的感情"吊"起来，首先自己的感情要"吊"起来。没有厚实的内在因素，语言就成为单纯的符号，成为缺乏活泼生命力的躯壳。

有时自己确实对人、事、景、物有所爱，有所憎，有所思，有所想，但表达时仍苦于找不到鞭辟入里的语言。此时可采用移植的办法。如周总理诞辰日，我们学习《春夜的沉思和回忆》，导入课文我想用充满哲理的语言颂扬周总理伟大的人格和表达由衷的爱戴之情，但自己没有这种驾驭语言的能力。于是先让学生琅声背诵学过的泰戈尔的诗《某人》："你的天性是忘掉自己，我们的心中却把你牢记，/你总是把自己掩藏，我们的爱戴使你放射光辉。/你把发自心灵的光芒，/带给那黑暗的东西，/你从不寻求名声和崇拜，可是爱之神却发现了你。"然后在黑板上书写了泰戈尔《飞鸟集》中的两句诗："让死者有那不朽的名，/让生者有那不朽的爱。"并向学生挑明移植的用意："怎样使死者有不朽的名，又怎样使生者有不朽的爱呢？今天是总理诞辰日，我们对总理的爱像泉水一样喷涌而出，让我们来学一篇纪念他的文章。"

为教而学，经常学习闪光的语言能使自己思想升华，感情净化，语言宝库也就随之而充实起来。

（3）在思路、思维上梳理

啰嗦重复，逻辑性差是教师语言的第三忌。啰里啰嗦，颠三倒四，说得没完没了，学生最害怕。十句百句里可能有一句是金子，但砂砾堆砌，把它埋了起来。学生听的时候，要挑拣，要分辨，费时费力。

有些经验丰富的教师讲课要言不烦，一语破的。特别是数理化教师，逻辑推理，一环扣一环，滴水不漏。究其原因，这些教师思路清晰，思维合乎逻辑。因此，要克服啰嗦重复、颠三倒四的毛病，须在梳理上下工夫。

理思路最为重要的是一根线索手中擎，目的地在哪儿，起点在何处，心中要一清二楚。中途有岔道，千万不能七拐八拐。云深不知处，忘记了目的地，学生就会丈二和尚摸不着头脑。比如教课文，哪怕是一个局部，所使用的教学语言也要分出层次，一步一推进。语言的轨迹也就是思路的轨迹，思路轨迹清晰不乱，语言也就有条不紊。例如引导学生学《驿路梨花》的开头部分。这篇文章写的是一物多事多人，围绕小屋展开故事情节，赞扬助人为乐的雷锋精神。故事的最大特点是引人入胜，文章开头就展现这个特点。要用语言讲出引人入胜的特点，首要的是梳理清楚作者在文中的思路，而梳理作者在文中的思路，也就梳理了自己的思路。文章一起笔就展现了故事发生的广阔背景，把读者带入了哀牢山南段的群山密林之中。这是第一步。就在"我们"找不到住处，心里"着急"，一筹莫展的时候，"突然"发现了梨树林，希望在眼前。这是第二步。这个希望是怎样有层次地表现的呢？两个"看"，一看梨花，二看人家，由花而人。月光，晚风，梨树林，花瓣，人在花中走，花伴人夜行，好一派边疆优美的风光。这是第三步。犹如经过一组镜头的摇动，记叙的物——小屋终于推到了读者的面前。这是第四步。为什么下笔不写小屋，到此时才写呢？前面几节文字去掉行不行呢？不写，缺少优美的意境；不写，缺少诗意的点题；不写，小屋展现显得生硬。这样写，味道浓郁，引人入胜。这是这部分的最后一步。也就是说，"引人入胜"这根线要牢牢抓在手中，一步一步往前走，每一步都要吃准，不能三步、两步、一步、四步，乱麻一把。如果不梳理清楚，语言就会东一榔头西一棒，不得要领，学生听了如入五里雾中。理清楚，语言就有条有理，引人入胜。讲授知识，与学生谈话，目的、步骤、前因、后果，脑子里都要有清晰的道路。思路明晰，说话就条理清楚，有板有眼。

有时语言啰嗦重复，是因为思维赶不上趟，来不及反应，或者是思维出现这样那样的缝隙，一时找不到合适的东西补。为此，平时要积极锻炼思维的敏捷性和严密性。要培养学生敏捷的思维，以适应现时代社会快节奏生活的需要，教师自己就不能让自己的思维总是慢条斯理，总是慢镜头放映。我常强迫自己训练思维的速度，比如，让学生就某篇课文质疑，他们提出一二十个问题，我立刻储存在脑子里，并试图立刻加以分类处理，如哪些问题须当堂讨论解决，哪些可放到课后；哪些是重点讨论的，哪些作一般性处理；哪些以教师为主处理，哪些可放手由学生处理，等等。经常训练，反应灵敏度就有了提高。与此同时，我还强迫自己心有二用，心有三用，心有多用。学习要专心致志绝对没有错，但时代社会发展如此迅速，教师要处理的事情也十分繁杂，因此，心有多用也是客观需要，非锻炼不可。

思考问题有漏洞是常有的事，经常开展多向思维，多角度多方位思维，有助于弥补，使思维日趋严密。思维训练和语言训练一样，非一日之功，只要坚持不懈地训练，必然在语言和思维方面获得双丰收。

文如其人，言如其人。语言的内在素质牵涉到做人的各个方面，教师在学识、文化上勤奋积累，思想纯正，情操高尚，思维敏捷，思路清晰，语言就有了内在的功底。勤加训练，多多实践，教育教学语言就能神采飞扬，使学生入耳入心，有效地完成教书育人的历史使命。

和学生的心弦对准音调

教语文的目的，在于塑造学生优美的心灵，培养他们正确使用祖国语言文字的能力。要有效地塑造，就得了解他们，洞悉他们的内心世界，把握他们在成长过程中的发展与变化，把自己的教学工作建立在科学的基础上。

注意疏通了解学生的渠道，从学生身上获得他们各方面的信息，这是我在教学过程中不敢丝毫懈怠的。和学生接触，和家长接触，随时随地开放自己的感官，让学生思想、品德、知识、爱好、性格特征、生理特征等各种信息进入自己的脑中，分别储存起来。教师应该是教育学生的高度自觉的人，在了解学生、认识学生方面当然也应高度自觉，处处做有心人。

近几年来，我了解学生的途径有：课内了解和课外了解，直接了解和间接了解，个别了解和在集体活动中了解。了解的方法是一看二听三问四查，并进行材料跟踪。

了解情况是第一步，重点在于悉心研究。知之准，识之深，才能教到点子上。悉心研究一下，发现其中很有些规律性的东西值得探讨。

社会在发展，时代在前进，生活在现代社会的青少年学生，他们的思想、情操、行为、道德、兴趣无不渗透着时代的气息。现代的中学生有强烈的成才愿望，有振兴中华之志，热切地希望祖国的经济迅猛发展，人民生活富裕，自己在现代化建设中大展宏图。他们敏于思索，善于质疑，不大轻信教师的话，对社会对人生常有自己的看法，不与别人苟同，以表示有独特的见解。他们科技知识起点高，见识比较广，接受外界信息的灵敏度比较高，有时看问题尖锐和深刻的程度大大超过他们的年龄。他们的兴趣十分广泛，对古今中外的人和事往往带着猎奇的心理了解、询问。尤其对现代科学技术、现代化生产、现代化产品更是津津乐道以至神往。他们对知识的追求常不受现有材料，特别是教材的限制，勇于发表自己的意见。这些都是语文教学十分有利的条件。但与此同时，学生身上又存在着明显的不足。集体主义观念、社会主义道德规范、共产主义远大理想在学生中不周全，不扎实，知识与能力的差距大，缺陷多。

为什么要花精力研究这些问题呢？①解决教书不教人的恶习。重书轻人，重文轻人的观念在语文教学中根深蒂固，不大力克服，影响教书的质量，影响育人的质量。②警惕自己不能用刻舟求剑的形而上学观点认识学生。教学效果与教学的针对性、科学性密切相关，对学生的共性缺乏正确、深刻的认识，因势利导就成为一句空话。

教师不仅要认清现代中学生的共性，而且要注意审视学生之间的差异，把握各自的个性，保护和调动各类学生的积极性。通常的情况是：冒尖的、比较差的，容易在教师的脑子里形成清晰的印象，轮廓比较分明；而一般的，所谓"中不溜的"，似乎难以区别；大多数学生的情况差不多，这是事实。班级的教育教学应该是针对大多数而兼顾两头，但是，只要稍加深入，就能发现差不多的现象后面颇有差得多的特点存在。

以口头表达能力为例：有四个同学口述能力都差，说话含糊不清，断断续续，非但不能成段，连成句也困难。乍看起来，似乎都有口吃的毛病，但仔细调查辨别，却情况各异。针对不同的情况采用不同的教法，收效比"一刀切"好得多。

苏联教育家苏霍姆林斯基曾说过这样一段精彩的话："在每个孩子心中最隐秘的一角，都有一根独特的琴弦，拨动它就会发出特有的音响，要使孩子的心同我讲的话发生共鸣，我自身就需要同孩子的心弦对准音调。"确实如此，教师不和学生的心弦对准音调，教师说的话就不可能在学生心中引起共鸣。师生思想感情就得不到很好的交流，话的感染力也就大大削弱。

在长期的教学生涯中，我力求练就一双"识质"的慧眼，有的放矢地培育、雕塑可爱的学生。

声情并茂，熏陶感染

　　"诗言志""文载道"，文章总是以思想感情为里，"语言文字为表的，教学时二者应有机结合，辩证地统一起来。语文教材中寓于'文'的"道"是极其丰富的，有我们中华民族赖以生存、发展、兴旺发达的重要的精神支柱爱国主义，有反对剥削、反对压迫，以解放全人类为己任的共产主义思想，有无私忘我献身于人民的高尚情操，有认识世界的科学的立场和观点，等等。教学时要紧紧扣住教材的特点，针对学生的实际，细水长流地滴灌、渗透，在"润"上下工夫。

　　第一，挖掘文章内在的思想性，揭示其寓含的深意。

　　一篇好的课文必然是作者情动于中、言溢于表的产物。既然是佳作，总离不开思想深邃，见解精辟，感情真挚，语言优美，富于表现力。钻研教材时从语言文字入手，仔细琢磨，反复推敲，真正理解作者的写作意图，体会文中所寓含的思想的高度、深度、广度，把思想精华所在牢牢抓住，揭示阐发，启发学生深思。比如《在马克思墓前的讲话》开头一段话看来平实，交代了马克思逝世的时间、地点，但是，只要透过字面深入挖掘，就可领悟到其中寓含的对马克思这个伟大人物的崇高评价和如海的深情。

　　第二，重锤敲打关键词句，使它们溅出耀眼的火花。

　　一篇好的课文总有一些言简意赅、言简意深的关键词句，教学时注意把握这些词句，引导学生用重锤敲打，使其中所饱含的思想情操溅出耀眼的火花，照亮学生的心灵，引起他们的共鸣。如杨朔的《荔枝蜜》中有这样两段话：

　　老梁说："蜂王可以活三年，工蜂最多活六个月。"

　　我不禁一颤：多可爱的小生灵啊！对人无所求，给人的却是极好的东西。蜜蜂是在酿蜜，又是在酿造生活；不是为自己，而是为人酿造最甜的生活。

蜜蜂是渺小的，蜜蜂却又是多么高尚啊！

　　显然，作者写这段话时是动了情的。教学时我抓住"颤"这个词要学生推敲："颤"是什么意思？又为什么"不禁一颤"？"颤"后流入笔端的是怎样的思想，怎样的感情？"颤"是抖动，因外因而产生的抖动。这个"颤"是对"辛勤酿就百花蜜，留得香甜在人间"的小蜜蜂的赞颂，是对小蜜蜂短暂的生活所显示的意义和价值的领悟。所以，紧接着是发自肺腑的赞美——"多可爱的小生灵呀！"紧接着又融情于理，评述蜜蜂对美化人类生活所作出的贡献。通过对"颤"这个词的锤打，拎起这一段的议论抒情，注情于蜜蜂小生灵，使"对人无所求，给人的却是极好的东西"的高尚情操闪出耀眼的火花。锤打的词句要有极强的表现力，要打动学生心。

　　第三，变换提问的角度，选择最佳入口处，激荡学生的感情。

　　进行阅读指导时，要精心选择角度，寻找由文入道的进口。如果是平板的，只从惯用的写作术语、语法术语出发去分析，去提问，就会有意无意地削弱语言文字中蕴含的教育作用。比如《七根火柴》中写无名战士牺牲场景时，有一段描述是很感人的。怎样通过这一段文字的教学显现无名战士高大的形象，让他那无私忘我、忠诚于党的事业的崇高思想能在学生的感情上有所激荡呢？如果这样提问行不行："这儿对无名战士进行了怎样的语言描写和动作描写？"不行。这样提高已经不自觉地抽掉了感人的内容，只在写作技巧上打转，问得无力，色彩苍白，学生难以激动。那么，换这样一个提法行不行："无名战士牺牲前说的什么话？有怎样的动作？表现了他怎样的思想？"与前一个问法相比，进了一步，因为这样提问已摆脱了纯文字技巧的客观立场，而把无名战士放在主要地位，但是，我认为还可以再把角度选得好一些。我是这样提问的："无名战士留给人间的最后话语是什么？留给人间最后的动作是什么？这些语言动作显现了他怎样的心灵？怎样的精神？和一般人相比，他伟大之处在哪儿？"

　　言为心声，一个人的遗言更是心声的表露。一般说，一个人临死之前的遗言多半是自己的后事和子女、家庭的安排，而无名战士用尽力气所说的却是："这，这是，大家的"，"你把它带给……"从他断断续续的话语中，已可感受到他那光华四射的无私忘我的精神。这样一问一比，无名战士的高大形象就具体地矗立在眼前，学生感情的潮水就会涌上心头。

第四，创设情境，带领学生置身于情境之中，使他们耳濡目染，受到熏陶。

人的情感总是在一定的情境中产生的，或欢乐，或悲痛，或崇敬，或憎恶。语文教学中要注意创设与教学内容相应的情境，创造和渲染气氛，使学生有身临其境之感。创设情境的关键在于能否采用多种教学手段调动学生的感觉器官和思维器官，如语文教材中描绘祖国壮丽山川的课文不少，看来写景，实则抒情，一切景语皆情语，教学时如采用听录音、朗诵、配乐朗诵、开展联想与想象、口头描述等方法，引导学生目看文字，耳听音响，口述佳景，心游四方，学生就会进入文中描绘的意境，赏心悦目，受到感染。学习课文中的外国文学作品时也不能忽视这一点，尽管写的是他国他人他事，但教学中只要注意发挥移情的作用，同样可收到育人的效果。

第五，联系，扩展，增添感情浓度，形成余音缭绕。

在语言文字的教学中渗透思想情操教育，不仅可以在讲读课文理解词句篇章时进行，其他教学环节同样可以做到。如，作者介绍就可安排适当的时机，联系学生的实际，扩展有关的内容。教《荔枝蜜》时，我把介绍作者杨朔放在课的结束阶段进行。当学生被蜜蜂、被劳动人民为别人、为后世子孙酿造生活的蜜的精神所感动时，我顺势一转说：文章的作者又何尝不是如此呢？接着我简介杨朔的生平，指出他虽被林彪、"四人帮"迫害致死，离开人间，但他用心血酿造的"蜜"永留芬芳，给我们以思想上的启迪，情操上的熏陶。在学生受感染之际，我从自我感受出发扩展有关内容，激发学生进一步深思。我说，学习此课，我突然想起了阿列克赛·马克西姆给儿子的一封信，信中说的一番话和《荔树蜜》中赞颂的思想精神是多么相像，对我，对你们，都会引起无限的深思，这封信中的话是……学生全神贯注，竖起耳朵听，并立刻笔录下面这段信中的话：

你走了，可是你栽的花却留下来，在生长着。我望着它们，心里愉快地想：我的好儿子动身以后在卡普里岛留下了某种美好的东西——鲜花。

　　要是你在任何时候，任何地方，自己一生留给人们的都是美好的东西——鲜花、思想，对你非常好的回忆——那你的生活将会是轻松和愉快的。

　　那时你会感到所有的人都需要你，这种感受会使你成为一个心灵丰富的人。要知道"给"永远比"拿"愉快。……

　　学生笔录以后再朗读一遍，"'给'永远比'拿'愉快"的句子和思想就会在学生脑中萦绕，袅袅不绝。

　　联系、扩展要注意两个问题：1. 是联系点、扩展点要选得好，不能硬装，一硬装就假，一假就起反作用；2. 不是联系学生的某一个问题、某一个缺点，教训一番。

　　渗透、滴灌的方法远不止这些，上面仅是举其要而言。寓教育于教学之中，是教师育人的一条重要途径。

兴趣是学习的推动力

学习兴趣是学习动机的一个重要的心理成分，它是推动学生探求知识和获得能力的一种强烈的欲望。怎样才能抓住学生的心理，把课上得像磁石吸铁一样，牢牢地吸引住学生的注意力呢？

一、课要有新鲜感，不能老是一副面孔

中学生具有好奇好胜的特点，新异的刺激物能引起他们的定向探究活动。如果教学内容和方法不断更新与变化，就可有效地激发学生进行新的探求活动，保持与发展旺盛的求知欲。如果总是采用同一或相仿的教学方法，学生学习的积极性就受到压抑。

以初一教材的散文单元为例，这个单元《春》《海滨仲夏夜》《香山红叶》《济南的冬天》四篇文章都是写景的，我们在钻研教材、熟悉文章思路的基础上，就选用多种教法。

课是这样起始的："继米开朗基罗之后的大雕刻家罗丹曾这样说：'美是到处都有的，对于我们的眼睛不是缺少美，而且缺少发现。'我们人总要和大自然接触，大自然的美可以说是无处不在。尤其是我们伟大祖国的锦绣山川，美得令人陶醉，它在不同季节展现不同的美姿。"单元教学起始，用这样几句话描述，学生被有关"美"的名言所吸引，被祖国山川美的描述所吸引，兴趣盎然地进入了该单元学习的轨道。

我们还调整了课文顺序，四篇课文四种教法：教《春》，紧扣文章细笔细绘的特点，逐节朗读，吟诵，体会语言的优美。教《海滨仲夏夜》时紧紧扣住一个"变"字，着重引导学生理解怎样描写活动中的景物，用比较法，比较广泛写春景与集中笔墨写仲夏之夜海滨的差别，比较横式组材的方法和以时间为推移的组材方法的不同。至于《香山红叶》，则采用请学生读讲的方法

跟随"向导"游香山，紧紧抓住记游的线索，请学生讲听到老向导说些什么，目睹了哪些好景，与老向导接触后有哪些感受。在读读讲讲的训练中理解文章的主题，体会景美、人美、时代美的构思特点。《济南的冬天》则抓住"温晴"这个文眼，要学生诵读，细思，理解体会两个要点：一是作者如何精选景物，笔笔点"温"，处处写"晴"的；二是感情的潜流如何在字里行间流动，然后仿写一处景物，进行比较，开展讨沦，体会作者驾驭文字的功力。

总之，教学思路要开阔，要深挖课文的特点，教出文章的个性。采用多种多样方法教，并不是背离文章写作的思路，而是从不同角度、不同侧面去引导学生体会琢磨，领会作者写作的意图和构思的匠心。

二、课要有趣味性

要使学生对语文产生兴趣，迷恋上它，教师就要努力把课上得情趣横溢。课堂上笼罩着死气沉沉的气氛，学生如芒刺在背，学习起来就七折八扣，影响效果。教师不能板着面孔上课以表示尊严，要和颜悦色，使学生觉得可亲可近。要想方设法把课上得有味，使学生学得愉快活泼，咀嚼到其中的甘甜。教学时可采用：

1. 直观演示

使用图画、实物、幻灯、录音等教学手段，通过视觉、听觉、触觉的途径让学生感知，既激发学生兴趣，又能提高教学效率。

2. 开拓想象

阅读常常需要借助于想象，想象能使学生"思接千载""视通万里"，再现文章或诗词中所描绘的人和景，产生如见其人、如闻其声、如临其境的感受，产生浓厚的阅读兴趣。如教《天上的街市》，教师启发学生回忆夏天夜晚仰视天空看到的美丽景象，由群星灿烂的景象开展联想，在学生思想展翅飞翔时就势一收，引入《天上的街市》所写的夏夜的星空，探索作者的写作意图。这样一放一收，增添了学习兴趣。

3. 抓点拎线

学生求知时不喜欢平板，喜欢知识成串，一拎就起，品尝到别有洞天的滋味。

4. 形成悬念

长篇评话要分段说，每说到矛盾激化或将出现高潮时往往立刻收煞。这样一来，就吊住了听者的胃口，欲罢不能，非连着听下去。这种急于想知道事情发展的来龙去脉，想知道结局如何的心理状态，在青少年身上表现得尤为突出。教师抓住这一特点，在课文的起始阶段有意识地组织悬念，可促进学生认真阅读课文。如教《孔乙己》时，课一开始就造成两个悬念激发学生求知的兴趣。一是据鲁迅朋友孙伏园先生回忆，鲁迅先生在自己创作的小说中最喜欢《孔乙己》，为什么他最喜欢《孔乙己》呢？孔乙己是怎样的艺术形象？鲁迅先生是以怎样的鬼斧神工之笔来塑造这个形象的呢？深入理解课文就能得到解答。二是过去有人说古希腊的悲剧是命运的悲剧，莎士比亚写的是主人公性格的悲剧，易卜生写的是社会问题的悲剧，《孔乙己》描绘的是孔乙己的悲惨遭遇，究竟是命运的悲剧、性格的悲剧，还是社会的悲剧呢？学生急于想找到正确的解答，学习的积极性高涨。

5. 展现意境

作者的内情与所写的外物相融合，意和境相应和时，作品就会产生艺术意境，具有熏陶感染的力量。学习某些课文时，学生粗看，体会不出佳妙，可选择相关的作品，运用意境的艺术魅力，激发学生学习兴趣。如教《李愬雪夜入蔡州》一文，先引导学生背诵王建的《赠李愬仆射》的诗句，启发学生脑中展现有关图景，究竟怎样"翻营"，怎样"登城"，学生细读课文的兴趣加浓。

6. 激发感情

诗歌教学、散文教学等离开了情的感染，语文文字就会成为干枯的符号；深入挖掘文学作品的情感因素，能以情动情，使学生学有兴趣，受感染。如教《诗八首》，我用这样一些话来激发学生情感："……诗，像种子一样，有一股顽强的爆发力。好的诗歌破土而出以后，它的芳香会和民族精神融合，长久地滋润大地。今天我们读的古诗八首有的距今九百年，有的距今约一千五百年，然而，诵读咀嚼，仍可闻到其中的芳香。"学生情弦被拨动，胸中充盈着民族自豪感，带情诵读，效果较好。

7. 讨论答辩

中学生不像小学生那样偏于情感上的依恋，开始有一定的独立评价客观事物的能力，而且容易激动，比较自信。针对学生这种心理特点，在教课文时组织讨论，开展答辩，有助于调动他们的积极性。学生卷入论辩之中，他们就会兴趣盎然，发挥聪明才智。如教《谈骨气》，我设计了一环套一环的十个问题，要求学生结合课文所论述的内容，结合今天社会现实中的一些情况讨论答辩。通过讨论、答辩，不仅理解课文深入了，而且激发了研究问题的兴趣，培养了学生明辨是非的能力。

方法是多种多样的，不胜枚举。在某一个特定的教学场景中，哪种教学方法、训练方法最可能激起学生的求知欲，就采取哪种方法。在这个问题上应特别研究和洞察学生的心理活动，加强针对性，把激发兴趣建立在科学的基础之上。

三、课要有一定的深度和难度，使学生体验到克服困难的喜悦

在中学生学习兴趣中，实用性和肤浅性虽占有一定的位置，但由于学生大脑结构的进一步完善，接触事物日趋广泛，他们对事物的本质、规律性的知识产生探讨的愿望，故而教学时须把握这一特点，因势利导，增强他们的求知欲。

有些课文浮光掠影学一学，学生认识不到其中的奥妙，常常兴味索然。如果教师引导学生深究底里，见自学时之未见，闻自学时之未闻，学习积极性就大不相同。

四、课要有时代的活水，使学生有所感奋

兴趣是获得知识、开阔眼界的重要推动力，而感奋可促使兴趣深化、持

久。最使学生感奋的莫过于揭示人生真谛，启发生活道路。而时代的信息与学生的思想感情最容易产生共鸣，因而课堂内常有时代的活水流淌，气氛就会活跃，学生精神就易振奋。

教材中相当数量是过去的作品，教学中不能满足于模拟世界，再现过去生活的真实。这些作品和学生的距离毕竟比较远，因而，教学时还要十分注意善于引发，把学生的学习和沸腾的实际生活联系起来，和社会主义现代化的建设事业、家庭的生活、少先队和共青团组织的活动联系起来。所谓联系，当然不是长篇大论，说一大套与课文无关的新闻，而是在服从于教学目的的前提下，根据课文的内容，有机地插入一些新信息，启发他们深思。只要联系紧密，天衣无缝，哪怕是一两句话，学生也会情绪昂扬，感奋起来。

以教《少年中国说》为例，要揭示该课文在当时历史条件下的积极意义，须向学生介绍时代背景。怎样介绍呢？一要引现实生活的活水，二要学生历数一八四〇年至一九〇〇年清政府丧权辱国的史实。教这篇课文，正值中华人民共和国建国三十五周年大庆，阅兵、游行、礼花的场景仍历历在目，学生口述盛况，突出了生活的沸腾，人民共和国正阔步前进。学生振奋之际，就势一转，回顾历史，构成鲜明对比，点明当时凡有爱国心的人都寻求拯救民族危亡的道路，作品就是在这样的历史背景下产生的。在评价该文的历史局限、阶级局限时，插入一句"他有一颗中国心"，教室里立即出现了意想不到的活跃。

做学生脑力劳动的指导员

教学就其本质而言，是教师创造条件，把人类已知的科学真理转化为学生的真知，同时引导学生把知识转化为能力的一种特殊形式的认识过程。关键在于引导这两个"转化"。

一、把发展思维和语言训练放在同等重要的位置

教学过程应该是师生共同参加的一个统一的脑力劳动过程。教师的脑力劳动应当跟学生的脑力劳动相结合，而最终目的还是让学生开展积极的脑力劳动。从这个意义上说，教师应该是学生脑力劳动的指导员。教师在对学生进行语言训练的同时，必须大力发展学生思维的能力。

在现代社会中从事语文教学工作，不能采用嚼烂知识再喂给学生的陈腐办法，要学生死记硬背。用"零售"的办法把"散装"的字、词、句、篇送给学生，学生往往只在记忆上用力气，思维能力缺乏应有的锻炼，知识难以系统化。我们培养的学生不仅基础要扎实，知识面要宽，而且要思维活跃，富于创造精神。为此，语文教学的一切活动须为培养能主动积极地吸取知识，能发现问题，分析问题，并能克服种种困难而解决问题的人才服务，切不可用填塞的方法把青少年学生填塞成书架子、书口袋。

思维是认识活动的核心成分，是学生掌握知识的中心环节。思维借助语言实现。思维训练和语言训练须放在同样重要的位置。学生要提高语文能力，非具备思维这个基本功不可。不会思维，读，有口无心；看，浮光掠影；说，不得要领；写，内容干瘪。学习困难的同学在思维方面往往有很大的弱点，或是懒于思索，或是不会思索，在对他们进行听说读写训练的同时，特别要注意发展他们的思维能力。

二、努力开启学生思维的门扉

要提高语文教学质量，教师就要选用恰当的钥匙不断拧紧学生思维的"发条"，使他们眼看、耳听、口读、手写、心想，吸取知识养料，获得语文能力。整个教学过程实质上就是教师在教学大纲指导下有步骤地启发学生生疑、质疑、解疑、再生疑、再质疑、再解疑的持续不断的过程。教师的作用在于"启"，启发引导学生在学习的过程中爱思、会思、多思、深思。

1. 激　疑

学源于思，思源于疑。教师教学要激发学生在求知过程中产生疑问，有所发现。教师不是把预先包装好的一批批知识传授给学生，而是带领学生充分参加探求知识的过程，让学生用自己的头脑亲自获得知识。为此，教师备课不仅要备知识，还要精心设计足以启发学生思考的问题，创设种种条件，启发学生积极思维。

引导学生课前预习。我们要求学生通过预习提出自己所不能解决的疑难。学生发现问题的能力靠逐步培养。开始时，学生生疑往往只在文章字词的表面，要指导他们深入到篇章之中，把文章的前前后后、段落与段落之间联系起来思考，这样步步引导，就能增强学生发现问题的能力。

在不易产生疑问处设疑，启发学生动脑筋思考。有些课文，学生读时一带而过，不觉得有问题，而这些地方又往往是理解课文的关键所在，"不塞不流，不止不行"，用问题来堵一堵，塞一塞，学生思维就活跃起来。

捉住矛盾促使学生思考也是激疑的一种有效方法。例如《我的老师》写老师从不打骂学生，可怎么又打了呢？一石激起千层浪，挑起矛盾，把问题装到学生脑子里，学生对教师"假愠"的理解就深刻得多。

2. 辨　疑

思维从发现问题开始，但思维要不断深入进行，却有赖于分析问题、解决问题的逐步展开。教师激疑，学生生疑后，要注意设置辨疑的条件、气氛，引导学生谈看法，摆见解，比较，分析，判断，推理。古人说："有疑者却要无疑，到这里方是长进。"学生提出的问题教师不必急于回答，应该在头脑里立刻进行梳理，分清轻、重、主、次，按一定的顺序巧妙地安排在教学过程中逐一解决，引导学生自己寻找答案。教师千万不能因赶进度而丧失启迪学生思维的良机。再说，教师不是所有的方面都超过学生，学生积极性调动起来后，常常会激发出很多意想不到的火花，这种火花是思维进入最佳状态的结晶，教师要敏捷地抓住这些火花，把它在全班学生中点燃。拨亮一盏灯，照得全屋通明。

启发学生挖库存。教师要善于调动学生知识小仓库内的"货物"，使其运转，发挥作用。学生的基础不是零，他们有知识库存。即使是程度差的同学也是如此。温故而知新，启发他们运用旧知识，能促进新知识的理解和掌握。学生感到自己有知识，有力量，有希望，求知欲更旺盛，而在知识仓库中寻找适当的知识时，不仅思维得到锻炼，而且对语言的识别能力大大加强。

灵活地运用各种方法，培养学生思维习惯，提高思维能力。在教学语言文字时广泛采用比较法可收到一定的效果。俄国教育家乌申斯基说："比较是一切理解和思维的基础，我们正是通过比较了解一切的。"

教学中比较的天地十分广阔，古今作品之间、中外作品之间、同一作者的不同作品之间，作者的构思和作品的情调，乃至遣词造句等等都可以通过比较对学生的语言和思维进行训练。

教学时可采用纵向比较的方法，促使学生进行垂直思考。古今作品比较、课文中的前后比较就属此类，如学《孔乙己》时，学生对孔乙己排出九文大钱的"排"字与"摸"字的比较就是一例。在阅读时，用比较的方法指导学生挖掘教材思想和艺术内涵，探求作者的艺术匠心，弄清作者思想深刻之处。

教学时也可以采用横向比较的方法，也就是说在一个时间平面上同时将几个方面的问题进行比较，开拓学生视野，培养他们思维的广度，培养他们学会比较全面地、具体地分析问题，把握这一事物与那一事物之间的本质联系。同一作家的作品可以进行比较，如启发学生把《说谦虚》与《谈骨气》进行比较，通过求异思维的训练，认识事实论证和道理论证的特点。题材相似，作品不同，也可采用比较的方法，如学习《有的人》时，可引导学生与《论鲁迅》比较，认识同是纪念评价鲁迅，但体裁、语言、写法可各有不同，各具特色。

教学中可经常进行换词换句的练习，对学生的语言和思维进行训练，用词的准确性，语言的表现力，常可通过更换而加深领悟。

鼓励创造精神。学生辨疑、析疑时，教师千万不能以自己思考问题的范围教学生"就范"，使得学生"画地为牢"，不能前进一步。教师在教学中要善于鼓励和培养学生的创造精神。

学生积极思维，提出种种疑问，能促使教师开动脑筋，学生进行创造性的思维能纠正教师理解教材肤浅的毛病。学生全神贯注，突破习惯性思维的轨道，促使教学向纵深发展。

在辨难析疑的过程中，学生思维得到训练，语言得到发展。

3. 重点突破

课堂上常有这种情况：举手、质疑、辩论，往往集中在少数同学身上，他们学得特别主动积极，而有的同学主动性就差些。对于后一种同学，要了解其种种原因，创造条件，促使他们开动脑筋，提高使用语言的能力。在必要时，还得采取重点帮的办法。

怎么突破呢？

在难易适度上做文章。教师要了解学生的实际情况，在课堂上使程度好的、中的、差的，思维敏捷的、迟缓的都能开动脑筋，都有所进步。对学习困难的同学，尤其要保护他们的点滴进步，发挥他们的主动性，不使他们的积极性受到挫伤。教师要注意到各类同学，比如设计提问时要有难有易，有复杂有简单，高低兼顾。设计阶梯式的问题，由简到繁，由易到难，程度差的同学不仅能当堂积极思考，而且由于给他们指出了攀登的途径，攀登的勇气也就被激发出来了。

变换训练的方式，不总是教师提问，学生举手回答。有时约定不举手，大家思维都处于兴奋状态，教师指人答；有时可七嘴八舌齐答；有时采用轮流答、重复答、跳答。采用多种多样方法的目的都是让学生的脑子动起来转起来。

注意加温。教师教说，帮说，寻找学生优点，真心实意地表扬，鼓励。思考能力是逐步养成的，发表见解的能力是逐步练好的，学生每有进步，必予充分肯定。

三、教师自己必须有丰富的智力生活

　　苏联教育家苏霍姆林斯基在《给教师的建议》一书中这样说："如果教师的智力生活就是停滞的、贫乏的，在他身上就会明显地在教育教学工作中反映出来……教师不尊重'思想'，学生也就不尊重老师。然而，更加危险的是学生也像教师一样不愿意思考。"这段十分精彩的话道出了教师智力生活的重要。这段话使我清醒地认识到不认真学习，不求上进，智力生活停滞、贫乏，自己的教育教学工作是无论如何做不好的。

语文教师的使命[1]

选择教师，就选择了高尚。汉代韩婴在《韩诗外传》中说得好："智如泉涌，行可以为表仪者，人师也。"教师德才兼备，人格高尚、完美，对学生才会有感染力、辐射力，教育效果才会良好。为此，我做了一辈子教师，数十年如一日，在教育征程中努力跋涉，不敢有丝毫懈怠。做了一辈子教师，在教学第一线摸爬滚打，虽有些微经验，但更多的是遗憾与教训。体会最深的，如果用一句话来概括，那就是：一辈子学做教师，让生命与使命结伴同行。

一、精神追求与专业诉求

古希腊哲人柏拉图在《理想国》中借苏格拉底之口，通过"洞穴中的囚徒"这个著名的隐喻，阐明教育是把人、把人的灵魂和精神引向真理世界，从黑暗引向光明。教育事业是引领学生追求真、善、美的事业，教师清醒地认识到这点，精神追求才有方向，教学诸多思考、诸多做法才有根有魂，才不会堕入虚幻浮夸的泥淖。

（一）语文教育的独特性

语文是一门最具有民族性的学科，任何其他国家的语言模式均不可照搬照抄，它具有地地道道的中国特色，其教与学的规律非我们自己在川流不息的语言长河里探索不可。

语文教育有其独特性。汉语特别具有灵性，它是具象的、灵活的、富有弹性的，创造的空间大。汉字是平面型的方块字，由形、音、义构成。"形"是关键，笔画在二维平面里多向展开，笔画种类多，组合样式丰富，字的结

---

[1] 本文发表于《全球教育展望》2008年第4期。

构复杂，数量繁多。汉语组词灵活，词法句法没有多少强制的规矩，教学中更要注意约定俗成，更要注意规范。汉语的文化性特别强，具有深厚的文化底蕴，具有很强的熏陶感染作用。为此，我追求的不仅是自己要具有一定程度的汉字文化，具有理解与运用语言文字的能力，而且要激发学生热爱祖国语言文字的感情，在培养学生语文能力的同时，把民族情结、民族文化和民族精神撒播到学生心中，打好做人的基础。

早在二十世纪六十年代，语文教学就有文道之争。当时自己很幼稚，说不出多少道理，总觉得各执一词，有失偏颇，二者并非完全对立，可融合起来。"文革"以后，逐步清除了"左"的思想路线对语文教学的干扰与破坏，还语文学科以本来面目，明确了语文学科是中学课程建设中的"基础中的基础"，这就挽救了语文学科的生命。作为对"文革"期间语文课上成政治课的一种否定，二十世纪七十年代后期语文教育十分强调工具性，甚而感到有些纯工具论的倾向，当时我写了《既教文，又育人》，对"水到渠成"的看法谈了自己的观点，认为片面地强调工具性，不利于全面地、比较完美地实现语文教育目标。较长时间以来，语文教学的道路曲曲折折，在工具性与思想性之间摇摇摆摆，常因政治气候的变化而变化。尽管到二十世纪七十年代末八十年代初，多数人认为，任何一篇课文都是思想内容和语言形式的统一体，思想性是语文的固有属性，它蕴涵在语文教材里，贯串于语文训练中。但语文的本质属性、基本特点必须探讨得更清楚一点，更清楚，更清醒，也就更接近真理。教学中如能较好地把握学科的本质特征，学生就能多受益。

语文学科具有工具性，这不言而喻。语言的本质属性确实是工具性。所谓语言是文化的载体。载体者，也就是工具的意思。这个观点马克思主义经典著作早就阐述清楚。"语言是人类最重要的交际工具"（《论民族自决权》）是列宁说的。"语言是思想的直接现实"，"语言和意识具有同样长久的历史；语言是一种实际的，既为别人存在并仅仅因此也为我自己存在的、现实的意识。语言也和意识一样，只是由于需要，由于和他人交往的迫切需要才产生的"（《德意志意识形态》）是马克思和恩格斯说的。我以为，语言又是具有物质基础的。意识（精神）注定要受物质的"纠缠"。物质在这里（在有关意识的关系上）表现为振动的空气、声音，简言之，就是语言。思想是通过语言表达的，因而"语言是思想的直接现实"。语言是工具，然而又不是一般的工具，是一种与锄头、榔头等不一样的工具。语言和人（身体、大脑）是俱在的，语言不是独立于人而存在的一种工具，而是人类，也只有人类自身才能拥有的工具。语言这一工具和装载的文化、思想不可分割，语言不能凭空存在。"语言是思维的外壳"，"外壳"与"内核"是不可分离的一个整体。

二十世纪八十年代世界人文科学的一次最大的革新就是语言科学的突破；语言不再是单纯的载体，反之，语言是意识、思维、心灵、情感、人格的形成者。由此，我反思到："思想性"的提法对语文教学而言有局限，它不能涵盖语文学科的丰富多彩。语文学科许多内容除了具有思想性，更具有道德的、情操的、审美的特征。语言绝不是没有感情的符号，它蕴涵着民族文化的感情。语文不能只理解为语言文字、语言文学，还应理解为语言文化。割裂语言和文化的教育倾向与当今世界语言教育的发展趋向背道而驰。此时，我的脑海里升起了"人文性"的想法，它的涵盖要比"思想性"丰厚得多，也更接近语文的本质。

有这些想法主要源于：1. 读了有关语言学、文化语言学及人文科学等方面的书，打开了认识语文的另一个视角；2. 语文教育现状令人焦心。为了应试，一套套肢解文章的练习题汇成海，学生在题海中浮沉，不堪其苦，但学生的读写能力仍然上不去，学生在知、情、意方面有多少收获要打个问号。看似教学方法问题，实质上是错误的语文教育性质观在起作用。

教学行为受教育观念支配。在语文教育观念体系中最为核心的是性质观，它统率语文教育的全局，决定语文教育的发展方向，由此而引发出目的观、功能观、承传观、教材观、质量观、测评观等一系列观念。我之所以不懈追求，寻寻觅觅，是想接近真实，让学生在语文学科学习中，既感受到祖国语言文字的魅力，学到语文的真本领，又受到语文内容中真、善、美的熏陶，健康成长。

（二）语文教师的文化底蕴

语文教师心中要有点汉字文化、经典文化和人类进步文化。汉字符号表达性能的复杂、感性信息的丰富，绝非西方拼音文字符号所可比。"视而可识"使得文字的象形部分栩栩如生，跃然纸上；"察而见意"更是充满了想象力、象征性的丰富。汉字笔画多样，结构复杂，音义错综，字又多，难学；但又有易学的一面。掌握了基本笔画和常用构件，写起来就不难。且不说象形、会意，仅数量众多的形声字，记住形符和声符，就会触类旁通，记住一批字。汉字每一个符号都是一件艺术品，都具有生命力，都与自然与社会相连。人的心灵、心态、思维方式与语言文字互为内外，相互激发，相互依存。把握了这一点，就会注意开发阅读教学中立体的审美功能。

语文课本中选了一定数量的中华经典诗文，就文论文，往往一知半解，乃至发生错讹。读一点经典，打一些底子，情况就不一样。中华文化博大而精深，凝聚了先民生活的经验和民族特有的睿智，散发出东方特有的异彩。紧扣教学需要，深入学一点经典作品如《论语》《孟子》《庄子》等，可认识中国文化精华，涵养品德。经典恒久而弥新，吮吸中华文化源头养料，能开启智慧，体悟人生。与此同时，要专心致志研读几部大作家的著作，随着他们的人生足迹走一遍，真正领会他们的心路历程，领会他们生命的光辉，使自己增长见识，提升思想认识，不断完善人格。为此，我前后通读了辛弃疾、杜甫、陶渊明的著作，深深进入他们的精神世界。读经典作品，对作者也不能只知其一，不知其二，否则难以做到知人论世，知世论人。如读《岳阳楼记》，会对范仲淹的"先天下之忧而忧，后天下之乐而乐"的恢弘旷达，炼词造句的华赡精拔心悦诚服，胸中涌起的是忧国忧民的文人形象。读《渔家傲》等作品，会真切感受到他守边数年，受人敬畏，呼为"龙图老子"，称其"胸中有数万甲兵"，武功值得称道。作品苍凉悲壮，开宋代豪放词之先河。不仅如此，灾荒之年饿殍遍地，他修建庙宇，筑路赈灾，无人饿死。人是有血有肉活生生的，当作者一个个形象丰满地站在你面前时，你才开始对他、对他的作品有所认识与理解。

信息渠道畅通的今天，对教师的要求更高。教师不可能是万能博士，但必须拓开视野，广泛学习，尽量读得多一点，了解得多一点。世界名著的涉猎当然是应有之义，自然科学、音乐、艺术也须多加关注。语文教师知识仓库里的货物不能不杂，但要杂而有章。广泛阅读不是滥，而要有所选择。学要思，学而不思，只是"对书"，徒然是"劳倦"眼睛，收获甚微。

学然后知不足，教然后知困。做了一辈子教师，一辈子都在惶恐之中。每次课后，我总要扪心自问："这样教，学生有收获吗？对得起学生吗？"青春是生命中最为宝贵的年华，托付给教师，这是历史赋予我的使命，责任大如天。

二、学生差异与仁爱之心

初当教师，"爱"只是空泛的概念，是挂在嘴边的口号。心中真正喜爱的是两类学生：一是反应敏捷，非常聪明的，我讲上句，他下句已能回答，教起来十分省力；二是长得很可爱，像洋娃娃。后来才明白，天工造物十分奇妙，每个学生都有自己的独特性，不要说是长相，他们的禀赋、性格、文化基础、兴趣爱好等均有所不同，因而，必须热爱每一个学生，每个学生的生命都值得尊重，都必须关心。

要真正做到爱每一个学生，教师自己必须有仁爱之心，心地善良。仁而爱人，有"恻隐之心"，"不忍人之心"，就会悲天悯人，对别的生命寄予无限的同情。同情是爱的基础，胸中有"仁爱"这个"源"，爱学生的"流"就会川流不息；心中没有这个"源"，就不可能有大胸怀、大气度、大力量，就不可能对学生有坚韧的爱，不可能在教育教学中年年月月、任劳任怨，引着、拽着、扶着、托着、推着学生向前，引领他们不断增强自觉性、自主性，健康茁壮地成长。

（一）走进学生的世界

早在两千多年前，孔子就说过教学生要"观其所以"，"观其所由"，"察其所安"，"退而省其私"，也就是说要观察学生的日常言行，观察学生所走的道路，考查学生的意向，考查学生私下的言行，实际上就是要了解学生的学习世界、生活世界、心灵世界。知之难，知之深，充分发展学生自身积极向上的因素，因势利导，激励，赞扬，学生向前迈步的劲儿就势不可挡。为了提高语文教学的实效性，我在了解学生、分析研究学生方面下了一些工夫。一看二听三问四查，神态、表情、动作，口头语言、书面作业，课内的、课外的，学校的、家庭的，独处的、集体的等，时时处处做有心人。了解的过程是培养师爱的过程，也是和学生多接触多交往、亦师亦友的过程。做一名语文教师，不仅要认清学生富有时代气息的共性，而且要审视学生之间的差异，把握各自的个性，采用多种多样的教学方法，保护和调动各类学生的积极性。尽管所教学生在同一所学校、同一个班，但由于遗传因素、家庭情况、周围环境、成长经历的种种不同，学生的思想、性格、行为、习惯、志趣、爱好、学习基础、接受能力均有明显的差别。教师胸中既要有班级学生的全局，又要有一个个学生的具体形象，他们是主体的、活泼的，不是一个个抽象的名字，而是变化着的、发展着的。教学中用"一刀切"的办法对待个性迥异的学生，说到底是缺乏爱心的表现。

以口头表达能力为例。班上有四个同学说话都含糊不清，断断续续，有的非但不能成段，连句子都说不连贯。乍看，是口吃的毛病，但仔细调查辨别，又各有不同。一个是说话时舌头似乎短了一点，经再三谛听、分析，终于找到了口齿不清的症结所在。第二个是家庭语言环境差，父母又十分娇惯，把中学生的儿子视为幼儿，话不成句，规范性差。第三个是学口吃开玩笑，形成了习惯。第四个是思维比较迟钝，对外来信息不能迅速反映，说起来嗯嗯啊啊，疙疙瘩瘩。弄清楚他们口头表达能力差的各自原因，寻找最佳方案纠正、提高。第一个先从生理上解决，手术治疗舌头下面的一根筋，然后进行说话训练。对第二个与家长联系，改善家庭语言环境，注意说话的完整与通顺，再让同学帮助进行单句说话训练，一步一步提升。对第三个同学注意用"稳定剂""安慰剂"，逐步消除他说话时的紧张心理，纠正不良习惯。第四个就口头表达抓口头表达难有成效，则抓思维训练，促口头表达，在日常学习、生活中注意训练其思维的灵敏度，坚持不懈，收到了良好的效果。尊重每一名学生，施以适合他们实际情况的教育，细心、精心，看似教学方法问题，实则是教师爱的奉献。

（二）触摸心灵的琴弦

理解是教好学生的基础。学生在学习语文过程中的种种难处，教师须换位思考，千方不能埋怨、责怪。责怪、出言不逊，往往是无能的表现。教育家苏霍姆林斯基曾说过这样一段精彩的话："在每个孩子心中最隐秘的一角，都有一根独特的琴弦，拨动它就会发出特有的音响，要使孩子的心同我讲的话发生共鸣，我自身就需要同孩子的心弦对准音调。"

要对准音调，须在发现上下工夫。例如同样对学习语文，没有兴趣，有的是恐惧，见到写作文就哭；有的是"仇恨"，看到语文就"恨"，就像看到仇敌一般；有的是无所谓，认为学不学一个样，永远是中不溜秋……有些想法还能理解，有的想法令我吃惊。怎么会把语文作为仇敌呢？怎么会那么恨呢？探索这隐秘的一角，才发现冰冻三尺，非一日之寒。自从学写字起，一次次挨骂，一次次挨揍，都与语文紧密相连，红杠杠、红叉叉、不及格、罚重抄、罚重做，乃至被语言羞辱，无不与读、写、说有关，因而，看到语文，感情上就条件反射。伤害非一天形成，扰平伤痕当然不可能一蹴而就。字写得像蟹爬，错别字连篇，文句不通，对这样的同学而言，语文不可能引起其共鸣，只能另辟途径，寻找他最感兴趣的事，打球，到池塘里、小河边捉小鱼、小虾，探讨球艺，探讨捕捉的细节，指导仔细观察。共同的语言多了，学生不但能袒露心扉讲真话，而且愿意把看的、想的、做的写下来。以趣消恨，教师的语言开始拨动心弦，音调逐渐对准。

（三）转化爱的力量

师爱，不能停留在情感层面，要转化为教育的力量，促使学生自主成长。

我的学生中有个个性极强的"假小子"，闯祸不断，搅得班级不得安宁，对班主任的教育不仅充耳不闻，且脸上常常带着几分鄙夷的神情。为了解决师生之间的矛盾，我调换她到我教语文的班级。起初，她不与班级任何同学讲话，也拒我于千里之外，一下课就飞跑出教室。我耐着性子，不贸然找她，等待时机。一次，她下课仍然飞奔出教室，一本书从裤袋里掉到地上。我赶紧跑上去，捡起来，眼睛一扫，是本介绍国画的书，令我惊讶。抓住这个契机，打破坚冰，开始了师生对话。从书卷得不成样子委屈了书，谈到《芥子园画传》对初学国画的人有帮助，谈到家里有不少介绍国画的书，欢迎她来看。她面带微笑，一溜烟地走开，其实，我心里暗藏的喜悦远超过她。有了良好的开端，事情就好办。时间是孵化器，一节节生动的语文课孵化出了感情，有时她会和其他同学一样，情不自禁地举手质疑，回答问题不仅有板有眼，且喜争论，从不服输。冰雪融化，她竟然来我家，读书议书，看画评画。由于寄居在外祖父家，她只能以书为伴，外祖父会画国画，使她受到熏陶。令我吃惊的是她书读得真不少，涉猎范围甚广，还做点摘抄。难怪她对教师的教学有种种挑剔，难怪她桀骜不驯，难怪她对有些事、有些问题有自己独特的看法。知之深，教得才会适切。既对优点、长处加以肯定、激励，又要指出问题与不足。千人千样，对有个性、有潜能、资质优良的学生，同样需要用水磨的工夫进行教育，要唤醒他们自觉，"长善救失"，引领他们有信心、有能力自主发展。

一个学生就是一本丰富的书，一个多彩的世界。学生是活泼的生命体，每个人的成长都是独一无二的。尊重他们的人格，尊重他们的个性，对他们满腔热情满腔爱，是我身为人师的根本所在。几十年来，我教过各种类型的学生，面对这些丰富的"书"，我一本一本认真读，一点一点学习、领悟，兢兢业业探索、实践，逐步懂得师爱的真谛、仁爱之心的博大，也品尝到亦师亦友有无穷乐趣。

三、教学预设与课堂生成

语文教学要实实在在培养学生理解与运用祖国语言文字的能力，提高语文素养，在今后的学习与工作中仍能深受其益。为此，必须聚焦课堂教学。课要教到学生身上，教到学生心里，成为语文素养的一部分。

（一）课要上得一清如水

课要上得一清如水。语文课最不可"糊"，也最容易"糊"，似乎字、词、句、篇、修辞方法、写作方法、文举知识等什么都有，又好像都未能落到实处。一堂课教什么，怎么教，为什么这样教，教师心中须一清二楚。跟着教材转，跟着教学参考"飘"，必"糊"无疑。教材里有什么，就要学生学什么，一股脑儿搬出来，唠唠叨叨，目的不明，内容多而杂，学生学起来如堕五里雾中。

课要上得一清如水，首先教师要沉到文本之中，认真钻研，正确解读。从语言表达形式到课文的思想内容，从思想内容到表达形式，反反复复推敲。钻研教材钻研到文字站立在纸上，自己能跨越时空和作者对话，与编者交流，才真正洞悉文章的来龙去脉，体会语言表达情意的独特个性。对所教文章洞若观火，心中就会透亮。其次，要反复推敲教学目的、教学内容。教学目的不能停留在教案上，教学过程中所有教学行为均应为教学目的的实现而选择而组织而展开。要准确把握住课文独特的个性，自己须深入课文底里，有真切的感受。胸中有书还不够，须目中有人，根据学生的学习实际，确定明确的教学目的。这堂课究竟让学生学到什么须十分明确，并要根据教学目的对教学内容精心剪裁，处理详略，突出重点。根是根，枝是枝，叶是叶，千万不能搅和在一起。一搅和，面目必不清。再者，教学思路要清晰，教学线索要分明。抓一把芝麻满地撒，东一榔头西一棒，学生会丈二和尚摸不着头恼。围绕教学目的，拎起教学线索，教学思路逐步展开：或层层推进，或步步深入，或由具体到一般，或由一般到具体，或浅者深之，或深者浅之，轨迹清晰，轮廓分明。思路清晰是教课的基本要求，教学流程清晰，学生学起来心中才明白。当然，教师的教学语言也要清楚明白，不颠三倒四，不拖泥带水，不语病丛生。须在要言不烦、一语中的上下工夫。教师语言规范、准确、生动，不含糊其辞，学生听起来声声入耳，清晰可辨，就容易入心。课由"糊"到"清"，看似教学的技能技巧，深思一番，就可知晓其中蕴涵的丰富。

（二）课要上得生命涌动

课要上得生命涌动。文章不是无情物，都是作者生命的倾诉。追求真理，探究社会，品味人生，无不在语言文字里蕴涵着对生命的理解、尊重、珍惜、热爱。学生是一个个鲜活的生命体，学习、求知，听、说、读、写是生命活力的展现；教师上课热情洋溢，激情似火，用生命歌唱，就能点燃学生求知的火焰。"我见青山多妩媚，料青山，见我应如是。情与貌，略相似。"（辛弃疾《贺新郎》）课堂教学出现这样的境界，师生生命涌动，对文本深入探讨，心灵之间的沟通就畅通无阻。课上要生命涌动，须做到"三激一实"，即激情、激趣、激思，主动积极进行语言实践。"情"忌外加，忌矫揉造作，忌滥。"情"是文章内在的、固有的，贵在咀嚼语言文字，对它们所传递的情和意深有领悟。教师只有自己真正动情，才能传之以情，以情激情，感染学生。这种情是真挚的、高尚的，学生耳濡目染，就会受到熏陶。教师引领学生进入与教学内容相应的情景之中，情感激发，沉醉于文本之中，朗读时会情不自禁，讨论时会精心寻找"惊人"的语言表达自己的看法。兴趣往往是学习的先导。"知之者不如好之者，好之者不如乐之者"，教师在教学全过程中着力启发学生"好之""乐之"，初则萌发热爱的感情，继则求知的欲望在胸中激荡，终则进入徜徉美文佳作之境，乐在其中。

（三）课是师生共同的脑力劳动

教学过程是师生共同参与的脑力劳动过程。思维和语言的学习锻炼同等重要，教师与每个学生之间、学生与学生之间平等对话，共同琢磨讨论，学生的发现能力、质疑能力、思考探究能力、口语交际能力就会得到有效的锻炼。要积极创造让学生生疑、质疑、辨疑的条件，营造探究问题的气氛，让学生有思考问题的时间与空间。课堂气氛宽松、和谐，学生身心解放，无拘无束，无心理负担，就能勇于求知，寻根究底，对文本的阅读与学习就不浮在表面，而会纵向深入，横向扩展，形成发自内心的独特体验与感受。师生之间、同学之间思想碰撞、激发火花，学生可从不同层面、不同角度各自受到启迪。学生是学习的主体，课堂是学生听、说、读、写，运用、实践语言文字的场所，教师千万不能越俎代庖。施教之功在于引导、启发、点拨、开窍，学生身历语言文字表达情意的场景，就能识得语文的真滋味，与如临其境、隔岸观火的效果必然大相径庭。

语文课让学生感受到是艺术享受，那就是极大的成功。教学内容的充实，教学语言的精湛，课堂教学结构的多维，教学节奏的张弛起伏，教学的预设与生成，学生学习过程中"神来之笔"的孕育，课堂充满人文关怀，等等，均为探讨的必要课题。学生学语文，深感一堂堂课学有兴趣、学有所得、学有追求、学有方向、学有快乐，那就不会浪费青春。教学原本是教师的即席创作，需要热情，需要功底，需要智慧。三尺讲台虽小，演绎的都是古今中外经典著作中的社会更替、人生感悟、思想结晶，博大，深邃，需要我这名教师一辈子学习，探寻。

立德·立业·立人[1]

"学科德育"的提出与实践,上海首创。为了实现"立德树人"的根本任务,为了践行《上海市中长期教育改革和发展规划纲要(2010—2020年)》的核心理念"为了每一个学生的终身发展",就要坚持把社会主义核心价值体系融入教育全过程,坚持把德育贯穿到育人的各个环节。在学校教育工作中,教育形式多种多样,但当今时代以班级为单位的课堂教学仍然也必然是主要形式,学科主渠道,课堂主阵地必须充分发挥育人的功能。学生进学校学习,日复一日,年复一年,绝大部分时间都在课堂里度过。因而,课堂教学进行怎样的教育对学生精神的滋养、心灵的塑造、智力的发展起至关重要的作用。

学科德育实训基地因此需要而诞生,参加德育实训基地学习的学员均是有业务能力、有教学经验的教师,只要提供多种条件,创造多样平台,他们的主动性、积极性与创造性得到充分调动与发挥,学科德育规律、途径、方法的探索就会取得明显的进展,育人质量就会明显提高。因为主动性、积极性与创造性的充分调动与发挥,是一种教育自觉,是一种以教书育人为历史使命的内心真正觉醒。而要切实做到,须在立德、立业、立人上下工夫。

立 德

师德高尚是教师修炼的目标。

古人强调做人要往"立德、立功、立言"的方向努力。"立功"非主观条件所能决定,须有多种多样的机遇;"立言"更为不易,那是人类思想的精粹,能穿越时空,历久弥新,给人以无尽的智慧;而"立德"主要靠自身的努力,人人都可做,只要坚忍不拔,自我提升,都能做到。

---

[1] 本文发表于《上海教育》2012年3月。

　　教师立德尤为重要。教师工作非比寻常，它是以人育人，以德育德的工作。教师以自己高尚的人格教育引导学生形成健康完善的人格，以自己高尚的情操培育学生良好的道德情操，以自己的人格魅力影响感染学生。人格魅力是无形的力量，但能春风化雨，润物无声，点点滴滴入学生的心头。有人认为这个年头讲实际，高尚是标语、口号，谈论它是一种奢侈。这种看法乱人视听。社会上各行各业追求高尚的人不在少数，"感动中国"的许多人物就是社会的目标，学习的榜样。作为育人的教师应站在精神高原之上，而不是下降到精神低谷，跟风、随波逐流。一个精神卑俗的人不可能担当好培育学生健康成长的重任。

　　师德内涵丰富，当前对教师而言，最重要的是价值取向的选择。价值取向左右着人的精神追求、生活道路、行为取向，对人来说，起灵魂引领作用。教师对人生价值取向、对教育的价值取向须作清醒的思考，正确的选择。教师也是食人间烟火的，但对物的追求要有"度"。教师是教学生读书明理的人，明做人之理，明报效国家之理，当然应抗诱惑，拒腐蚀，不为物质所累，做学生的表率。对教育同样有个价值取向的问题，是真正的以学生为本，创设种种条件，营造良好氛围，促进他们德智体美全面发展，学得生动活泼，学得快乐有劲，还是用无止尽的操练，名目繁多的竞赛，挤掉他们个性发展的空间与时间？面对口心不一、言行背离的现状，学科德育教师必须坚持全面质量观，扎扎实实地实施素质教育，不要随把"育分"作为教育第一要务的大流，更不能把分数作为图腾顶礼膜拜，推波助澜。素质教育本不是不重视智育，也不是漠视学习成绩，进行教学改革，提高教学质量的理念与措施就是明证。主要是急功近利思想泛滥，加上社会诸多因素的作用，把应试教育推到高峰，扭曲了教育的本质。错误的价值追求混淆视听，乱人耳目，对学生成长的危害难以估量。教师在这方面要立德，对学生今日的健康成长、明日的长足发展高度负责。

立　业

　　业务精湛是教师追求的目标。教师专业要持续不断发展，具有教育教学真本领，就须做到——

一是勤于学习。让学习成为一种习惯，让虚心作为支撑。新知识、新事物层出不穷，唯有学习才能让头脑清醒，才能适应工作需要。可学的东西很多，但本原的非学不可，否则，专业上就缺少主心骨，浮游无根，随风飘荡。学什么？

学习什么是教育。也许有人认为多么幼稚可笑，事实上真正懂得教育的不是很多。肤浅的、一知半解的、名词术语满天飞的，大概不在少数。至于与真正教育背道而驰的、违背儿童和青少年成长规律的做法也屡见不鲜。认认真真读几本教育的书，联系实际思考、辨别、比较、判断，才能逐步把握教育的真谛。教育须有信仰，没有信仰就不成其为教育，而只是教学的技术而已。教育的本原所在是使它的文化功能和对灵魂的铸造功能融合起来。

学习学科的性质、目的、功能，正确地理解把握，真正弄懂学科教学中有哪些是不可违背的规律。脑子里不能用知识碎片充塞，不能用考题、训练题马蹄杂沓。学科基础要厚实，脑中对学科整体教学内容须有清晰的框架，不能混沌一片，更不能醉心于知识点的嚼烂。要深入钻研，把握学科精髓，从急功近利、琐细枝节的桎梏中走出来。

拓开视野，广泛学习，特别是有关国情、世情的书，选择好的读几本，能使狭小的心有广阔的天地。对德育实训基地学员而言，这一点十分重要。眼界决定境界，读一点对心灵有所震撼的书，能帮助正确认识中国的历史与现状，学一点观察社会、探索历史发展规律的立场与方法，懂得把学科德育放在时代大背景下考察，才能洞悉其现实意义和深远意义，从而增强学科德育教育自觉。

二是勇于实践。实践出真知，鲜活的教学经验，无不来自教学实践。教师的专业知识、专业能力、专业态度，均在教学实践中展现，而专业能力更是在教学实践中锻炼提升。学科德育不是纸上谈兵，而是要刻苦钻研，发现、挖掘、运用教学内容中固有的育人资源，智育、德育融合，在教学中实施。对语文学科德育的现状、走势、问题与困惑的研究，离不开语文课堂教学实践；探求语文学科德育的规律、途径与方法，离不开课堂教学实践。学员从事教学实践要在"勇"字上突破。增强自信力，勇于探索，勇于创新，勇于反思，勇于坚守，有时甚至要勇于抗争。

三是批判眼光。须具有较强的文化批判力与教育批判力。存在的不都是正确的。利益驱动，自我炒作，再加上有些媒体的裹挟，是非混淆，真伪难辨。作为教师应该深思，识别力、判断力不可缺失。

文化是一名教师的厚度，思想是一名教师的高度。立业，在专业发展的同时，这二者的提升，至为重要。立业，我们立的是忠诚教育的事业，如果做什么都讲功利，背后都有功利的目的，那"事业"就成了"私业"，这是万万不可取的。

立　人

教师教书育人，育人先育己，自己要先做人，人立而后凡事举。自己有信仰，有追求，有精神支柱，就能担当起工作重任。教师要成为立于天地之间的人，当前有几点很为重要。

一是要有敬畏之心。学生是活泼的生命体，教师对每个生命体应该有敬畏之心，每个生命体都值得尊重，应该尊崇、爱护。对天、地、人如若无敬畏之心，就会导致无法无天，轻则违背规律做不好工作，严重的会对社会造成伤害。社会上常见到这种情况，教师须格外警惕。

要敬畏教育事业。教育事业是传承文明、教育学生成人的伟大事业，对人类进步、社会发展有巨大贡献。教育以"使人成其为人"作为它的内在指向，它的使命就是"人的完成"。教育的意义就是要让混沌的心灵清澈明朗起来，它的价值在于让人对生命、对未来不断产生向往之情，从而去探索，去奋斗。对学生生命敬畏，对教育事业敬畏，就会兢兢业业，高度负责，创造育人的佳绩。

二是要有仁爱之情。教育事业是爱的事业，没有爱就没有教育。师爱超越亲子之爱。亲子之爱是血缘关系，教师与学生间虽无血缘关系，但必须对他们满腔热情满腔爱，因为师爱包蕴了崇高的使命感和责任感。爱学习好的、家庭富有的、家长有权的，那是对师爱的扭曲。师爱要做到对每个学生丹心一片，情深似海。要做到这一点，必须有仁爱之情。仁而爱人，心里总想着别人，爱别人，一辈子追求要爱别人，而不能只爱自己。无血缘关系的师爱是一种仁爱，一种大爱，正如陶行知先生所说要"爱满天下"。没有这种大爱情怀，遇到自己不如意的学生就会情绪激动，怒火中烧，出言不逊，乃至语言暴力，挫伤学生自尊心，影响他们的健康发展。其实，每个学生都是宝贝，教师有仁爱之情，就会目光敏锐起来，发现他们的优点、长处，发扬他们身上闪光的东西，因势利导，长善救失，他们就能快乐幸福地成长。

三是要有赤子之怀。有赤子情怀就能做到人正、心正、行正，就能追求理想，坚守忠诚。教师的赤子之怀表现为内心的真正觉醒，自觉地把自己平凡的工作与国家大业、民族复兴、百姓幸福紧密联系在一起，有旺盛的内驱能力，严于律己，勇于创新，乐于奉献。

立德，立业，归结到立人。立教师的人，也是为了立学生的人，教育就是育人、立人。立人是一个不断跋涉、不断攀登的过程。泰山不让土壤，故能成其大：河海不择细流，故能就其深。只要持之以恒努力，必能造就成师德高尚、业务精湛、充满活力的学科德育有影响力的教师队伍。

培养一颗中国心[1]

不好好补中国文化的课，是要数典忘祖的

　　中小学教育也好，大学教育也好，归根到底要培养学生有一颗中国心。有的时候，我很担忧：如果我们培养的人对自己的国家缺乏感情，对中国的文化缺乏认同，缺乏一个公民应有的责任心，不能自律，那我们就白花力气了。作为发展中国家，我们用有限的教育经费，支撑着这么大的基础教育的摊子。如果这一点我们不牢牢把握的话，那我们的力气就会付诸东流。

　　任何一个国家的发展都是建立在原有积累的基础上的。唐太宗也晓得"以史为鉴，可以知兴衰"，学历史本身就是认识社会发展的规律。我们对历史很不重视，只要提到教育就是讲数理化、外语。中国人向来最讲历史，但是现在的孩子不讲历史。美国只有二百多年历史，但历史课在它的基础教育里受到高度重视。我专门买过几本美国的语文教材，语文课本几乎是按照历史来编撰的。它的文学由土著文学和殖民文学结合而成，到处洋溢着民族的自尊心、自豪感。我国台湾高中生除了高中语文，还有专门的高中文化基础教材。相比之下，我觉得，我们大陆对中国文化的认同，对公民人格的塑造确实强调得很少。

　　母语是民族文化的根，民族文化是民族团结的纽带，对外是屏障，对内是黏合剂。媒体报道某所小学，一年级实行双语教学，一年级的语文用外语来教，我认为这种做法简直荒唐。在很多国家，母语教育的分量都比我们重，比如英、法的母语教育，课时总量占总课程的22%以上，俄罗斯占27%，我国台湾地区占22%，而我们大陆约占18%，上海还要低一点。学生为什么对

---

　　[1]　本文发表于《中国德育》2007年第6期。

中国文化不认可，难道是他们的责任吗？关键是我们没有教，我们没有认真对待这件事。

孩子不在中国文化方面好好补课，是要数典忘祖的。毛主席讲得好，中国文化的一些精粹，我们要有继承，有发展。比如读古文就是非常有道理的。"仁爱""道德"今天应该怎样理解，要让孩子有一些基本的认识。如果把握不住做人的底线，没有一些基本的思想、道德，孩子就缺乏文化判断力，对什么乱七八糟的东西都会照单全收。我的一名学生告诉我，他所在学校的金融专业一个最好的学生出去工作半年就犯罪了，就因为见钱眼开。发生这种事有个人的责任，但我们的教育没有让学生掌握做人的底线恐怕也是一个原因。

教师身上有时代的年轮，教育没有时代性就没有旺盛的生命力

教师职业是继承人类传统和面向未来的职业，它关系国家的千秋万代，关系千家万户。如果教师把自己的职业当做事业的话，就有了追求，有了理想，就会竭尽全力；当把自己有限的生命与千万学生的生命联系起来的时候，就有了力量，生命就有了无穷的动力。

教师必须是一个思想者。这不单单指做了事情要反思，这只是一个方面，更重要的是自己要有想法。教师要有相当程度的职业敏感，要跟随时代奋勇前进。教师的身上要有时代的年轮，教育缺少时代性就没有旺盛的生命力。拿二十世纪五十年代的一套来对待今天的学生是不行的。

要提升学生的世界，就不能不了解学生的世界。学生喜欢周杰伦，我就专门研究。我跟他们讲，我不排斥流行歌曲，因为流行歌曲经过时间的过滤有的也会成为经典。比如《教我如何不想她》，在上世纪三十年代很流行，现在成了经典。我跟他们说，流行歌曲也可以唱，韩红的《青藏高原》就很好，他们说那种歌太嘹亮，太激情，唱起来太累了；我说腾格尔的也很好，《我的家乡》里那种乡情、乡思很动人，他们说这个也不好，就喜欢周杰伦。他们认为，所有的歌都容易学得像，但周杰伦的歌是学不像的；而且他的歌词有中国文化的底蕴，比其他香港歌词要好得多。我就买周杰伦歌曲的磁带来听，都押韵得很，而且西方音乐、摇滚乐他也懂，会多种乐器，很有才华，所以

孩子喜欢他，佩服他。这样我就明白孩子的想法了。所以，要和学生对话就一定要交心，要向学生学习。

与其说我做了一辈子的教师，不如说我一辈子学做教师。我在不断向学生学习，向社会学习，向同行学习，向家长学习。开会是学习，随时随地都在学习。老师如果不在"学"上下工夫，总是一味地要求学生该怎样是不行的。

越教使孩子越有追求，这才叫好老师

学科教学实际是融合德育的。教书要育人，所有的学科都要为育人这个大目标服务。而我们现在往往把教书和育人隔离了。做老师，不但要重视在学生心中撒播知识，还要撒播做人的良种。越教使孩子越聪明，越有追求，这才叫好老师。

我的爱国思想就是老师教出来的。我的中学老师曾经声泪俱下地说，自己要报国，却始终没能如愿，作为学生的我听了非常受感染，从此就一直将国家放在心上。有时候老师的一两句话，孩子会在心中记一辈子。有篇课文叫《最后一课》，我每次教这个课的时候，就会想起我的小学音乐老师。那时候我才几岁，有一次下午上音乐课，他说明天学校就要解散了，教给我们唱《苏武牧羊》。课结束时，他说日本鬼子要来了，做亡国奴是很苦很苦的，他要我们无论如何不能忘记祖国。听了他的话，我们这些小孩子好像一下子长大了，因为以前脑子里从来没有这种大的字眼——国家。

老师要以自己的素质影响学生的素质。以自己的人格塑造学生的人格。孩子也会思考，他们懂得为什么要这样做，怎样做才有成效。身教重于言教。学生六点钟早锻炼，我五点五十分一定站在操场上，即使是做完手术出院不久，也照样跑跑走走。行动就是命令。老师说到做到，身体力行，孩子就会跟着养成一种习惯。这比写在纸上、挂在嘴上管用得多。

以教师的生命激发学生的生命活力

现在很多教师一天到晚讲究技能技巧的操练。我想，除了研究这些纯技术，更重要的是要震撼学生的心灵。梁衡同志为了讨论年轻人爱美问题，曾专门写过一篇以居里夫人为原型的文章——《跨越百年的美丽》。文章开头讲，法国科学院里正在举行一场学术报告会，科学大厅人声鼎沸，突然一个年纪比较轻、长得漂亮端庄的女子走上讲台，大家马上肃然无声。我讲这篇文章的时候，不是告诉孩子：这里交代了时间、地点、人物，那样讲课没有意义、没有灵魂。我讲课时说：你们知道为什么大厅从喧哗到寂静？那是因为巴黎科学院从来没有一个年轻的女子走上去做过学术报告，而且这个年轻女子那么美丽，众人为她的外形美所感动。当后文讲到"这位年轻女子用一千多个日日夜夜在停尸房的日子，换来了放射性的物质镭"的时候，学生震惊了。孩子们不再因为她的外形美，而是为她的科学献身精神所感动。这样的教学才会赋予语言文字以生命。

我印象较深的一堂课是教俄罗斯文学《变色龙》，这是一篇家喻户晓的作品。文中的警官对待小狗的态度一开始是斥责，后来知道是将军哥哥家的狗就变为恭维了，在整个过程中对小狗的称呼、态度变了多次。我在黑板上画了两条线，一条曲线起伏，表示变的现象；一条直线表现不变的本质。教到最后的时候，一个孩子举手，他说，于老师，黑板上画错了。我当时怎么也看不出哪里有错，就请他说错在什么地方。孩子说，警官晓得这条狗是将军哥哥家的时候，拍马的心情一定很急切，心跳更快，所以曲线后半部分应该起伏得更大，和前半部分不一样。我肯定他说得对，并让他到黑板上来修改。我很高兴。我备课时是单向思维，只考虑到现象与本质之间的关系，而孩子却是多向思维。教学相长，这才叫课堂。

一节课四十分钟，既要传授知识、培养能力，又要陶冶孩子的情操，让他们树立正确的价值观。实际上，我的教学以语文为核心，融合了德育、美育、体育，是多维的，几个方面不是割裂的。我在二十世纪八十年代课堂上就这么上课。课堂就是在教师的指导下，所有学生主动积极地学习。能者为师，不是教师一个人是能者，而是要把所有的学生调动起来，让所有孩子都精彩起来。课堂，不是教师一个人的生命活动，而是以教师的生命激发孩子的生命活力，让孩子一起动起来。春风化雨，生意盎然。